HENRI MARÉCHAL

LETTRES
ET
SOUVENIRS

(1871-1874)

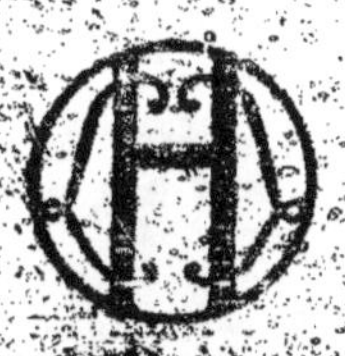

LETTRES
ET
SOUVENIRS

DU MÊME AUTEUR

HENRI MARÉCHAL

LETTRES
ET
SOUVENIRS

(1871-1874)

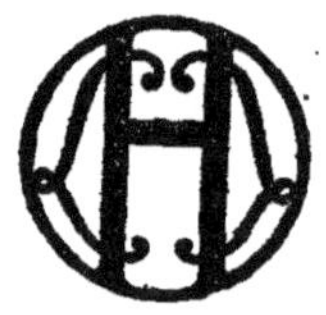

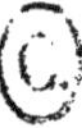

LIBRAIRIE HACHETTE
79, BOULEVARD SAINT-GERMAIN, PARIS

1920

LETTRES ET SOUVENIRS

1371

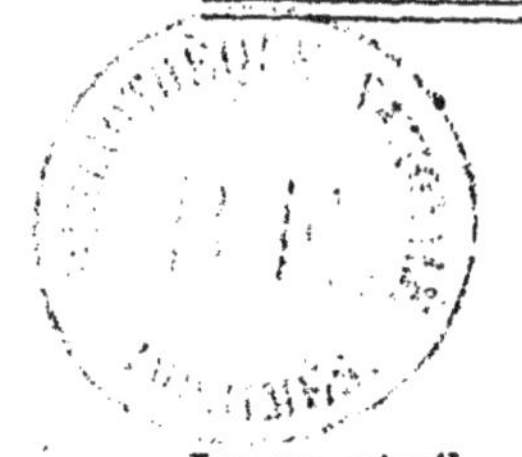

Le matin du 24 mars 1871, vers huit heures et demie,
encore plongé dans un profond sommeil, j'achevais la
première nuit passée à la villa Medici lorsque de vio-
lents coups de poing ébranlèrent la porte de la chambre
provisoire qui m'avait été octroyée sur la *loggia* —
longue galerie couverte, mais non close, où s'ouvrent à
espaces réguliers des portes rongées par le soleil et la
pluie du plein midi.

— Entrez !... fis-je, brusquement réveillé en sursaut!

— Entrez!... car les musiciens possèdent cet avantage sur les princes de la finance de pouvoir dormir la
clef sur leur porte. De mémoire de cambrioleur aucun

d'eux ne s'est aventuré en une telle méprise où le voleur volé ne manquerait pas de devenir la risée de collègues plus avisés.

La porte s'ouvrit ; et je vis entrer un grand gaillard long, mince, sec, les jambes emprisonnées dans un pantalon de coutil que prolongeaient des souliers de cuir jaune ; le buste enfermé dans un veston de velours marron et le tout surmonté d'un chapeau..... d'âge lointain.....

Sous cet accoutrement, l'homme restait élégant, distingué de manières ; la main, fine et maigre, tenait une cigarette allumée ; le visage bruni, encadré d'une barbe et d'une chevelure noires et frisées, s'éclairait de deux yeux pleins d'intelligence et de bonté ; un long nez légèrement recourbé saillait de l'ensemble.

Une manière d'arabe déguisé en européen.

— Viens-tu prendre l'*aura* ?

Il faut rappeler que le nouvel arrivant à l'Académie de France à Rome s'entend, dès la première minute, tutoyer par les quinze ou vingt habitants de l'endroit, gens que d'ailleurs, il n'a jamais vus. C'est un usage immémorial ; et dans l'hésitation de la première surprise, le *nouveau,* qui, se trompant, s'oublierait à un « vous », serait immédiatement conspué et voué au mépris général.

La veille au soir, dans le brouhaha de l'arrivée[1], j'avais vaguement entrevu mon visiteur matinal, mais je ne me souvenais pas du tout avoir échangé avec lui la moindre vue sur l'au-delà au milieu des cris d'ani-

1. *Rome,* Souvenirs d'un musicien (Hachette, édit.).

maux, des chansons bizarres et de toutes les manières connues de manifester qui composent le fond de ces mémorables soirées !

Encore mal réveillé, m'étirant les bras et dans un long bâillement, je risquai :

— Qu'est-ce que l'*aura* ?

— Enfile tes grègues, revêts ton pourpoint, chausse tes bottes, prends ta toque à créneaux, — pas de rapière — suis-moi et tu le sauras.

Je ne pouvais qu'obéir.

Il y avait plusieurs semaines que je ne comptais plus avec les surprises qui m'attendaient à chaque pas ; une *aura* (?) de plus ou de moins n'était donc pas pour me faire reculer !

Après une sommaire toilette — tout de même — et m'être promptement habillé, je suivis mon nouveau camarade. On longea la balustrade, puis, tournant à droite, on s'engagea dans le large escalier de pierre, qui descend en spirales jusqu'au vestibule assez obscur, où après avoir salué l'*Apollon du Belvédère* qui le commande, on se trouva devant la porte cloutée de l'Académie.

On descendit la *Salita* bordée d'aloès et de figuiers de Barbarie, on traversa la place d'Espagne, et au bout d'une petite rue, on se trouva dans le *corso* devant l'Église San Carlo dont le vis-à-vis, le café de Rome, était alors quelque chose comme le Tortoni de nos pères sur le boulevard des Italiens.

On pénétra dans le « vis-à-vis ».

— Agostino, *aura, due !*

— Boum !

Et le garçon apporta deux tasses de chocolat.

Il est vraiment irritant de constater que les étrangers ne peuvent jamais appeler les choses par leur nom !

Après quelques tartines, on reprit le chemin de l'Académie, laissant la conversation jouer à la toupie hollandaise avec les sujets les plus opposés et abandonnant les solutions en suspens dans la fumée des cigarettes.

En ce premier pas vers la vie romaine, je ne me doutais guère, que sept ans plus tard, je deviendrais le beau-frère de mon pittoresque initiateur !

C'était l'architecte Scellier de Gisors, qui, en 1905, achevait prématurément une carrière bien remplie et fut pour moi plus qu'un ami cher ! Aussi, parmi toutes les croix noires qui jalonnent la route parcourue, la sienne est-elle de celles qui jamais, à leurs pieds ne voient se faner les fleurs mélancoliquement apportées.

Une notice sur la vie et les œuvres de Georges Scellier de Gisors (1844-1905), architecte du Sénat, Inspecteur général des bâtiments civils, professeur chef d'atelier à l'École des Beaux-Arts, a paru dans le journal *l'Architecture* du 10 juillet 1905, puis en plaquette, sous la signature de M. Paul Wallon, architecte diplômé du gouvernement.

A cette place, dans ces souvenirs, je me bornerai à rappeler que Scellier de Gisors est, entre autres, l'auteur du musée du Luxembourg et du monument érigé au chevet de l'Oratoire à la mémoire de l'amiral Coligny dont la statue et les *figures* qui l'accompagnent sont dues au sculpteur G. Crauk.

Rentré au logis, je retrouvai la réalité des choses ; elle

différait radicalement de la bruyante réception de la veille et du joyeux réveil du matin.

En mars 1871 on ne pouvai' guère être gai bien longtemps à l'Académie de France à Rome ! Depuis plus de six mois les salons du directeur étaient fermés, et l'outillage postal détraqué laissait chacun sans lettres et sans nouvelles. Seuls, les journaux italiens en apportaient sous forme de dépêches que leur laconisme même rendait plus inquiétantes.

Nous, les derniers arrivés de Paris, étions résignés depuis plusieurs mois à cette impossibilité de correspondre librement ; mais ceux de Rome, n'en ayant pu vérifier bien nettement la cause, étaient exaspérés !

On pourra se faire une idée de cette situation en rappelant que dès la fin de septembre 1870 les lettres ne pouvaient plus partir de Paris que par ballon monté emportant 3.000 ou 4.000 plis minuscules, de papier « pelure d'oignon », sur lesquels l'expéditeur écrivait l'essentiel, résumé même en ces quelques mots :

Où êtes-vous ? Les santés ?

Une carte retrouvée en de vieux papiers achèvera d'éclairer ce coin d'histoire :

Paris, 7 octobre 1870.

Nous allons bien ; nous ne recevons plus rien de vous, mais nous ne nous inquiétons pas trop à cause du vent. Dès qu'il changera, profitez-en pour écrire tout de suite.

Les hasards de l'aérostation, dont la science était encore bien primitive, livraient donc les correspondances à la merci d'un ballon ou surpris et anéanti par l'ennemi, ou atterrissant en pays ami et confiant alors son volumineux chargement aux autres hasards de moyens de transport désorganisés.

On restait souvent huit ou dix jours sans nouvelles ; puis deux, trois, dix lettres parvenaient tout d'un coup. Au commencement de mars, à Florence, j'en reçus quarante-deux en une fois à la poste restante ! La plupart vieilles de trois ou quatre mois et venant de diverses villes.

A l'Académie, ces faits, joints à tant d'autres, jetaient les esprits en une angoisse cruelle ! Angoisse qui ne tarda pas à nous gagner après l'étourdissement délicieux d'un inoubliable voyage.

Quelques jours consacrés à l'installation nous laissèrent en présence d'une vie nouvelle dont l'orientation restait à fixer. Mais comment y parvenir d'une manière logique et féconde au milieu de tels événements !

L'un de nous recevait-il une lettre par hasard ? On l'eût dite copiée sur celle adressée l'avant-veille à un autre. Partout les mêmes inquiétudes répandues en quinze ou vingt pages.

Et nous n'étions qu'en mars !

Alors se produisit cet écho que l'on entend toujours à travers les siècles écoulés. La plupart des artistes qui m'entouraient le recueillit à l'exemple des aînés, poètes, peintres, sculpteurs, dont les œuvres reflètent si bien les événements contemporains que leur vue seule suffirait à reconstituer l'histoire du temps où elles furent conçues.

On peut lire quelques pages de 1870 dans la *Fille*

de Roland de Henri de Bornier, dans la *Vierge de la délivrance* d'Hébert, dans le *Gloria Victis* d'Antonin Mercié et dans combien d'autres œuvres admirables inspirées par le deuil de la patrie.

L'humble écolier d'alors qui écrit aujourd'hui ces lignes ne se sentait pas encore assez sûr de lui pour fixer à son tour les sanglots de son cœur en une œuvre maîtresse ; mais, tout de même, son émotion était assez intense pour le détourner des besognes futiles.

Au cours du voyage à Florence, une très haute figure m'avait frappé en lisant son histoire : celle de Savonarole. Il m'apparut dans son austère robe de bure comme le tribun de son temps plaidant la cause même du nôtre. Mon enthousiasme se fortifiant de jour en jour à la lecture des livres de Guicciardini, je résolus d'écrire un opéra dont Savonarole deviendrait le protagoniste ; et par lettre — une qui arriva ! — je m'en ouvris à Jules Barbier, qui accueillit ce projet avec une réelle sympathie.

Cependant, les événements que nous traversions ajournaient forcément à quelques semaines une mise en œuvre d'autant plus compliquée que l'un des collaborateurs habitait Paris et l'autre Rome.

Je me résignai donc à attendre que le calme fût revenu.

Le calme !

Avril amena de nouveaux désastres : la guerre civile s'ajoutant à l'invasion.

Par l'ambassade, nous recevions les dépêches du jour même ; quelquefois aussi *le Moniteur*. Dépêches et journal n'étaient guère pour nous rassurer !

Un détail acheva de nous terrifier. Plus d'argent ! La pension ne put être payée ; ce fut complet !

Hébert, notre directeur, sut heureusement faire face à l'essentiel grâce au crédit très grand dont il jouissait à Rome ; mais vraiment, en ce moment, nous ressemblions assez, directeur et pensionnaires, à des naufragés échoués sur une terre étrangère !

Pourtant notre situation était encore enviable à côté de celle de tous les nôtres restés à Paris !

*
* *

Une des caractéristiques de la guerre de 1870 se reconnaît au froid calcul, à l'ordre, à la méthode dans la conquête lentement et savamment préparée. Rien ne semble avoir été laissé au hasard. La victoire restait fort vraisemblable pour nous ; mais, dans la défaite, cet ordre et cette méthode de l'adversaire se retrouvaient avec de surprenants raffinements !

Quelques artistes illlustres de notre pays virent leurs propriétés respectées, défendues même avec cette déférence que mettait Napoléon Ier à placer à Vienne un factionnaire à la porte de la maison d'Haydn, non pour opprimer, mais au contraire pour honorer et garder de tout fâcheux hasard un aussi grand maître.

D'autres, chez nous, se virent moins favorisés, subirent même d'irréparables désastres. — Tel Alexandre Flan, auteur dramatique, revuiste et chansonnier inlassable qui, dès qu'on put sortir de Paris, courut à sa petite maison de Neuilly et, n'en trouvant plus que les ruines, s'y poignarda !

Était-ce hasard malheureux ou formelle intention de l'ennemi?

Car c'est à cette intention qu'il faut attribuer le désastre que subit aussi Jules Barbier courant à Aulnay et trouvant par terre sa maison saccagée.

Du moins pouvait-il y voir une réponse à son livre *le Franc-Tireur*, paru pendant la campagne et dans lequel il donne libre cours à toutes les colères allumées par son patriotisme!

Mais Barbier, plus confiant dans l'avenir que son infortuné confrère rebondit heureusement dans la vie avec l'extraordinaire ressort dont il était doué. Toutefois, l'élan n'alla pas jusqu'à s'occuper *avant tout* de Savonarole! Le pauvre ami avait bien d'autres moines à fouetter au milieu de ses ruines!

Hébert fortifiait mon enthousiasme pour ce sujet en cherchant dans sa bibliothèque tous les ouvrages qui pouvaient m'aider à dresser un scénario. Mais son esprit spéculatif se refusait à reconnaître les obstacles qui surgissaient à chaque entretien. Nous n'étions ni l'un ni l'autre gens de *métier*, et nous vivions alors en un temps où le métier était indispensable, où *d'abord* et avant tout il fallait une *pièce*.

Les mœurs ont changé. Aujourd'hui de pittoresques scènes, plus ou moins cousues ensemble, suffisent parfois à assurer de réels succès. C'est, au demeurant, plus facile.

En attendant que Barbier fût libre, dans les heures que me laissaient l'étude de l'italien et celle de nombreuses partitions, je griffonnais quelques pages sur des vers d'Édouard Plouvier, entre autres poètes, marquant le pas, mais l'esprit obstinément en éveil du côté de Paris.

Presque toute la production maladive de ce temps est allée dire aux cendres du foyer que, en dehors de Rouget de Lisle, ce n'est pas dans l'angoisse des catastrophes qu'un musicien peut accorder sa !yre. Un seul *Notre Père* à quatre voix sortit sain et sauf de ces heures douloureuses ; au retour, il devait trouver à se caser et conte aujourd'hui ses campagnes aux rayons hospitaliers d'Heugel.

Le mois de mai fut plus effroyable encore. Dans les lettres que nous recevions, le désespoir de ceux qui nous écrivaient était arrivé à son comble. Chacun voyait s'avancer la catastrophe finale avec épouvante ; pouvant encore se demander s'il s'en tirerait vivant, mais ne doutant plus un instant de sa ruine complète.

.   .   .   .

Si loin de tout cela, plusieurs d'entre nous, les anciens surtout, parvenaient à s'isoler dans leur travail. Hébert, d'ailleurs, en donnait l'exemple. Et quand je songe à ces heures, si lointaines pourtant, dont l'acuité est encore si vive chez quelques-uns, je me range décidément à l'avis du philosophe qui écrivait que « l'on supporte toujours avec courage la douleur d'autrui ».

Après avoir lu des lettres navrantes de Paris, je recevais parfois une plaisante carte d'Hébert avec cette rédaction devenue coutumière :

E. Hébert

prie le vieux canotier de venir déjeuner avec lui demain vers 11 h. 1|2.

Le vieux canotier, c'était moi ; il m'a fallu vingt-cinq
ans pour démontrer à Hébert que je n'ai jamais canoté.
Mais, sans le savoir, on a, comme cela, des aspects...
Et puis, après tout, ce n'est pas infamant.

Le travail est contagieux. Voyant piocher tout le
monde autour de moi, j'étais vite ramené au rêve du
moment : Savonarole...

. . . .

Le 27 mai, une longue lettre de mon père nous
détaillait les effroyables événements des 23 et 24. Ah !
ici, les plus résolus, les plus indifférents demeurèrent
terrifiés. Les repas étaient silencieux ; on les expédiait
en un quart d'heure ; puis, chacun tirant de son côté,
les uns rentraient chez eux muets et sombres, les autres
s'épuisaient en des discussions aussi violentes que
stériles.

. . . .

Dans la sérénité de cet admirable ciel de Rome, les
premiers jours de juin nous trouvèrent enthousiastes
à accueillir les nouvelles rassurantes. Elles restaient
encore bien sombres cependant ; mais la crise aiguë
était passée et notre jeunesse se montrait prompte à
cicatriser les blessures lointaines causées par l'enfer
parisien.

La jeunesse jouit du privilège de promener ses rêves
d'avenir ou d'amour jusque sur un champ de carnage ;
foulant négligemment aux pieds les fleurs que l'indifférente nature y fait pousser plus abondantes encore.

L'*incident* nous paraissait clos ; car, en réponse à
une lettre qui, sans doute, devait philosopher plus que
de raison, j'en reçus une qui mettait les points sur les i.

Elle me venait d'une parente déjà mûre, qui n'avait pas perdu un coup de canon ; aussi, après avoir assisté aux journées de 1830 et de 1848, pouvait-elle faire des comparaisons.

J'en citerai seulement quelques lignes pour en finir avec ce lugubre intermède — qu'il était impossible d'éluder — avant de reprendre la trame aisément plus souriante de ce récit :

Paris, 7 juin 1871.

Mon Cher Henri,

Nous recevons tes lettres du 31 mai et du 1ᵉʳ juin, et je t'avoue que sous le coup des événements qui viennent de se passer, elles nous ont paru bien étranges ! Quels journaux lis-tu donc pour être si mal renseigné ? Tu as l'air de traiter la révolution qui vient de se passer comme une simple échauffourée ! Tu te trompes, car il faut remonter bien loin dans l'histoire pour trouver des faits analogues à ceux d'aujourd'hui, et encore.....

Les incendies sont éteints, dis-tu ? Oui car tout est brûlé..... Quant aux maisons particulières, les désastres sont innombrables..... des quartiers entiers y ont passé ! la rue Royale, la rue du Bac, une grande partie de la rue de Rivoli. Quant aux théâtres, la Porte Saint-Martin est consumée entièrement ; le Théâtre Lyrique, les Délassements sont brûlés aussi ; le Châtelet endommagé. Enfin, la liste serait trop longue ! Sache bien que le but était de faire sauter Paris. Pour arriver à ce but, le feu ne suffisait pas ; c'est avec du pétrole, des essences minérales réquisitionnées à l'avance (car le crime était prémédité), qu'on incendiait la ville. Vingt-quatre heures de plus, c'en était fait de Paris !

Te parlerai-je de la population tout entière réfugiée dans les caves, ou bien courant affolée de terreur au milieu des balles et des obus qui tombaient comme grêle, chacun attendant la mort au milieu de cette horrible canonnade ! Les maisons s'effondrant sur les malheureux cachés dans les caves !

Te figures-tu des bandes de furies jetant le pétrole par tous les soupiraux ! Des enfants ue dix ans enrôlés pour cette œuvre de mort ! Je te jure que le tableau n'est pas chargé !

. . . .

Enfin Gustave Chaudey, le beau-frère de Jules Barbier, fusillé dans sa prison.

Tu dois penser que Barbier a fort peu la tête au travail en ce moment. Il est fou de chagrin.

Les cadavres ont jonché les rues ! On en remplissait des tombereaux !

Ne crois pas que j'exagère. D'ailleurs tu as des amis ; ils te renseigneront mieux que tous les journaux que tu lis.

. . . .

Cette lettre nous éclaira tout à fait et..... Mais ces atroces journées appartiennent à l'Histoire qui, en en fixant les détails, permet d'en mesurer l'horreur. Y insister plus longtemps ici serait trop étranger au sujet proposé.

*
* *

Reprenons donc.

En somme, depuis le mois d'août 1870, c'est-à-dire depuis près d'une année, la guerre, le siège, le service militaire, le voyage, l'assimilation enfin à une nouvelle vie, m'avaient pris tout le temps qu'à l'ordinaire j'eusse été si heureux de consacrer au travail.

Vers le milieu de juin, les éclaircies devenaient heureusement plus fréquentes dans le ciel si noir des derniers mois. Quelques lettres reçues indiquaient le retour à la normale ; on y trouvait de-ci de-là des

riens qui témoignaient de l'apaisement des esprits ;
comme en ces quelques lignes, par exemple, de Charles
Dancla, l'éminent violoniste, mon compagnon d'armes
au 117e bataillon, s'il vous plaît !

Paris, juin 1871.

Cher Monsieur Maréchal,

Merci de votre bon souvenir auquel je suis si sensible.

Jouissez du bon repos que vous avez le bonheur de posséder : travaillez sérieusement, car le travail est notre meilleur ami et notre véritable consolateur dans les jours d'infortune.

Lisez de temps en temps un quatuor d'Haydn, de Mozart, de Beethoven : Vous trouverez à cette lecture un bonheur bien grand !... Essayez d'en écrire un. — Faire un quatuor passable n'est pas chose facile, je vous assure..., le quatuor est réellement la pierre de touche du compositeur ; n'en fait pas qui veut...

On a enfin licencié la garde nationale. C'est une bien bonne inspiration !... Pour des gens sensés, sérieux et de bonne foi, cette toquade de chauvinisme manqué, de képisme, de galons sur toute les coutures, cette toquade, dis-je, était ridicule, insupportable, et quant à moi, me donnait passablement sur les nerfs...

J'ai aperçu il y a un mois votre maître et je lui ai fait tous vos compliments. Depuis, je ne l'ai pas rencontré. Du reste, le Conservatoire n'a pas encore ouvert ses portes. Pauvre art ! Pauvre musique ! comme on pense peu à nous !...

Ch. Dancla.

Dans les premiers jours de juillet un groupe de camarades décida d'aller passer quelques semaines à Venise pour y continuer des études. J'y partis avec eux et m'y fixai près de trois mois.

Avec une table, une ou deux mains de papier à musique, une bouteille d'encre de deux sous, un piano
qu'on trouve toujours à louer, un musicien est partout
chez lui.

A la bibliothèque du palais ducal, dont la fraîcheur
était délicieuse en cette pleine canicule, j'allais passer
de bonnes heures et compléter la moisson des renseignements déjà recueillis dans les bibliothèques romaines,
au sujet du héros florentin dont la silhouette, obstinée,
m'apparaissait sur les murs comme le *Manè, Thécel,
Pharès !*

En cet état d'esprit, je reçus cette lettre de Jules
Barbier :

Paris, 25 juillet 1871.

MON CHER AMI,

Je suis tant soit peu brisé de corps et d'esprit. Depuis deux
ou trois mois je me débats contre une avalanche de désastres
et de malheurs qui seraient venus à bout des plus vaillants.
Nous avons été rudement frappés de toutes parts ; incendiés,
dévalisés, ruinés. La mort de notre pauvre Chaudey est
venue nous porter le dernier coup. . . . .
. . . . . C'est au milieu de ces tristesses, de ces devoirs,
de ces soucis de toutes sortes, que j'ai vécu depuis de
longues semaines, sans trouver une heure à donner au travail ou à l'amitié...

Je me trompe ; la faim m'a chassé hors du bois pour un
jour. J'ai concouru pour la médaille du Conservatoire ; mais
à peine avais-je gagné mes cinq cents francs, qu'on me
volait pareille somme. . . . .
La malchance s'acharne après moi. C'est à qui me volera.
Mon mobilier d'Aulnay, volé ; mon piano, volé ; mon domes-
tique me vole ma cave, mon linge, mes rideaux, mes tableaux
même, le tout représentant une assez grosse somme ! Je vous
jure, mon cher ami, que la situation n'est pas gaie !

Ouf! et pardon de vous entretenir de mes grands et petits
chagrins! Votre lettre méritait une autre réponse que celle
de votre serviteur. Mais quoi! vous êtes dans l'âge où l'on
bâtit son nid, en le capitonnant d'illusions et d'espérances;
je suis déjà dans l'âge où on le voit dévasté, emporté par
l'orage. Je ne suis pas, heureusement, un *moineau* à me
décourager. C'est déjà beauoup d'avoir échappé à cette épouvantable tourmente. Je le reconstruirai ce nid! Mais il y
faudra bien du temps et de rudes efforts.

Encore une fois, cher ami, merci de votre lettre. Nous
vous avons suivi avec toute notre amitié, dans ce voyage
dont vous nous avez raconté toutes les péripéties, toutes les
émotions[1]. Hélas! vous ne retrouverez jamais ces impressions
si vives, si entraînantes! Rome et l'art, loin des soucis matériels! Quel rêve! vous vivez certainement le plus heureux
temps de votre vie! Qu'il en sorte une œuvre, et ce temps
aura été bien employé!

Il est bon que vous vous attachiez comme vous le faites à
un sujet, que vous le creusiez, que vous le mûrissiez.

Savonarole et son époque me paraissent offrir une ample
matière à votre méditation.

Vous prenez tout d'abord le taureau par les cornes, mais
c'est la vraie manière de le prendre. Quant à moi, je vous
aiderai bien volontiers à mettre votre œuvre debout. Je ne
vous promets pas d'y travailler tout de suite, car les néces-
sités de la vie me réclament, mais je ne vous conseillerais
pas à vous-même de vous mettre à la besogne après une
trop courte gestation. Je veux réfléchir sur les notes que
vous m'enverrez, ébaucher un scénario et n'écrire le poème
qu'après en avoir causé avec vous, si, comme vous l'annon-
cez, vous pouvez mettre le cap sur Paris vers la fin de
l'automne. Nous déciderons alors s'il faut donner suite à
nos démarches pour notre bouffonnerie à l'Opéra-Comique[2].
A votre place, j'hésiterais.

1. *Rome*, Souvenirs d'un musicien (Hachette, édit.).

2. Voir les dernières pages de *Paris*, Souvenirs d'un musicien
(Hachette, édit.).

Pourquoi vous dépenser en petites choses, si vous devez débuter par une grande ?

Il est vrai qu'il y a beaucoup à dire là-dessus. On ne fait pas ce qu'on veut, mais ce qu'on peut.

Je vous enverrai la seconde édition de mon *Franc-tireur* dès qu'elle aura paru : c'est de la mitraille en vers.

P.-J. BARBIER.

Ainsi donc, Barbier me renvoyait à l'automne ! J'espérais à ce moment pouvoir faire une courte apparition à Paris ; mais j'avais compté sans Hébert, doux, charmant, souple, félin, délicieux enfin ; intraitable, cependant, sur le chapitre du séjour réglementaire en Italie. Il m'avait formellement déclaré qu'il ne m'autoriserait pas à rentrer en France avant deux années, et, par des mesures d'une rare énergie prises vis-à-vis de deux ou trois de mes anciens, je savais qu'il ne me céderait pas.

Hébert, dès les premiers jours, m'avait témoigné tant de bienveillant intérêt ; pendant les trois mois passés ensemble à Rome il s'était montré si bon, si encourageant, si paternel en mille détails, que je m'étais attaché à lui d'une affection que le temps ne fit que resserrer et que la mort seule vint rompre en novembre 1908, après trente-sept années d'une sollicitude féconde en précieux conseils de sa part, comme aussi de reconnaissance respectueuse de la mienne.

Ainsi qu'il a été dit déjà, Hébert s'était épris de l'idée de tirer quelque chose de cette fin du xve siècle à Florence, où, sur l'or et le velours de la cour des Médicis se détache la sombre bure du moine prédicateur. Il y songeait et, séparés l'un de l'autre en ce moment, il m'écrivait de temps en temps à ce sujet.

Précisément, au lendemain de la lettre de Barbier, j'en reçus une d'Hébert :

Rome, 26 juillet 1871.

CARO SIGNOR BULVARDIERO,

J'ai reçu votre lettre de Venise, et, comme vous le voyez, je ne la laisse pas longtemps sans réponse.

. . . .

Quant au Savonarole, je me figure qu'il serait mieux placé dans le cadre mystique de l'oratorio qu'au théâtre. Je ne me le représente pas devant le trou du souffleur, ce terrible prédicateur. Je ne vois pas non plus qu'on puisse enrouler autour du drame de sa vie aucune amourette à l'usage des librettistes parisiens. En un mot, ô aimable compositeur ! je crois qu'il vous faudrait un autre homme que ces messieurs pour construire le canevas sur lequel vous devez broder en couleurs sombres la légende du Dominicain martyr.

28 juillet.

Je reprends cette lettre pour vous dire l'arrivée de Charles Lefebvre, retour de Naples, enchanté de son voyage et de se retrouver à l'Académie. Nous avons joué hier soir une sonate après avoir fait un tour en voiture au Colysée et à Saint-Jean de-Latran.

Il pense aussi aller à Venise un peu plus tard passer un mois. Je suis ravi de ce que vous me dites de vos projets de travail *intelligent*. Il serait triste que toutes les belles impressions qui défilent devant vous comme des muses inspiratrices n'aient d'autre ébranlement sur vous que de délier le quatrième doigt. Croyez-moi, l'homme n'a par jour qu'une dose de force. S'il la dépense sur un autre objet, et même en causerie, il ne lui reste rien pour son art. Berlioz ne jouait pas de piano et il a cependant fait un beau chemin. Voyez les belles choses de Venise *avec les peintres*; imprégnez-vous des soleils couchants sur la lagune derrière San Giorgo; errez dans les canaux sombres ou sur la noble place de Saint Marc; ça vaudra mieux que de faire des exercices. Lisez l'histoire de Venise par Daru, vous la trouverez en location.

Adieu, mon cher Maréchal; je vous prie de saluer pour moi vos compagnons de voyage, et de croire à ma sincère affection.

E. Hébert.

Le conseil de donner à *Savonarole* une formule à côté du théâtre me frappa beaucoup. C'eût été quelque chose comme *Élie* de Mendelssohn, *Faust* de Schumann *le Désert*, *Christophe Colomb* de Félicien David, ou même comme *la Damnation de Faust* et le *Roméo* de Berlioz.

Pour en venir à bout sous ce nouvel aspect, je sentis que Barbier, exclusivement homme de théâtre, pourrait bien y renoncer. D'ailleurs, il me renvoyait à des calendes... Je songeai donc à l'associer à Édouard Plouvier dans cette entreprise. Tous deux poètes, ce dernier peut-être plus encore... il fallait essayer!

Une lettre à Plouvier le mit au courant; elle me valut une très curieuse réponse.

Paris, 22 août 1871.

Cher Henri, je ne puis vous écrire que tristement, parce que suivant la parole du Christ: « Mon âme est triste jusqu'à la mort ».

Je vous vois de loin dans cette Italie — qui, elle, recommencera peut-être — courant, regardant, pensant, travaillant, préparant, vivant enfin! Par ici, allez, sauf certains efforts inutiles, certaines galvanisations trompeuses, tout est fini.

Vous me faites remettre les notes de point de départ d'un opéra qui doit être une grande œuvre, ou n'être pas. — Nous allons y revenir. — Eh bien, je me demande avec angoisse en voyant l'avenir plein des ruines de tout, même l'avenir prochain, où sera représentée cette grande œuvre.

Heureusement que vous êtes jeune, que vous avez un plus vaste inconnu, plus de temps pour attendre les sociétés nouvelles. Mais tout est si bien fini ! Nous sommes si loin d'une renaissance !... L'homme le plus jeune de la France aujourd'hui, c'est M. Thiers. Il m'en paraît le plus jeune parce qu'il espère encore, et parce qu'il aime la France. Il est bien heureux !

Mon ami, je ne vous parle que de choses générales au lieu de vous écrire sur vous et sur moi. Ah ! voilà le caractère de la situation : tout disparaît devant la question d'existence générale. Il est bon de s'asseoir et de causer ensemble ; mais voilà que tout d'abord le plancher croule. Tout est fini. Quant à moi, vous le pressentez déjà sans doute, je suis plus malheureux maintenant qu'en aucun moment ; malheureux de ma vie, parce que cet élément vital indispensable à tout, l'espoir, me manque absolument. Oh ! plaignez-moi, plaignez l'homme, le père, l'époux, le poète, le citoyen : je n'ai plus d'espoir... en rien !

. . . .

. . . .

De pièce, il n'y en a point : il y a un cadre superbe à une superbe figure ; mais l'élément dramatique est encore bien absent, et quoi que je puisse te dire là-dessus je sais trop bien que jamais mes idées ne seront de celles que le tempérament de Barbier accueillera, ce qui est sans doute très heureux pour lui. Le tempérament scénique de Barbier est bien de ceux qui devaient le faire réussir dans la voie choisie. Plus poète que Scribe, sans être plus inventif, il en imite volontiers l'adresse. Il a peur de l'*audace*, cette Muse qui ne connaît pour ses amants que le triomphe ou la mort. Pour être audacieux, d'ailleurs, il faut ressentir la passion : Barbier n'en a pas l'ombre. Il passera entre Scribe et Sardou, prenant un peu de poésie à Casimir Delavigne ou à Ponsard, et aux auteurs du *Capitaine Henriot* et de *la Dame Blanche* beaucoup de leur habileté à charmer le public, et puisque plus original, plus passionné, plus puissant, il n'eût jamais aussi bien réussi, il aura eu raison. Mais il suffit que je sache que Savonarole deviendra Savonarole-Barbier pour que ce que je peux avoir de facultés d'imagination soit déjà paralysé. D'ailleurs, les exigences Théâtro-Lyriques restreindront toujours la figure, laquelle est grandiose, bien qu'elle n'ait pas plus conclu que beaucoup de grandes figures. Savonarole m'a parfois fait penser au point de vue du drame. Dans le drame, comme il me semble indispensable en toute forme scénique, j'aurais voulu faire une grande place à l'amour.

Sur le fond sombre de la vie du moine, le moine qui s'y détache est sombre lui-même. Dans le sombre, rien ne rayonne mieux que l'amour. Or, faire Savonarole moine par suite de malheurs d'amour, serait commun, et puis trop faux. Il faut l'amour, pourtant !

Une raison du succès éternel de *Robert* et des *Huguenots*, c'est que Raoul et Robert sont vraiment amoureux ; et si *le Prophète*, partition superbe, a rencontré un bien moins grand succès, c'est parce que Jean de Leyde — qui re rapproche du moine, du Savonarole — est bien loin d'être amoureux comme le veut le public pour s'intéresser au héros.

Donc l'amour ; mais pas d'amour au début de la vie scénique de Savonarole.

Bonne ou mauvaise, voici une idée.

Sais-tu ce qui faisait souffrir le plus rudement les religieux qui fuyaient le monde jusqu'au fond des Thébaïdes pour trouver Dieu plus sûrement ? C'était, aux ardeurs du milieu du jour et à travers les soifs de la solitude, c'était l'aiguillon de la chair ; loin de la femme inconnue et maudite et réprouvée pour toujours, c'était la femme ; au milieu de la nature, par toutes les voix, par tous les contacts, par tous les excitants de la nature qui n'est qu'amour, ce qui tenail-

luit le plus cruellement l'ascète au désert, c'était la femme.
Cela était si vrai qu'un religieux lui-même, saint Jérôme,
je crois, a nommé cette tentation terrible : le *Démon de
midi.*

Songes-y : désert ou cellule, cela peut devenir pareil
d'effet ; l'aiguillon, pour l'homme, c'est surtout la solitude,
qui, plus longue, fait l'aiguillon plus vif.

Ne pourrait-on faire traverser les rêves ardents ou décou-
ragés de Savonarole dans la solitude, par le *Démon de midi ?*
A ce démon, ne pourrait-on donner la forme palpable d'une
femme qu'on reverra ?

Ce démon, le moine lui résisterait, bien entendu, et le
vaincrait comme saint Michel-Archange qui terrassa Satan.
Savonarole se jurerait de terrasser ainsi l'Italie dégradée,
voluptueuse et condamnée.

L'Italie a retenti du nom si beau, si bien porté de la
grande courtisane Imperia. Il n'y aurait pas d'anachronisme
coupable et compromettant pour Savonarole à l'utiliser
dans ce temps, à Florence, à Naples, où l'action ira.

L'éclat de la cour de Laurent de Médicis lui fournit un
milieu splendide. Pourquoi, quand Savonarole est devenu
une si réelle puissance, n'essaierait-on pas un jour de le
perdre par quelque moyen bien humain ?

. . . .

Quelle lutte ! Comme on *trouverait* sur un pareil texte !
Comme ce type de la grande courtisane italienne est commode ! Comme cela va partout, peut se joindre à tout !

Mais je ne me laisse aller à aucune combinaison. Seulement, encore une fois, songe au *Démon de midi;* songe à
Imperia ! .

. . . .

Quand te reverrons-nous, mon cher Romain ?... Le temps
sera long ! Et qu'est-ce qui le remplira ? D'ici là, que verra-
t-on ? Y aura-t-il encore des théâtres ? Pour qui ? Je crois
que si ce n'est toi, tout le monde m'aura oublié. — Tant
mieux !

Si je me laisse aller à tout ce que je peux écrire en le
pensant, je vais encore t'attrister, et pourquoi ? Pardonne-

moi, je ne le ferai plus ! Toi, tu es heureux ; tu l'es en ce moment *du plus grand bonheur de ta vie* ; tu as en ce moment tout ce que tu peux désirer, soit en réalité, soit en espérance, ce qui est toujours le meilleur lot. Savoure donc ton bonheur, ne te presse en rien pour le sentir et le savourer mieux et arrange-toi pour ne le pas compromettre.

Je t'embrasse, mon cher ami, attendant des nouvelles prochaines. Je voudrais être pour quelque chose dans ton bonheur et je ne suis qu'une plainte, mais je t'aime bien, et je te serre sur mon cœur.

Édouard Plouvier.

L'état d'âme de mes deux amis était donc identique. Plouvier cependant paraissait le plus atteint ; il le fut, en effet, si définitivement qu'il ne put jamais se ressaisir et devait mettre cinq ans à mourir de chagrin !

*
* *

Quel parti prendre ?

Le temps passait ; et, forcé d'accepter un ajournement pour le travail projeté, il n'y avait plus qu'à rechercher celui auquel on pouvait s'attacher de suite et, surtout, seul !

L'idée de traiter *Savonarole* selon le procédé mixte proposé par Hébert était bien tentante !... Comme j'allais sans doute m'y arrêter, je reçus cette lettre de Barbier, où se montre le curieux travail de gestation qui s'opère sur un sujet donné dans l'esprit d'un auteur dramatique affiné par l'expérience.

Quelle leçon !

Tréport, 8 septembre 1871.

Mon cher Ami,

J'étais arrivé presque au bout de vos notes en marmottant à part moi : « Mais où diable mon ami Maréchal voit-il un opéra là-dedans ?... » quand tout à coup un rayon de lumière a glissé à travers ces ombres, et m'a illuminé ! Vous veniez de toucher au Dolfo Spini, au fra Bartolomeo et à une Spinette de fantaisie qui complète le quatuor. Là est le drame, et pas ailleurs.

Il y a assurément dans tout le reste un cadre, une couleur, mais d'action dramatique, point.

Les grandes idées de réforme de Savonarole, et sa lutte avec les *compagnons* de Florence, et ses malheurs, et son bûcher, tout cela est bien indifférent au public, s'il ne vient s'y mêler cet éternel lieu commun de l'amour aux prises avec le devoir qui intéresse tout le monde, et qui sera toujours la pierre angulaire du théâtre en dépit des Savonarole de l'art dramatique.

Cela est vrai surtout pour un poème lyrique, où le sentiment et la passion doivent occuper la première place.

Je ne sais donc pas s'il y aura à se préoccuper beaucoup de la mort de Laurent le Magnifique et du camp de Charles VIII. Cela dépendra absolument des besoins de notre scénario.

. . . .

Soyez donc sans inquiétude sur l'issue de mon travail. Je ne vois encore la pièce que dans un nuage. Mais elle s'en dégagera certainement avec des formes lumineuses et précises. Je me contente de vous faire remarquer dès aujourd'hui que tout l'intérêt repose sur fra Bartolomeo (dont il faut chercher le vrai nom) et sur sa maîtresse (que je baptiserai comme il vous plaira). Voilà pour le ténor et le soprano. Au second plan nous aurons Savonarole et Dolfo Spini, basse et baryton.

Telle est, à première vue, mon impression sur le sujet et sur le parti qu'on en peut tirer. Je ne pourrai le mener à fin que dans le courant de l'hiver. J'espère bien vous voir d'ici là et en déterminer d'avance avec vous tous les points importants.

P.-J. BARBIER.

J'avais, à Paris, un correspondant incomparable en la personne de mon père. Lui aussi avait à refaire sa vie, comme tous les autres ; je lui épargnais donc de trop longues lettres. Ne pouvant suivre tous les détails du projet entrevu, il ne retenait que le fait matériel : j'étais sans *livret ;* dès lors, il mettait tout son effort à m'en procurer un.

Pour un débutant, trouver un *livret,* quel problème à résoudre !

Les compositeurs de tous les formats, astres de première grandeur ou simples poussières cosmiques dans le firmament de la musique, ont toujours rencontré la plus grande difficulté, à découvrir un bon poème d'opéra ou d'opéra-comique.

D'abord qu'est-ce qu'un bon poème ? Il en est de remarquablement tragiques qui ont fait rire dès le premier soir, et de parfaitement saugrenus qui conservent, à travers les générations, le don d'intéresser et d'émouvoir !

Comment s'y reconnaître ?

Le théâtre est un tremplin où les trappes les plus perfides ne sont pas les plus apparentes, et sur ses planches, le sublime peut coudoyer étroitement le grotesque.

Parfois, le génie d'un musicien suffit à éclairer l'ensemble d'une lumière d'apothéose ; mais il ne faut pas trop s'y fier, et le plus sûr est encore d'associer de son mieux la rime avec la raison.

Un poème d'opéra est, en somme, une machine très complexe à édifier : et quand on le sait par expérience, comme le savent les intéressés, on demeure confondu de la candeur de la plupart de ceux qui tentent l'entreprise.

Depuis le plus infime rimailleur de province jusqu'au plus brillant chroniqueur parisien, l'erreur est de croire qu'une pièce médiocre, trop faible pour se suffire à soi-même, peut, associée à une belle partition, recevoir le puissant viatique du succès.

Cette erreur s'appuie sur quelques frappants exemples: *Guillaume Tell*, qui ne conclut à rien, qui laisse Arnold et Mathilde au point où les trouve le premier acte! *Le Freischütz*, méli-mélo fantastico-comique; l'étonnant et incompréhensible *Trouvère*; la « bébête » *Flûte enchantée* sont là pour donner raison aux « bâcleurs » de *libretti*. Mais on peut leur répondre, d'abord, que des Rossini, des Weber, des Verdi ou des Mozart ne pullulent pas sur le « marché »; et qu'ensuite *les Noces de Figaro*, *le Pré aux Clercs*, *la Dame Blanche*, *Faust*, *Carmen*, *Mignon*, etc., sont des pièces très attachantes, très habilement conduites, et que ces qualités ne sont pas étrangères à leur succès universel.

Je ne distillerai pas plus longtemps les poisons subtils d'une argumentation visant les faits généraux, et j'arriverai de suite à quelques cas particuliers :

Faust fut jadis refusé à l'Opéra comme manquant de pompe (*sic*); à l'Opéra-Comique comme dépourvu de gaieté! Aucun éditeur ne voulait de la partition.

Les Dragons de Villars furent refusés à l'Opéra-Comique, *Sigurd* à l'Opéra ainsi que *Samson et Dalila* et *le Roi d'Ys*.

On pourrait multiplier ces citations, qui donnent une idée de la difficulté qu'il y a à se diriger sur un terrain aussi rempli d'embûches.

Pourtant les hommes qui, jadis, écartaient ces poèmes, de valeur inégale, sans doute, mais de portée certaine, étaient gens expérimentés ; les directeurs d'aujourd'hui le sont aussi ; mais les leçons du passé ne les gardent pas, tout comme leurs aînés, de montrer parfois dans leur lanterne magique les niaiseries les plus évidentes qui ne sont reconnues telles que le lendemain de la première représentation.

D'où il suit que ce n'est vraiment que de la quantité, un peu au hasard, que peut surgir une œuvre maîtresse, et que la prévoyance la plus éclairée est impuissante à la désigner sur le papier.

Si l'on peut hésiter sur le choix entre deux poèmes « quelconques », il faut reconnaître que la plupart du temps l'hésitation n'est même pas permise.

Qu'ils regardent la lune entre les cheminées d'une sous-préfecture, ou qu'ils accumulent les « effets de scène » sur la table d'une brasserie parisienne, beaucoup de poètes lyriques (!) n'aboutissent souvent qu'aux pires absurdités.

Tous les compositeurs ont reçu de Paris ou de la province de ces rouleaux significatifs renfermant un livret à titre historique et redondant ! On ne peut se figurer jusqu'à quel point la folie sait atteindre en ce genre d'exercice !

Je reçus un jour le livret d'un grand opéra en cinq actes dont les premières lignes me secouèrent de joie, et dont les dernières scènes avaient amené le rire à un paroxysme fort rare à atteindre ! Au cinquième acte, qui se passait « au carrefour le plus sombre d'une épaisse forêt », le roi chassait, accompagné d'une suite nombreuse. Tout à coup, le favori de Sa Majesté recevait en plein cœur une flèche partie on ne sait d'où, et venait expirer aux pieds de son maître ! Grande colère de celui-ci ! Imprécations, anathèmes, etc. ; l'*air* terminé, le roi se retournait vers ses courtisans et disait exactement ceci :

« Et maintenant, messieurs, qu'on apporte un mausolée ! »

Ce n'est pas tout.

Deux courtisans sortaient et rapportaient un mausolée dans lequel l'homme à la flèche était caché.

. . . .

Une autre fois, je reçus un drame en trois actes, en vers, pour lequel on me demandait d'écrire la musique de scène et le ballet. Dès la troisième scène du premier acte, la fille du prince, sa suite, un chœur de marchands, des soldats venus encore se trouvaient tous tout nus, barbotant dans le fleuve pour échapper à « la chaleur accablante du jour ! » Ce n'était plus une scène de drame mais d'école de natation — à fond de bois, évidemment — où les personnages les plus nobles faisaient la planche en débitant des alexandrins de onze à quinze pieds, suivant les cas !

Ici encore on pourrait multiplier les citations, mais il faut se borner.

La France est riche en poètes et en illustres écrivains ;
cependant, bien peu ont consenti, sinon à se spécialiser,
du moins à étudier les maîtres du genre que furent
Scribe, Michel Carré, Jules Barbier, Louis Gallet et
quelques autres. Lorsqu'ils parlent de ceux-ci dans
leurs écrits, ce n'est qu'avec un dédain d'autant plus
surprenant que lorsque eux-mêmes s'essayent, en véritables écoliers, à la confection d'un poème d'opéra, ils
ne parviennent qu'à souligner leur gaucherie !

Aussi, tout doucement, les musiciens s'habituent-ils
à devenir leur propre collaborateur. Si dans leurs essais
on ne trouve pas les beaux vers — parfois, cependant,
prétentieux et vides — de quelques librettistes acciden-
tels, on sera sûr, du moins, de rencontrer une atmosphère musicale indispensable, et surtout un peu de ce
bon sens qui n'a jamais gêné les belles envolées
lyriques dont la source inépuisable coulera aussi longtemps que les passions animeront la marionnette
humaine, que le soleil irradiera dans le ciel et que le
clair de lune, à travers le feuillage, dessinera sur le sol
la silhouette des couples amoureux !

*
* *

Avec la belle et touchante assurance que met toujours
un homme à défendre son fils, mon père était déterminé à frapper aux portes les plus hautes ! Ses relations quotidiennes avec les auteurs lui en fournissaient
le prétexte ; et voyant dans l'éclat de certains noms de
plus grandes chances de débouchés ou de succès, il
me fit part de son intention d'agir.

Or, chaque lettre me causait les plus vives surprises !
Je protestais ; mais, parfois, l'avocat trop zélé de ma
cause passa outre ; ce qui devait, jusqu'à la fin de
leurs jours, me placer dans une situation assez délicate
vis-à-vis de quelques célébrités du boulevard.

Le premier auquel mon père songea fut D'Ennery,
qu'il connaissait alors depuis plus de trente ans, D'Ennery qui m'avait perdu de vue, mais qui venait de
m'accueillir si cordialement chez lui à mon passage à
Antibes [1].

Je voyais avec terreur D'Ennery lancé, par exemple,
sur un sujet analogue à celui de Savonarole et le dou-
blant de la fameuse action parallèle ou de quelque
écuyer goguenard — Mascarille moyenâgeux — destiné à faire rire, et venant peut-être, au cinquième
acte, débiter des lazzi en se chauffant les pieds au bûcher
même du héros !...

Nul plus que moi ne rendit et ne rend hommage au
très grand talent de D'Ennery, qui fut homme de théâtre
dans toute la plénitude du mot ; mais homme d'un théâtre
si serré, si captivant, si mouvementé, qu'il se suffit à
lui-même et n'a pas plus besoin de musique qu'un
quatuor à cordes, par exemple, n'a besoin de vers.

Les pêcheurs de lune que sont les musiciens ne
peuvent, qu'à quelques exceptions près, s'accorder
avec l'implacable logique de la scène vue sous l'angle
où la voyait D'Ennery. Je me suis donc borné avec lui
à des relations aussi respectueuses qu'espacées, et n'ai
jamais songé à l'encombrer d'une collaboration qu'il

1. *Rome*, Souvenirs d'un musicien (Hachette, édit.).

n'eût pas manqué de trouver assommante... et moi aussi, sans doute!...

Dans les projets paternels, Victorien Sardou apparaissait bon second — au besoin *des* premiers, comme on dit au théâtre.

Ici, tout intermédiaire était superflu.

Je connaissais Sardou depuis toujours ; lui, brillant jeune homme caracolant au milieu de ses premiers succès ; moi, presque adolescent encore, mais tout de même admirateur de sa prodigieuse adresse et de son esprit.

Les derniers mois nous avait tout à fait rapprochés. Pendant le siège de Paris nous dînions chaque jeudi chez un commun ami qui sut accomplir de vrais prodiges vers la fin de janvier, notamment, pour nous offrir une table comme on n'en eût certainement pas trouvé six à Paris — à Paris où l'on commençait à considérer les élastiques de bottines comme une de ces choses pouvant, à la rigueur, devenir comestibles!

La table de notre ami réunissait sept convives : lui, brave cœur, esprit ouvert et généreux ; sa femme, aimable et fort intelligente maîtresse de maison ; Victorien Sardou, Henri Monnier, Pierre Petit, mon père et moi.

Il y eut des soirs où, tous, nous arrivions en uniforme de garde national, sauf Henri Monnier, que son âge déjà avancé renvoyait « au civil », comme il disait.

Sardou montait sa garde tout en haut de Montmartre, dans le moulin de la Galette converti en poste électrique chargé de balayer la plaine Saint-Denis de ses feux et d'échanger des signaux avec les forts des environs.

Chacun déposait « ses armes » dans le porte-canne de l'antichambre, où sabres-baïonnette et parapluies pratiquaient la plus pacifique des ententes cordiales.

En ces dîners, il n'y avait qu'à écouter. Sardou s'y montrait étincelant de verve, de logique et de raison. Il racontait ses reconnaissances militaires autour de Paris en compagnie de son ami le général Trochu, tous deux en une voiture rentrant au bastion avec sa capote souvent trouée par des balles perdues... ou autres.

Il faisait des plans ; désapprouvait ceux des autorités militaires ; dressait sur la table des parallèles avec des couteaux et des fourchettes, des tours avec des verres et des bouteilles, des redoutes avec des ronds de serviette...

Aucun professionnel n'étant présent, la controverse était nulle et tout cela nous paraissait mirifique !

Quelquefois, en se levant de table, Pierre Petit me disait tout bas dans un coin de fenêtre : « Mais pourquoi ne le laisse-t-on pas faire ? On pourrait passer, dans vingt-quatre heures, et dans trois jours l'assiégeant serait réduit en bouillie. »

Le photographe Pierre Petit était du midi et prompt à s'enflammer !

Cependant toute cette argumentation de Sardou ne ressemblait nullement à de la jactance ; chaque détail était exposé avec une telle clarté, une telle méthode, de telles déductions que je me demande encore s'il n'avait pas raison sur beaucoup de points, puisque les plans qui furent suivis aboutirent aux pires résultats !

L'éloquence, réelle pourtant, mise au service de toute cette stratégie endormait doucement Henri Monnier. Le silence d'un court instant le réveillait vers le dessert ; il ouvrait les yeux, regardait autour de lui et, comme obéissant à une ancienne habitude, les sourcils se rapprochaient, le visage de Joseph Prud'homme se reconstituait comme de lui-même, et Monnier, sans nul préambule, commençait une histoire contée avec une voix dans les joues sortant d'une bouche en lippe.

C'étaient des anecdotes de ce genre :

— Il y a quelques mois, je me promenais au bord de l'étang de Berre, non loin de Marseille. Un homme — un pêcheur, je crois — me croisant sur la route, me fit l'honneur de me tirer le chapeau ; je lui tirai le mien. L'homme s'arrêta et, me dévisageant un moment :

— Bonjour, Monsieur Monnier.

— Eh quoi, mon ami, lui fis-je, vous me connaissez ?...

— Oh ! depuis longtemps, Monsieur Monnier ! Vous êtes venu demeurer chez moi... Ah ! dame, il y a bien trente ans ! Voyons... rappelez-vous... le père Martin ?...

— At..ten..dez donc... le père Martin... mais vous aviez alors un jeune enfant, un petit garçon fort gentil, ma foi...

— C'est un homme aujourd'hui !

— Et... vous en êtes satisfait ?

— Ah ! Monsieur Monnier, c'est l'honneur de la famille, voyez-vous ! Dès l'âge de quatre ans, cet enfant-là avait une vocation : il adorait les hypothèques ; aujourd'hui il est conservateur !

. . . .

Raconté par Monnier, c'était à rire aux larmes, Sar-

dou plissait silencieusement ses joues à la manière
du Voltaire de Houdon et reprenait aussitôt :

— Ainsi, pas plus tard qu'hier, je disais encore à
Trochu..,

. . . .

Victorien Sardou n'aimait pas beaucoup la musique
et, par ricochet, ne se soucia jamais de travailler avec
des musiciens, dont il trouvait l'art difficultueux et
compliqué. Il s'y résigna, cependant, en certaines circonstances qui le guidèrent plus que ses préférences
personnelles.

Je savais cela dès 1871 ; aussi, malgré la très vive
admiration et le très respectueux attachement que je
professai toujours pour ce grand esprit, ne me vint-il
jamais à l'idée de l'encombrer, lui non plus, de mes
petites affaires.

Une fois, cependant, j'eus recours à son obligeance,
que plusieurs années après, je retrouvai très grande ;
mais nous y reviendrons.

Les lettres de mon père me parlaient de Meilhac et
de Gondinet ; deux maîtres, deux charmants esprits,
deux ironistes délicieux qui s'étaient définitivement
cantonnés dans la parodie — la formule peut-être la
plus profonde du théâtre — mais non pas des *lyriques ;*
et, cela, de toute évidence.

Un seul parmi ces auteurs réputés m'attirait réellement : Alphonse Daudet, que je sentais, lui, un vrai
lyrique ! A ce moment je ne le connaissais pas et ne
pus entrer en relations avec lui que quatre ou cinq ans
plus tard.

C'était en vue d'un commun travail sur lequel, après

nous être mis d'accord, je recueillis cette bonne promesse au cours d'un entretien :

— Je m'occuperai du scénario, et si le temps me manque pour écrire la pièce, je vous mettrai en rapport avec mon ami Paul Arène. Il n'y a qu'à lui que je confie ma plume.

Il ne fallait pas laisser perdre cette chute.

.   .   .   .

Le projet n'eut pas de suite.

Que d'ébauches, de rêves, de chimères on découvre derrière soi lorsqu'on se retourne sur la route à certaine borne kilométrique de la vie !

Or, avant de frapper à tant de portes — dont pas une, peut-être, ne se fût ouverte! — je me rendis compte que, en dehors de Daudet, je n'étais pas du tout accordé au diapason de si joyeuses guitares.

En mettant les choses au mieux, peut-être l'un de ces maîtres eût-il consenti à me faire l'aumône d'un petit acte que l'Opéra-Comique eût représenté six fois après huit ou dix ans de démarches, et, toute question matérielle mise à part, là n'était pas le but que je poursuivais.

Au point de vue *pratique*, ce fut peut-être un tort; cependant je n'en suis pas sûr; en tous cas, je ne regrette rien.

Nous traversions une époque, je me trouvais dans un milieu, je me sentais mêlé à des choses si nouvelles que le changement radical des habitudes familières à ce milieu même avait complètement renversé les idoles du passé sans avoir eu le temps encore de les remplacer sur leur piédestal vide. J'allais comme à tâtons dans un monde nouveau; tout ce qui rappelait le théâtre ayant immédiatement précédé la guerre me faisait horreur; en musique, la formule étroite de l'Opéra-Comique, qui m'avait en quelque sorte bercé, me donnait des nausées; dès qu'une forme musicale se précisait à mes oreilles, elle m'inspirait une invincible répugnance; l'incompréhensible seul m'attirait.

Il fallut pas mal de mois pour me ramener à un état normal; et j'ai gardé un souvenir si vivace de ces heures maladives que lorsqu'aujourd'hui j'entends de jeunes compositeurs déclarer, par exemple, que Gounod est un « insipide musicien » (sic), je les regarde silencieusement, les absous tout bas, et leur souhaite tout haut de guérir. Car ce n'est pas sans un certain attendrissement que je me retrouve en présence de la féroce intransigeance de ma jeunesse et du temps où le phylloxéra travaillait si perfidement ma vigne que je n'en avais nulle conscience!

En la circonstance, ce n'était pas un *livret* que je cherchais, mais un *collaborateur* consentant à écrire une *pièce* sur un sujet dont l'histoire, en de nombreux documents patiemment recueillis, apportait les principaux éléments.

Dans cet état d'esprit — et sentant bien que les vagues échéances de Barbier seraient longues — il n'y avait qu'un parti à prendre : tailler dans les dix années de la vie publique de Savonarole une suite de tableaux pittoresques que leur variété même opposerait heureusement les uns aux autres et réaliser le texte... en prose !

Ceci, je ne l'osai pas.

Je venais, précisément — et par curiosité — de mettre en musique le *Notre P re*, déjà nommé, sur la littérale traduction française ae l'oraison dominicale qui se trouve dans tous les paroissiens, et j'avais pu reconnaître la difficulté d'associer à la prose une forme mélodique précise.

L'essai était peu de chose, certes, et je pensais ne pas m'en être trop maladroitement tiré; mais j'étais effrayé devant la perspective d'un long ouvrage établi sur un texte non condensé dans le rythme du vers!

En 1871, la question ne se posait même pas!

Mon Dieu, le vers, après tout, n'est pas inaccessible au premier venu qui sait lire, écrire et même compter! Cette érudition suffit à beaucoup de gens pour aligner ici ou là un quatrain, voire un sonnet, à de certaines heures de la vie; mais tout autre chose est de cheviller à la lune en l'honneur d'une chevelure blonde, ou même brune — pour la rime — et d'écrire un poème lorsqu'on n'en fait pas *son état!*

En tout art, fût-ce le plus indépendant, il y a tout de même un *métier* à acquérir, un tour de main à prendre, des habitudes d'esprit à s'assimiler, et ce sont ces raisons qui rendent précieuse au plus grand nombre des musiciens la collaboration d'un écrivain expérimenté.

Victor Massé disait à ce propos que si le compositeur s'use au préalable à la confection de son poème, il se sent déjà fatigué de son sujet lorsqu'il s'occupe d'en écrire la partition.

Rien n'est plus vrai; et beaucoup de musiciens, au cours d'une lecture, se trouvant tout à coup en présence d'une situation, d'un vers, d'un mot inattendus, ont reçu le coup de foudre qui les enflamma, ont même sur le champ, et sans avoir à y revenir, trouvé la musique définitive qui leur était demandée.

Or, à l'époque où nous en sommes de ce récit, si quelqu'un s'était avisé de mettre de la prose en musique, il eut eu tous les rieurs... contre lui.

L'habitude du vers « *quand même* » était si bien prise qu'on lui doit toutes les mirlitonnades qui sévirent pendant une bonne partie du xixe siècle à l'Opéra comme à l'Opéra-Comique.

Qui ne se souvient des clichés :

> *La cloche nous appelle :*
> *Allons à la chapelle*
> *Engager notre foi :*
>   *Bonheur suprême !*
>   *Le Ciel lui-même*
>   *Te donne à moi !*

Alors, un beau jour, l'Éternel se voilà la face et, sévère, dit au *vers quand même* : « Tu n'iras pas plus loin ! »

Et dans les âmes passa ce vague sentiment que l'habitude prise, en somme, pouvait bien être ridicule. Il y eut des interviews, et les plus célèbres musiciens furent consultés.

Voici leur opinion :

GOUNOD

Il y a environ une vingtaine d'années que j'ai, le premier, posé et traité la question, à savoir si la prose peut être mise en musique au théâtre, et je l'ai résolue dans le sens de affirmative ; étant bien entendu, toutefois, que toute prose n'est pas également apte à être chantée et que la rythmique de la prose doit faire l'objet d'une étude spéciale.

AMBROISE THOMAS

Il y a peu d'années, lors de la dernière reprise du *Songe d'une nuit d'été* à l'Opéra-Comique, Maurel, désirant vivement interpréter le rôle de Shakespeare, qui est écrit pour le ténor, il me fallut faire quelques transpositions. Au cours de ce travail, je m'arrêtai particulièrement sur cette scène du premier acte, entre la Reine et Shakespeare, où Élisabeth, masquée, demande au poète s'il se souvient de sa ville natale.

« Oui, oui, dit Shakespeare, je me rappelle avoir, dans ma première enfance, gardé les troupeaux dans de vastes solitudes, sur le penchant des montagnes, au milieu des silencieuses majestés de la nature, seul, la nuit, sous les étoiles du ciel ».

—... Ce fut là le temps le plus rêveur, le plus fécond, peut-être, et le plus heureux de ma vie. »

J'avais souvent regretté de ne pouvoir traiter musicalement ce récit, empreint d'une véritable poésie. Reprenant mon idée, je le mis en musique, tel que l'avait écrit le librettiste : mais il s'agit là d'un simple passage, d'un cas exceptionnel ; en principe, je ne puis admettre, dans les œuvres lyriques, la substitution de la prose aux vers.

La poésie doit être préférée, moins encore à cause de la rime qu'en raison de sa forme même, de la symétrie qu'elle présente, de la césure, de sa cadence, de sa musique propre qui souvent guide et inspire le compositeur.

Tous ces avantages, la prose les offre-t-elle ?

Son emploi dans les œuvres lyriques sera encore une manifestation de la nouvelle école, qui ne veut rien conserver du passé, repousse toute forme, toute idée mélodique, pour s'attacher uniquement à la déclamation lyrique.

En résumé, la rédaction en prose du livret me paraît

inutile, dangereuse même, et je suis partisan de la conservation de la poésie, dont la forme s'adapte essentiellement aux conceptions musicales.

E. REYER

La déclamation lyrique, telle qu'on la comprend aujourd'hui, peut s'accommoder tout aussi bien de la prose que des vers.

BENJAMIN GODARD

Prose ou vers, peu importe au point de vue musical proprement dit; mais, ce qui est très important, indispensable même, c'est que le compositeur ait des idées et qu'il possède aussi une saine éducation artistique.

Or, ces deux qualités essentielles, on ne nous les montre pas souvent depuis que le BRUIT est confondu avec la MUSIQUE.

Voilà.

VICTORIN JONCIÈRES

Écrire un livret d'opéra en prose ? Je crois la chose possible en ce qui concerne les récitatifs et le *parlante*; mais je la crois impossible si l'on veut conserver la forme mélodique aux parties de chant. Il faut, sinon la rime, du moins un rythme qui scande la phrase musicale. Il est vrai que les tentatives de ces derniers temps ont pour objet de retirer la mélodie aux chanteurs, pour ne plus leur confier qu'une déclamation notée. Avec un pareil système, la prose suffit; elle donne évidemment plus de naturel au débit que le vers.

En un mot, la prose est excellente pour faire *parler* en musique, la poésie est indispensable quand il s'agit de *chanter*.

Quant à savoir ce qui est préférable, de faire des drames lyriques ou l'on *parle* ou des opéras où l'on *chante*, c'est au public de se prononcer.

MASSENET

Employer la prose dans les livrets d'opéra ? Pourquoi pas ?
L'essai a d'ailleurs été fait, sur une petite échelle, par bon
nombre de compositeurs. Personnellement, j'ai, dans *Don
César de Bazan*, mis en musique toute une pièce en prose ; le
librettiste, à mon gré, était trop long à me donner les vers
de ce passage, je me suis passé de lui, écrivant la
musique sur le scénario : le public ne s'en est même pas
aperçu.

La poésie et la prose ont leurs inconvénients et leurs
avantages propres : au reste, grâce à l'emploi presque constant de l'enjambement, la première aujourd'hui ressemble
quelquefois à la seconde.

Il ne s'agit pas, je pense, dans la tentative projetée, de
mettre en musique le premier article venu de la *Gazette de
Hollande* ; il faudra que la prose soit châtiée, épurée, de choix,
de la prose *exprès*, enfin, dont certains mots difficiles ou
vulgaires devront être rigoureusement exclus. A cette condition, on en pourra tirer quelque avantage. Dans une belle
prose, il y a des formes aux progressions musicales. Dans
Bossuet, par exemple, ou dans Châteaubriand, que d'admirables pages pourraient inspirer un compositeur.

Les vers, eux aussi, surtout les vers libres, donnent parfois des choses charmantes ; ils ont leur musique propre qui
guide souvent le compositeur, la rime produit quelques heureux effets ; mais, d'un autre côté, la répétition continuelle
de la césure, surtout dans le couplet, genre aujourd'hui
absolument démodé, devient à la longue monotone et peut
gêner le musicien.

En résumé, et puisqu'il faut conclure, il me semble que
l'adoption de la prose pour le livret d'opéra (comment les
librettistes accueilleront-ils cette transformation ?) est une
sorte de corollaire de la transformation que subit en ce
moment la musique ; la déclamation lyrique qui s'impose
de plus en plus s'en acommodera bien, je le crois. Dans les
traductions, particulièrement, son emploi est préférable à

celui du vers, qui, trop souvent tronqué, dénature, mutile l'original.

Elle est, dans l'opéra, un élément nouveau qui peut produire d'heureux résultats, à la condition, toutefois, qu'elle soit maniée par des hommes de talent et de goût, par de véritables écrivains.

Aujourd'hui, il faut marcher, marcher de l'avant et rompre avec des procédés surannés. Plus d'entraves, telle doit être notre devise, — mais toujours du bon sens !

C. SAINT-SAENS

N'ayant jamais vu jouer d'opéra en prose, je n'ai aucune opinion à leur égard.

PALADILHE

Je ne pourrais, pour moi-même, formuler une opinion absolue, n'ayant jamais eu, jusqu'ici, l'occasion de mettre de la prose en musique. En tous cas, la question n'est pas nouvelle, je connais un opéra entier écrit sur de la prose par un de nos plus illustres compositeurs.

Gounod a fait un opéra d'une comédie, le *George Dandin* de Molière. Pour ma part, je verrais comme une réforme utile qu'on cessât d'employer la poésie dans les passages purement explicatifs où les vers présentent parfois des longueurs qui gênent le musicien ; mais je l'estime nécessaire pour tout ce qui tient de près à l'action : l'emploi mixte de la prose et des vers, comme dans certaines œuvres de Shakespeare, pourrait peut-être apporter quelques améliorations dans nos livrets.

Huit opinions : deux *oui*, un *non* ; cinq *oui* et *non !* C'est l'avis de Sganarelle qui l'emporte !

Et cela ne peut être autrement sur un terrain encore mal exploré.

Cependant, depuis que ces opinions ont été formulées

(1891), la question semble avoir fait un pas, grâce à plusieurs tentatives, parmi lesquelles le grotesque coudoie surtout l'ignorance.

Aussi, dans tous ces essais, ne s'en rencontre-t-il que fort peu pour défendre avec éloquence la prose à l'Opéra ; mais on pourrait citer, notamment, le livret de *Thaïs*, tiré par Louis Gallet du curieux livre de M. Anatole France.

Dans la préface, où l'auteur explique tout ce qu'il a voulu faire, est reproduite une lettre déjà ancienne de Gevaert. Son opinion est très favorable à l'emploi de la prose ; mais, ainsi que le déclarent la plupart des compositeurs cités plus haut, de la prose très châtiée et, mieux, rythmée !

Sous cette forme, elle reçoit le nom de prose mélique ; c'est elle qui fut adoptée par Gallet pour le poème de *Thaïs*.

Ainsi traitée, le musicien trouve à sa disposition une langue exquise, harmonieuse, musicale par conséquent, et d'une poésie intense.

Encore quelques œuvres comme celle-là et la question serait résolue ; elle aboutit à l'exil de la rime, si séduisante, cependant, mais parfois si lente à atteindre,

Si l'avenir appartient à cette nouvelle langue lyrique ce sera quelque chose comme la réponse du berger à la bergère : autrement dit la réplique du musicien au dédain de tant de poètes.

A la surface, poètes et musiciens ont l'air de s'entendre, mais un peu à la manière des chiens et des chats ; et comme pour ceux-ci, si l'on veut leur faire faire bon ménage, il faut les prendre tout petits !

*
* *

Cependant le temps marchait; la correspondance en cours avec Barbier et Plouvier en avait beaucoup dépensé; nous étions au milieu de septembre, et des démarches entreprises ne se dégageait qu'une certitude : l'attente.

Je n'étais pas encore à l'âge où la vie s'est chargée d'en imposer l'habitude ; et, méconnaissant encore sa force en apparence platonique, — certaine en fait, cependant — c'est dans l'action immédiate que je cherchais bien plutôt une échappatoire.

Le hasard, donnant raison aux conseils d'Hébert, se chargea de me la fournir.

Cabanel était avec nous à Venise. Or, dans notre petite colonie, les peintres se trouvaient en majorité — les peintres sont toujours en majorité. — A la suite du maître, presque quotidiennement, mes camarades entreprenaient des pèlerinages aux musées, aux églises, aux palais admirables qui pullulent à Venise, comme, d'ailleurs, dans la plupart des grandes villes de l'Italie.

En mécréant indigne, je suivais la caravane, recueillant tout de même de précieux enseignements. Mais devant un Titien, un Paul Véronèse, avais-je l'imprudence de m'extasier, mon voisin immédiat me poussait le coude et me décochait tout bas : « Tu n'es qu'un idiot ; Cabanel trouve les bras trop longs. »

Remis à ma place par cette apostrophe juste et sévère, admirant tout de même, je me tenais coi dans l'horreur d'une de ces discussions si parfaitement inutiles sur l'art. Lorsqu'il veut bien nous faire l'aumône d'une impression profonde, il faut se garder d'affaiblir celle-ci par des chicanes où, souvent, le critique ne fait montre que d'une étroite vision personnelle.

Dans les plus grands chefs-d'œuvre se trouvent des taches que le professionnel peut nettement discerner, mais qui ne sauraient annuler la féconde portée de l'ensemble. Tous les musiciens savent que la partie vocale de la neuvième symphonie de Beethoven est écrite trop haut ; ce n'en est pas moins la neuvième symphonie.

Ces leçons fort instructives, qui sont la raison d'être de l'envoi des musiciens en Italie, succédaient à six mois de courses à travers les musées, les églises de Gênes, Pise, Florence, Rome, Bologne et bien d'autres villes, moins importantes, mais riches tout de même en chefs-d'œuvre, anonymes parfois, laissés par des architectes, des peintres, des sculpteurs de génie souvent, au cours des quatre ou cinq derniers siècles.

A force de contempler des madones assises sur le trône au pied duquel se montrent des personnages prosternés ; des « Enfant Jésus » endormis sur les genoux de Marie ; des Joseph pieusement résignés ; des Sébastien criblés de flèches : des Jean-Baptiste vêtus d'une peau de mouton et tenant dans leurs mains en prière deux petites branches d'arbre naïvement liées en croix, je songeai qu'il était bien maladroit de toujours regarder du côté de Paris et du théâtre ; qu'il serait préférable de s'abandonner à une ambiance si pleine de séductions et d'en subir docilement l'influence.

Dix-neuf siècles de production n'ont pas épuisé, n'ont pas rendu banales ces scènes connues de tout le

monde qui, aujourd'hui encore, font chanter au fond
de bien des cœurs les pures et délicieuses croyances de
tant de générations et, sous forme de prière, sont restées les premiers mots balbutiés par nos lèvres d'enfant.

Dès que la compréhension de ces choses eut consenti
à me parvenir enfin, ce fut comme un rideau déchiré
découvrant tout un horizon insoupçonné.

Rapidement, comme un éclair, le boulevard et son
brouhaha, mon cher Barbier et sa course folle à travers
la vie, mon pauvre Plouvier et son désespoir, tout ce
froufou, cette hâte, ces larmes même reculèrent vers
un plan éloigné pour laisser le premier à la calme
sérénité d'une conception de rêve, purement spécula-
tive et ne comportant, *à priori*, que le plaisir de la
réaliser !

Savonarole se résigna donc à une attente que les
circonstances lui imposaient et que les hasards de la
vie devaient rendre définitive.

L'idée d'un *oratorio*, selon le sens donné à ce mot
par les princes de la musique, Bach et Haendel, ne
pouvait me venir. J'avais de trop bonnes raisons pour
cela !... Mais une suite de tableaux montrant la vie
calme et pure de Joseph et Marie, l'Annonciation, la
Crèche, les Bergers, les Mages, me parut devoir offrir
quelque intérêt et je fus prompt à prendre la résolution
d'essayer à mon tour de leur faire un peu de musique !

En quelques jours, le plan général fut ébauché ; mais
je n'attendis pas qu'il fût achevé pour me mettre en
quête d'un collaborateur.

En dehors des deux amis cités plus haut, je ne connaissais aucun écrivain qu'une telle aventure pût intéresser ; il fallait un homme ayan. assez de loisirs pour se mettre à l'œuvre de suite ; car j'étais las d'attendre !

Je me souvins que la cantate qui nous avait été donnée au concours, quatre ans auparavant, nous avait beaucoup plu à tous par sa forme musicale accompagnée parfois de vers très heureusement lyriques.

Pourquoi un vers est-il lyrique ou non ? Il semblerait que tous dussent l'être ! Cependant croit-on qu'il soit opportun de plaquer de la musique, par exemple, sur cet alexandrin de Camille Doucet.

Léon, je te défends de brosser ton chapeau.

— ?...

Cependant on rencontre par le monde des écrivains réputés qui ne peuvent comprendre qu'ayant pris la peine de compter jusqu'à douze ou même jusqu'à huit, leur collaborateur musicien ne soit pas content !

L'homme à la cantate nous était inconnu. Nous ne savions même pas son nom ! Ceci donne, en raccourci, la mesure de l'indifférence ordinaire du public. Sur dix-huit cents personnes qui applaudissent *Faust* à l'Opéra, les deux tiers au moins ignorent le nom de Gounod et n'en prennent aucun souci ; elles savent que *Faust* est un chef-d'œuvre qu'elles peuvent aller entendre en toute confiance ; mais quant à l'auteur ? Que leur importe !

Contents de notre collaborateur anonyme, il l'était resté.

J'écrivis donc à mon père, mon inlassable correspondant parisien, pour le prier de faire les recherches et de me répondre aussitôt que possible.

Au bout d'une semaine j'étais servi !

. . . .

Tant qu'ils sont là, nous ne nous rendons jamais bien compte de ce que nos parents sont pour nous ; ce n'est que lorsqu'ils ont disparu que nous leur accordons justice, que nous pouvons mesurer toute l'étendue d'une affection qu'aucune amitié, qu'aucun amour même ne remplace aussi absolument. Nous croyons les aimer de tout notre cœur, en sommes-nous bien sûrs ? Pour s'absoudre, il faut se dire qu'ils furent avec les leurs ce que nous sommes pour eux, indépendants comme l'oiseau dès qu'il sent ses ailes un peu longues ; et ce n'est que tout là-bas, lorsqu'il est bien loin, que le fugitif se prend à songer qu'après son départ le foyer déserté n'a plus les mêmes chansons !

. . . .

Les renseignements demandés précisaient : il s'agissait d'un M. Emile Cicile, professeur de mathématiques au lycée de Versailles, et y demeurant.

Je lui écrivis aussitôt en lui portant le coup droit sous une forme aimable. Sa réponse fut aimable. Nos lettres furent aimables !... Après en avoir échangé deux ou trois, je lui envoyai le plan du travail projeté ; il l'annota de très judicieuses remarques et, nous trouvant bien d'accord, Cicile promit de se mettre au travail de suite et de m'envoyer à Rome, dès les premiers jours de novembre, toute la première partie, car il y en a deux.

Nous avions évalué à une heure et demie la durée de

l'ensemble et, considérant que cette succession de chœurs angéliques, d'*Andante religioso*, de prières pourrait devenir fort monotone pour l'auditeur, nous avions décidé de ménager sa patience, non seulement en divisant, mais en introduisant entre les deux fragments un intermède tout différent de style et d'allures un peu.... « théâtre ».

C'est le diable qui en est le sujet ! Or, loger le diable au théâtre n'est pas pour changer ses habitudes, puisque tout le monde sait que, depuis qu'il n'y a plus de place en enfer, c'est au théâtre qu'il a fixé son domicile.

A la suite de ces négociations, je n'avais plus qu'à reprendre le chemin de Rome sans grande hâte, car il me fallait attendre encore six semaines avant de tenir une ligne de Cicile.

*
* *

En juillet, nous étions venus à Venise par Ancône, où nous vîmes l'Adriatique pour la première fois à l'ombre de la curieuse *Loggia dei mercanti;* par Sinigaglia pays natal de Pie IX, alors Pape, et dont à Rome on nous avait conté beaucoup de charmants traits plein de finesse et de bonhomie; par Rimini, afin de saluer Mme Francesca et de voir ce bizarre tombeau des Malatesta flanqué d'un éléphant de marbre noir surmonté d'une rose que l'infortuné Paolo eut un jour l'imprudence de vouloir respirer; par Pesaro, pour saluer aussi Rossini; par Ravenne, attiré par le tombeau de Dante — tombeau d'une navrante banalité — et admirer encore les fameuses mosaïques de l'église Sant'Apollinare-Nuovo;

par Padoue, enfin, que recommande dans sa cathédrale la flamboyante chapelle de Saint-Antoine.

Le retour fut donc décidé par Florence, Pérouse et Assise. Au moment de tenter une excursion sur le terrain des primitifs, ce n'était pas temps perdu d'aller leur rendre visite chez eux.

Depuis que les circonstances m'avaient aiguillé sur cette nouvelle voie, les pieuses « figures » qui se promènent sur les murs de tant de monuments admirables m'apparaissaient moins énigmatiques. Parfois, seul dans quelque salle — comme un jour, par hasard, dans la « Tribune » des *Uffizi* à Florence où le triptyque de Mantegna me fournit toute la scène des Mages — l'auto-suggestion qu'amène l'idée fixe me donnait l'illusion de causer avec certains personnages.

Marie me disait : « Bon courage, mon garçon » — Joseph : « Pour moi, des accords mineurs, je te prie ! » — Gabriel : « N'oublie pas les harpes ! » — Les Bergers : « Surtout des hautbois, n'est-ce pas ? » — Les Mages : « Des trompettes, encore des trompettes ! » — Dans quelques toiles, le petit Jésus, avec un doigt dans sa bouche, avait aussi l'air de dire : « Ne les écoute pas ; pas trop de « cuivres » ; comment pourrais-je dormir dans ma crèche ? « Le diable lui-même, enfin, écrasé sous le talon de la femme, roulait des yeux féroces et grondait : « Ah ! tu t'en mêles aussi, toi ?... Je te repincerai ! »

Et il n'y a pas manqué !

** **

Par lettres, je tenais Hébert au courant de tous ces

projets ; il avait dû venir avec nous à Venise en juillet ;
mais Hébert — qui n'eut jamais la conscience exacte du
temps, qui déjeunait volontiers entre deux et trois
heures, dînait entre neuf et dix — projetait généralement au printemps d'aller passer l'été en quelque coin,
et c'est au milieu de l'automne qu'il se mettait en
route ! De sorte qu'au commencement d'octobre, au
moment où nous quittions Venise, il y venait à petites
journées ; et c'est dans ce mouvement contraire, lui
montant pendant que nous redescendions, que je reçus
ce mot démontrant que, par Venise, il se rendait à... la
Tronche, chez lui, en Dauphiné !

Ravenne, 1er octobre 1871.

Mon cher Maréchal,

J'espérais vous serrer la main à Florence, en réponse à
votre lettre, mais vous n'avez pas paru sur l'horizon ? Je
suis parti avec le regret de vous avoir manqué de bien peu
sans doute. Lefebvre vous aura dit combien je me faisais
fête de vous revoir.

Je crois que votre intention est de passer quelque temps
à Florence ; je vous prie de m'envoyer un mot, adressé à La
Tronche par Grenoble, afin de me fixer.

...Là-dessus, je vous salue vieux canotier de la Marne, et
vous envoie mes meilleures amitiés. Travaillez, produisez,
ne fermez pas la porte à la muse pour le stupide quatrième
doigt dont, du reste, vous ne viendrez jamais à bout.

J'ai vu Liszt ces derniers jours à Rome et je vous ai bien
regretté. Il y est jusqu'à la fin d'octobre. Si par hasard vous
rentriez avant cette époque, dites-le moi, je vous enverrai
un mot pour lui.

Adieu, cher ami, je vous embrasse de tout cœur.

E. Hébert.

Puis cette gentille lettre ;

La Tronche, 13 octobre 1871.

· MON CHER MARÉCHAL,

Je trouve votre lettre du 6. Je craignais de vous avoir manqué par ma faute à Florence en ne laissant pas mon adresse poste restante.

. . . .

Je trouve que vous avez une fichue idée de vous installer dans cette maison et dans cette rue où l'on entend toute la journée un vacarme agaçant et où la lumière n'arrive pas. Comment peut-on travailler et même penser à quelque chose dans ce vulgaire fouillis humain ?

. . . .

Si vous avez un poète de bonne volonté et de talent, attachez-vous à lui, faites votre route ensemble et laissez les gros bonnets arrivés se prélasser dans leur gloire ; vous n'en tirerez que des ours dont personne n'aura voulu et que vous devrez recevoir avec reconnaissance.

J'aime beaucoup votre idée de triptyque à fond d'or : *Le Mariage, l'Annonciation, la Naissance.* Voyez beaucoup les primitifs aux Offices et à l'Académie des Beaux-Arts. Si vous approchez de cette candeur à jamais remontée au ciel, vous ferez un chef-d'œuvre. Il vous faudrait le calme d'Assise et sa vue monacale sur les coteaux de l'Ombrie ; il vous faudrait le voisinage du couvent de San Francesco et des peintures de Giotto sur la voûte sombre de l'église inférieure... Mais le boulevardier ne pourrait s'y plaire ; il lui faut la ville, avec son gaz, ses cochers de fiacre, ses cafés étincelants, ses omnibus si poétiques, etc., et la Via della Ninna ! Dans quelques années, vous me comprendrez, ô cher maestro, et vous reviendrez en Italie pour chercher, s'il en reste encore, ces coins où règne le passé.

En attendant, recevez une bonne poignée de main de votre Directeur et ami.

E. HÉBERT.

Certes, le logis que nous habitions méritait les sarcasmes d'Hébert; mais nous n'y rentrions que la nuit et ce n'est pas à ses tristes cours que nous demandions des conseils esthétiques ! Les musées de Florence, ses rues, ses couvents, sa campagne nous les prodiguaient abondants et riches !

Un hasard, le caprice d'un de nos camarades, nous avaient conduits dans cette maison qu'égayait au premier étage un tailleur (*sarto*) du nom d'Andrea; et l'un de nous l'avait baptisé André del Sarto en lui commandant un gilet !

Enfin, vers le milieu d'octobre nous rentrions à l'Académie « contents d'avoir vu ça », comme disait Grenier. Mais, au fait, Grenier n'a pas été présenté au lecteur ! Il vaut quelques lignes.

C'était un ancien sergent devenu concierge de la villa. Il fit la joie de plusieurs générations de pensionnaires par ses réparties, ses remarques, ses cuirs aussi ! Docte, sachant tout, ne s'étonnant de rien, avec les architectes il employait des expressions techniques (!) déclarant qu'une voûte, par exemple, ne peut être obtenue que par la « secrétion des axes » (?) ; avec les voyageurs retour d'Algérie, affirmant que si les lions sont féroces, le sont bien plus les « lyonnaises » ; avec les peintres, qu'il est bien inutile d'apprendre à dessiner puisque nous possédons le papier « calcaire »; avec les méridionaux enfin, il affectait être du Midi, bien qu'avouant être né à Reims ! Tout cela précédé d'un invariable : « Je vois ce que c'est ! » plein de solennelle importance !

Il ouvrait la grille des jardins aux visiteurs étrangers qui, bien entendu, lui donnaient en partant quelque

petite rétribution ; mais le plaisir du gain ne l'emportait pas sur le patriotisme compris à sa manière ; et
c'est ainsi qu'un jour il refusa l'entrée de la villa à des
Allemands, les congédiant avec ces mots : « Le moment
n'est pas opportun !... »

Un jour, chacun de nous reçut le portrait de Grenier
accompagné d'un mot « bienveillant ». Dans ce portrait
il est représenté en Suisse de cérémonie, costume de
gala qu'à l'ordinaire il n'endossait qu'avec une extrême
répugnance. Or, pendant que le photographe opérait
devant la porte de l'Académie, en plein passage, ce costume chamarré avait attiré tous les gamins du quartier !
Entourant Grenier, la bouche bée, ils s'extasiaient à la
vue de tous ces ors, de ce baudrier descendant à la
cheville, de cette canne énorme à pomme de métal, de
ce bicorne orné de glands et planté en travers... Et,
d'une fenêtre de l'entresol, quelqu'un vit et entendit
ceci : repoussant du bout de sa longue canne le premier rang de ses admirateurs, Grenier gravement :
« Reculez-vous, bambins, vous avez assez vu ; laissez
approcher les autres ! »

. . . .

Apercevoir Grenier sur le seuil, à l'arrivée, c'était le
commencement de la joie de se retrouver chez soi.

*
* *

Fidèle à sa promesse, dès les premiers jours de
novembre, Cicile m'envoya les paroles de la première
partie et, un mois après, celles de la seconde.

Enfin ? On allait donc pouvoir « s'y mettre ! » S'en-

fermer dans la tour d'ivoire ! S'isoler en une unique contemplation ! Engager la lutte avec l'éternel ennemi : le
papier blanc ! Rompre avec les « gens du siècle » ! A
toi D'Ennery, pare celle-ci ! A toi, Sardou, celle-là ! Et
vous, Meilhac, Gondinet à genoux, avouez, avouez !
Voici l'archange, brandissant l'épée de flamme, qui
vient vous demander raison pour tout ce talent que le
public ose acclamer !...

Mais, à ces explosions de lyrisme intérieur répondait
une autre voix : « Tout beau, ma superbe ! Es-tu bien
sûre d'aller au bout ? Et, si tu y parviens, quel plat ne
vas-tu pas servir à ces innocentes victimes que tu viens
encombrer d'un aussi présomptueux Hosannah ? »

Ah ! quel est celui qui, tenant une plume, une brosse,
un ébauchoir n'a pas, au seuil d'une longue entreprise,
entendu ces deux voix de l'enthousiasme, sans lequel on
ne saurait rien tenter, du doute qui tient si heureusement en éveil l'indispensable sens critique de soi-même ?

Quoiqu'il en soit, ma joie était immense au moment
de réaliser, enfin, le rêve de tant de mois : écrire une
première œuvre !

C'est à cet état d'âme que Meyerbeer faisait allusion
lorsqu'il disait à Blaze de Bury : « Écrire un opéra est
une joie : le supplice ne commence que lorsqu'il s'agit
de le faire représenter ! »

Une lettre d'Édouard Plouvier même, reçue à ce
moment, venait apporter sa note relativement gaie à
tant de joyeux carillons !

Paris, 28 octobre 1871.

CHER HENRI,

.....Au Théâtre du Châtelet on m'a commandé la pièce

d'été. Ce devra être une pièce *fantastique*. Eh bien, comme j'ai toujours vécu par le cerveau autant et plus que par le corps, sache sur quoi je vais vivre (en attendant que mon cerveau craque) d'ici à quelques mois. Ma pièce aura quinze tableaux. Les cinq premiers sont remplis par un drame émouvant. A la fin du cinquième, dénouement le plus saisissant possible : mes héros, deux amants, expirent.

C'est bien ; on pourrait peut-être aller se coucher, ému encore, et content d'avoir tant pleuré !

Mais il n'est pas mêm. 10 heures ; l'affiche promettait quinze tableaux, et, en effet, au sixième mes héros, *qui sont morts*, ont encore à défrayer dix tableaux et ils les défrayent ! Et ce doit être, et ce sera, j'espère, le meilleur de l'ouvrage, si je ne deviens pas fou d'ici là.

Pendant que tu es à Rome, fais pour moi les plus belles neuvaines, je vais en avoir besoin !

ÉDOUARD PLOUVIER.

Lui aussi ! Un pâle rayon de lune avait pénétré dans son âme ! Le soleil illuminait la mienne !

Comme on l'a vu par ses dernières lettres, Hébert était allé passer quelques semaines à Paris et nous envoyait de ses nouvelles aux uns et aux autres en d'aimables épîtres :

Paris, 28 octobre 1871.

MON CHER MARÉCHAL,

J'ai reçu votre lettre du 22 hier seulement. Je profite d'un moment de calme pour vous répondre, quoique je n'aie absolument rien à vous dire d'intéressant, à part la traversée à Paris de « la Cosaque ». Elle m'a apporté pour vous de la musique compliquée que je vous remettrai à Rome, mais sans grand désir ni espoir de vous l'entendre exécuter. La pauvre créature revient d'Amérique où elle n'a

rien pu faire. Je crains quelque folie de sa part à Pesth où
elle a dû arriver il y a trois jours pour rejoindre Liszt.
Serait-il encore à Rome ?

Je sais que vous êtes allé le visiter. J'espère que cela vous
aura dégoûté de travailler le quatrième doigt !...

Je vois souvent ici Gounod et je vais au Conservatoire ;
c'est ma consolation à Paris. Pour le reste, c'est Thérésa et
Judic qui triomphent. C'est peut-être l'Art de ce temps-ci.
Celui de Beethoven est trop relevé et se perd dans la sphère
éthérée, comme celui de Bach ou de Palestrina qui s'adresse
à un nombre de fanatiques de plus en plus restreint. Mais
avouez que ceux-là ont bien le droit de mépriser les
autres !

Vous faites un oratorio, mon cher ami ; je vous félicite et
vous en aime davantage, car je suis de ceux qui aiment et
vénèrent cet art qui répond aux aspirations les plus profondes
de l'âme. Courage et force dans le choix des formules.

Soyez tranquille, j'ai déjà raconté au directeur des
Beaux-Arts la séance de couronnement des lauréats à
l'Institut et le bel effet des œuvres des compositeurs. Il a
pris note de tout cela et vous aurez l'année prochaine une
restauration complète de l'ancien régime.

Adieu, à bientôt et croyez-moi votre bien affectionné et
dévoué.

E. Hébert.

Le retour d'Hébert acheva de rendre à la villa son
irrésistible séduction.

Dès le lendemain de son arrivée, on put le revoir,
selon son habitude, installé le matin dans le *Bosco*
devant un petit chevalet avec l'invariable aspect sous
lequel il m'était apparu pour la première fois en mars
précédent : costume de velours marron ; large ceinture
rouge, petites bottes vernies, barbe en broussaille,
cheveux abondants logés au hasard sous un vieux cha-

peau, une couverture sur les genoux ; sur le dos, enfin, un ample macfarlane à petits carreaux jaunes et gris qui, dès le premier jour, m'avait fort intrigué !

Il me rappelait des souvenirs certains sans cependant qu'il me fût possible de les préciser !

Au bout de quelque temps je ne pus y résister et, discrètement, je risquai une question.

— Ah ! Ah ! fit Hébert, c'est le macfarlane de Gounod ! Il me l'a laissé en quittant Rome lors de son dernier séjour — Rome, où, disait-il, il était venu respirer de « la poussière de béatitude ! »

Gounod ! En quelques instants les campagnes du macfarlane reparurent à ma mémoire !

En 1856, encore enfant — et bien que fort éloigné de ma première croche ! — j'assistai à l'une des dernières répétitions des *Dragons de Villars* au Théâtre-Lyrique du boulevard du Temple. On ne comptait guère plus de douze ou quinze personnes dans la salle mise au « petit luminaire », comme on dit au théâtre.

Dans les premiers rangs des fauteuils d'orchestre, l'auteur, Aimé Maillart, causait avec Gounod et Reyer. Leur nom m'était complètement inconnu ; cependant, les gens que j'entendais chuchoter derrière eux semblaient accorder à Gounod une part de considération beaucoup plus grande qu'à ses deux confrères et cela me frappa. La silhouette de Gounod, sa barbe noire encore, sa calvitie déjà très accusée, son regard clair se photographièrent en quelque sorte dans ma mémoire avec une précision qui permet, après tant d'années, de les rappeler en une rigoureuse exactitude.

Or, ce soir-là Gounod était enveloppé d'un macfarlane

de couleur claire, tranchant sur les vêtements de ses voisins et qui, pour cette raison, prit place à côté des autres détails retenus. C'était une étoffe à petits carreaux jaunes et gris.

Dix ans plus tard, en 1866, un matin, au Conservatoire, à l'une des répétitions de la Société des Concerts auxquelles nous avions le devoir et la joie d'assister, Gounod vint entendre son psaume *Près du fleuve étranger*. Il portait le même macfarlane, et cette seconde apparition me rappela la première ! Mais cinq ans plus tard encore, en 1871, sur le dos d'Hébert... il y avait lieu d'être fort dépisté !

L'explication fournie éclairait donc tout. Depuis lors, le présent du Maître fut si cher à son vieil ami, il quitta si peu ses épaules que je me demande si ce macfarlane n'est pas resté à La Tronche parmi les reliques de ces deux inséparables compagnons que leur double succès envoyait à Rome en 1839.

Le culte d'Hébert pour Gounod pourrait bien avoir été jusqu'à faire donner à ce vêtement aussi vénérable qu'inusable une place en quelque musée où, cloué au mur d'une vitrine spéciale, on aurait le loisir de le contempler voisinant avec la « Redingote grise » qui, après tout, pourrait subir une plus fâcheuse promiscuité !

*
* *

En novembre, un important événement musical avait eu lieu à Bologne. Le Théâtre communal avait représenté *Lohengrin* avec beaucoup d'éclat. C'était l'une des premières incursions — sinon la première ? — du théâtre de Richard Wagner en Italie.

L'œuvre montée avec le plus grand soin, interprétée par des chanteurs renommés, un orchestre nombreux et discipliné, des chœurs excellents, avait obtenu un immense succès, surtout de curiosité. C'était du moins l'impression qui se dégageait de la lecture des journaux italiens.

Nous possédions la partition de ce chef-d'œuvre, que nous ne nous lassions pas de nous jouer depuis que Flaxland, un peu avant la guerre, en avait publié une édition avec traduction française, et nous avions bien songé à entreprendre le voyage de Bologne malgré les quatorze heures que les trains les plus rapides mettaient alors à faire le chemin ; mais l'hiver fut cette année d'une rigueur si exceptionnelle que nous avions hésité en considérant chaque matin les fontaines et les bassins illustrés de glaçons fort pittoresques dans leur variété et charmants à regarder surtout de l'autre côté de la vitre !

Or, un soir, dans le salon de l'Académie, nous nous trouvions quelques attardés réunis au coin du feu vers dix heures — de vrais noctambules à Rome, à cette heure, par ce temps ! — lorsque la porte s'ouvrit brusquement et, tout grelottant, parut le peintre Edouard Blanchard[1] fraîchement débarqué — c'est le cas de le dire — du train de Florence où il était parti en août pour aller exécuter sa copie réglementaire au musée des *Uffizzi*.

Blanchard, le dos au feu, un peu remis de ses dix heures

1. V. *Rome*, Souvenirs d'un musicien (Hachette édit.).

de route en compagnie de Son Altesse l'onglée, nous fit part de l'émerveillement dans lequel l'avait plongé, la veille, une exécution de *Lohengrin* donnée dans l'un des grands théâtres de Florence.

— Vous, les musiciens, il faut aller entendre cela, nous dit-il impérativement en ajoutant mille détails qui achevèrent de nous décider.

Un coup d'œil échangé avec l'un de mes camarades, l'indicateur consulté et chacun s'en fut boucler sa valise.

Le lendemain nous prenions un des premiers trains du matin et nous arrivions à Florence vers six heures pour dîner et assister à la représentation qui commençait à huit.

La neige atteignait plus d'un mètre dans les rues encombrées d'innombrables cantonniers et de tombereaux allant déverser leur chargement dans l'Arno.

C'est à grand'peine que nous pûmes nous procurer deux places, car l'événement était bien sans précédent pour les Florentins !

Le succès de Bologne avait été si retentissant qu'un impresario de Florence avait frété tout l'équipage depuis la *prima donna* jusqu'au dernier machiniste; et le chariot de Thespis, passant l'Apennin chargé de tous les décors, costumes, accessoires nécessaires à la représentation, avait littéralement transplanté l'ouvrage d'une ville dans l'autre.

*
* *

La représentation fut superbe. Dès avant le commencement de la géniale introduction, la salle était remplie.

Le roi Victor-Emmanuel occupait sa loge avec son fils,
le prince Humbert; derrière eux on reconnaissait les
plus grands personnages de la cour: Les loges étaient
occupées par toute la haute société en tenue de gala, et
le coup d'œil vraiment impressionnant dans une atmosphère de vie intense.

. . . .

Ce fut une inoubliable soirée!

Dans l'état d'esprit où je me trouvais alors, la pro-
fondeur de l'émotion devait rester ineffaçable. La lecture m'avait rivé bien des heures à cette œuvre admirable; la représentation me bouleversa littéralement,
moins par sa mise en scène que par l'instrumentation,
que, sauf deux ou trois fragments entendus à Paris
chez Pasdeloup, je ne connaissais pas encore.

J'avais devant moi, vivant dans la magnificence d'une
exécution remarquablement fondue, non pas seulement
un opéra, mais l'opéra idéal qu'une éducation opposée
m'avait jusqu'alors empêché d'entrevoir, quand elle ne
le combattait pas!

On sourira sans doute, comme je souris un peu moi-
même, au souvenir d'une telle émotion puisqu'il ne
s'agit *que* de *Lohengrin*, qui, dans l'œuvre de Wagner,
apparaît à certains de ses admirateurs comme peu de
chose (*sic*) à côté de la *Tétralogie!* Mais qu'on veuille
bien songer à ce que pouvait être pour un conscrit de
1871 la découverte de ce nouveau continent!

Et puis, le temps a passé. Depuis cette fameuse soirée
j'ai entendu tout Wagner; mais le fer rouge a marqué
pour moi *Lohengrin* d'une empreinte telle que c'est
toujours à lui que revient le meilleur, le plus sincère

de mon admiration. En cela, je prends rang parmi la majorité des auditeurs en Allemagne même, où, d'après les statistiques, *Lohengrin* et *T. nnhäuser* restent les ouvrages lés plus joués.

Lohengrin, outre ses géniales qualités musicales, a pour lui son poème admirable : celui de l'Amour et de Psyché, tous deux germanisés si l'on veut, mais si peu! Poème où le merveilleux même reste si profondément humain!!

.   .   .   .

A Florence on avait pratiqué quelques coupures qui, renseignements pris, avaient été consenties, sinon suggérées, par Wagner. Je ne suis pas certain qu'elles aient été maintenues à Paris dans la version de l'Opéra, à laquelle, d'ailleurs, elles ne semblent pas s'imposer. Peut-être pourrait-on resserrer un peu la scène qui commence le second acte et celle qui le finit. Je crois me rappeler que c'est sur ces deux points qu'avaient opéré les ciseaux à Florence ; mais je ne saurais exactement préciser.

En tous cas, l'œuvre est si robuste qu'en dépit de quelques verrues — s'il en est? — sa portée est certaine, pour peu qu'elle soit défendue par un bel orchestre, de vaillants artistes et, *surtout*, des chœurs un peu soucieux de chanter !

L'impression chez les Italiens était bien celle de la surprise. Pendant un entr'acte, sous le vestibule du théâtre, deux jeunes gens la résumaient en quelque sorte dans un entretien ; l'un avait pu trouver une place, l'autre, n'y ayant pas réussi, venait aux renseignements :

— Eh bien ?

— Curieux, mon cher, très curieux ! Un opéra sans airs, sans vocalises, sans couplets, sans ouverture ! (*senza sinfonia.*)

— Mais enfin ?...

— Curieux, te dis-je, très, très curieux !

Comme on doit le penser, les frais avaient été considérables pour ces trois uniques représentations ; aussi l'impresario avait-il dû majorer le prix des places et le porter au double du tarif le plus élevé. L'*ingrèsso* — le droit d'entrée — était monté à quinze francs et le moindre fauteuil à dix ; soit vingt-cinq francs pour entendre *assis* la représentation.

Ce chiffre était exorbitant pour l'époque ; il reste encore d'exception à Paris même, à l'Opéra. Malgré cela on eût pu remplir deux fois la salle !

Le fécond enseignement qui se dégageait de cette seconde représentation à laquelle nous venions d'assister nous décida à rester pour la troisième, qui avait lieu le surlendemain. Je profitai des loisirs forcés de ces deux journées — poussé aussi par la température insupportable du dehors — pour aller passer les heures dans les musées ; du moins on n'y gelait pas ! Et puis, c'était une occasion de conter aux chefs-d'œuvre consultés deux mois auparavant que quelques notes avaient été alignées depuis notre dernière entrevue !

La seconde audition de *Lohengrin* acheva de river la partition dans nos mémoires, et le lendemain nous reprenions le chemin de Rome avec escale à Livourne où, pour le soir même, le théâtre affichait *Robert le Diable* avec seize musiciens à l'orchestre !

Pour une antithèse, c'était une antithèse ! Au lendemain de *Lohengrin* par un orchestre formidable, *Robert* avec seize *professori*..., il ne fallait pas manquer cela !... Mon Dieu, que ce fut drôle !... Bertram, sans doute pour souligner la noirceur de son âme, s'était fait une tête de ramoneur ! La *valse infernale* et ses feux de Bengale, le cimetière avec les nonnes..., tout cela était inénarrable ! Et l'on gelait dans la salle au point de se demander comment les malheureux chanteurs s'y prenaient pour ne pas éternuer leur rôle et quels prodiges devaient accomplir les seize musiciens de l'orchestre pour doigter une simple gamme !

Dans un entr'acte, le grog réparateur s'imposait ; l'établissement où il nous fut servi avait épinglé sur l'une de ses colonnes cette dépêche qui venait d'arriver :

Paris, 5 heures du soir,
21 degrés sous zéro. On passe la Seine à pied sec.

A Livourne, le thermomètre n'avait pas osé descendre à ces profondeurs effroyables ; mais il s'était certainement arrêté à moitié chemin et cela nous paraissait plus que suffisant !

Le lendemain, nous rentrions à Rome emmitouflés comme des Esquimaux, et Grenier, en nous apercevant, eut les meilleures raisons pour placer fort judicieusement son fameux : « Je vois ce que c'est ! »

. . . .

Ce voyage vers le milieu de décembre fut la dernière impression à noter dans cette année 1871, commencée

pour nous par le canon grondant autour de Paris,
continuée par un de ces voyages qu'on ne refait pas,
l'initiation à une vie nouvelle dont chaque jour apportait son enseignement, achevée enfin dans la splendeur
d'un art nouveau trouvant en nous le magnifique récepteur de la jeunesse, de l'enthousiasme et de la foi.

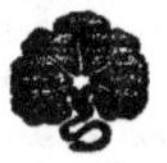

1872

Le premier janvier réunissait à la table d'Hébert l'Académie au complet. Pas une absence, même parmi les plus récalcitrants à endosser l'habit noir !

Les purs philosophes ne consentent pas à accorder au 1er janvier une signification particulière ; ils s'appuient sur la bizarrerie d'un calendrier qui fait commencer l'année à une date que rien ne recommande à l'attention de la science et qui ne repose même pas sur quelque grande fête religieuse. Mais les purs philosophes ont toujours été en minorité, et le reste des hommes, quelles que soient leurs opinions, quel que soit leur scepticisme ou leur détachement des choses de ce monde, accorde tout de même au premier jour de l'année une attention qui s'impose à eux en dépit de tout raisonnement.

C'est le jour où l'on fait leur procès à toutes les sottises commises — en préparant, d'ailleurs, toutes celles à commettre ; — le jour où l'on éprouve le besoin de se grouper, de se compter ; où chacun se dit tout bas ; « Une de plus ! » ou bien : « Une de moins ! » selon le point de vue ; le jour où le plus dépourvu de famille se surprend à songer à quelque vague parent éloigné auquel il ne pense jamais — il lui reste tout l'almanach pour se ressaisir ; — le jour où celui qui n'a plus du tout de famille cherche à voir au moins ses amis ; le jour enfin, où cet autre qui n'a plus que son chien le considère avec plus d'attendrissement encore, tâche à déchiffrer quelque chose dans ce mystérieux regard des bêtes où nous ne savons presque rien lire, alors que parfois elles semblent si bien comprendre le nôtre.

C'est le jour de l'an, s'il faut l'appeler par son nom ; et ces trois mots bien courts ont le pouvoir de faire surgir en nous de très longues réflexions.

Si la plupart des hommes ressentent l'une quelconque de ces impressions dans cette journée qui vient les surprendre chez eux, parmi les leurs, au milieu de leurs habitudes, à l'étranger le jour de l'an prend un caractère de mélancolie plus grand encore.

Aussi ce dîner de l'Académie n'offrait-il pas l'ennuyeuse et banale solennité des dimanches ordinaires ;

sous une apparente gaîté, et sans que personne l'avouât,
il passait dans l'air comme une sorte de gravité inac-
coutumée ; elle se précisa nettement dans la charmante
allocution d'Hébert vers la fin du repas.

De sa voix douce, persuasive, en un langage dépourvu
de tout artifice oratoire et plus touchant par sa simplicité même, il rappela qu'à l'heure où nous étions ainsi
réunis, tous les nôtres, là-bas, au pays, songeaient à
nous avec un mélange de fierté de nous savoir où
nous étions et de mélancolie en nous sentant si loin et
pour de si longs mois !

Enfin, montant toujours plus haut, il rappelait encore
combien nous devions être reconnaissants à la France
de nous accorder quatre années de féconde indépendance en ce magnifique palais de la Villa Médici ; qu'il
ne faudrait jamais oublier un tel bienfait et que tous
nos efforts devaient tendre à honorer notre pays, à
notre tour, après tant de générations de grands artistes
qui, dans le passé, contribuèrent si largement à sa
gloire !

Cette péroraison était irrésistible, et plus d'un, en
vidant sa coupe de champagne après l'avoir élevée en
l'honneur du pays natal, y laissait tomber quelque
larme furtive qui n'était pas pour atténuer la valeur du
toast !

Et puis, Mme Hébert, mère de notre directeur, se
levait pour aller prendre place près de la cheminée du
grand salon, un peu perdue dans un immense fauteuil,
elle si menue, si frêle, à la démarche si grave que rendait encore plus austère une longue robe de velours
noir.

Et le lendemain, chacun reprenait sa vie ; il n'y avait
de changé que le millésime ! Et encore, de bien peu de
chose !

Les lettres qui nous arrivaient de Paris en ce commencement de janvier se faisaient l'écho de l'état d'âme
des Parisiens ; elles étaient unanimes à constater que
ceux-ci éprouvaient surtout l'énorme besoin de s'amu-
ser !

Dans les milieux les plus opposés on s'attendait à
tout le contraire, après tant de misères au cours de
l'hiver précédent ! Il n'en fut rien ; et l'opérette, im-
plantée vingt ans auparavant par Hervé et Offenbach,
refleurit avec un éclat inattendu sur un grand nombre
de scènes parisiennes.

A ce sujet, quelques lignes d'une lettre de mon père
— qui vivait à la source même des renseignements les
plus exacts — restent encore curieuses aujourd'hui :

Paris, 7 janvier 1872.

...Le Théâtre-Français, l'Opéra-Comique, les Variétés, le
Gymnase, le Palais-Royal font des recettes énormes. L'Opéra
est revenu aux chiffres de dix et onze mille francs.

La Princesse Georges, trois actes de Dumas fils joués au
Gymnase, a failli devenir une chute, bien que les deux premiers actes soient écrits avec un art infini et joués supérieurement par Desclée, Reynard et Landrol. Mais le troisième
acte, aux allures réalistes, est chaque soir très contesté.

Sardou et Offenbach ne sont pas d'accord avec leur *Roi
Carotte*, féerie montée à grands frais par la Gaîté et qui
devrait être déjà jouée — Offenbach fait des morceaux trop
longs et Sardou veut les faire couper — Offenbach dit : « Ma
musique sera le succès, vos paroles seront à peine entendues... » On les voit sur ce terrain rocailleux. . . . . .

Quelques jours après, une lettre de Plouvier m'apportait une vive surprise :

Paris, 11 janvier 1872.

. . . .
Le Figaro a annoncé que tu travaillais sur un poème de M. Cicile ; avances-tu ? Que saura-t-on de tes œuvres maintenant, et comment ? Tes petites notes de voyageur sont trop courtes ; mais elles contiennent toujours quelque chose. Je suis content de tes études d'italien et d'allemand ; tu emploies bien ton temps. Allons, allons, tu seras un homme. Le verrai-je ? Mes yeux faiblissent bien ! Donc, pardonne-moi, pense à moi, écris-moi, aime-moi, je veux dire aime-nous. .

Ton
Édouard Plouvier.

Ainsi, du fond de ma retraite, le grattement d'une plume romaine était entendu d'un journal parisien ?

Étrange !...

La lettre de Plouvier pouvait donner quelque espoir sur la guérison de son malheureux esprit ; une autre lettre, reçue quelques jours après, indiquait même un vague rattachement à la vie avec, bien entendu, le mélange habituel d'une larme et d'un sourire :

Paris, 18 janvier 1872.

. . . . Je ne t'écris pas une autre lettre puisque je n'ai pas de changements survenus et que je ne peux toujours pas plus te mentir ; ce qui, d'ailleurs, est bien ce qu'il y a de plus bête au monde et, de plus, inutile !

Il faut te dire, cependant, puisque c'est la vérité, que je suis un peu — oh bien peu ! — moins triste, que j'ai l'esprit un peu moins amèrement désespéré. — Oui, c'est ainsi aujourd'hui et je me hâte de te l'écrire.

J'ai vu hier les gens du Châtelet qui m'ont commandé mon drame fantastique. — J'ai vu Montigny au Gymnase ; je vais lui faire lire une pièce nouvelle — car je travaille quand même, toujours ! — J'ai un tout petit, tout petit espoir au Vaudeville...

Si peu de confiance qu'on doive avoir gardé en moi, il semblerait pourtant qu'on en a un peu plus encore que je n'en ai conservé moi-même ; mais qu'est-ce que cela ? Est-ce ce que les marins nomment une accalmie ou une embellie ? Tant mieux, cher Henri, si c'est seulement de quoi me faire retirer un peu de la tristesse que j'envoie fatalement à ton bon cœur ! Encore une fois, si je savais que tu n'accuses pas trop fort mon amitié quand elle garde le silence, certes, je me tairais !

Allons ! au revoir, le temps sera peut-être meilleur !

Toi, tu es heureux, heureux, crois-le bien. Sois sûr que je fais de cette certitude-là du bonheur pour moi-même.

Ton
Édouard PLOUVIER.

Comment ! tu vas exprès à Florence goûter du *Lohengrin* et çe n'est pas toi qui me l'apprends !...

Encore ! Décidément j'étais espionné ! Ah ! papa ! papa !...

Paris, 19 janvier 1872.

MON CHER AMI,

Le Capitole, vous le savez mieux que moi, n'est pas loin de la roche Tarpéienne.

C'est quand les choses sont au pinacle qu'elles sont souvent le plus près de leur chute. Ainsi soit-il de la musique à cascades qui ne vous cause pas plus d'horreur qu'à moi, croyez-le bien. Comme vous j'ai cru, je l'avoue, que les désastres de la France amortiraient cette ardeur pour l'opérette ; c'était de ma part comme de la vôtre un manque de sens philosophique ; nous comptions sans le tempérament particulier aux Français : c'est quand les Français ont le plus souffert qu'ils ont le plus besoin de faire ripaille et de s'étourdir. Voyez le Directoire. Faut-il désespérer pour cela ? Pas le moins du monde. L'excès porte son correctif en soi-même qui est la lassitude.

Le *grotesque* musical se tuera par sa propre turpitude, et malgré les succès retentissants qui l'accueillent encore, on peut voir déjà les symptômes avant-coureurs de ce revirement du goût public. Il n'y aura pas alors assez de pommes cuites pour les choses qui, la veille, faisaient moisson de couronnes. Le niveau de l'art se relèvera, et ce sera le moment de la revanche pour les artistes qui n'auront pas traîné leur muse dans le ruisseau. Courage donc et bon espoir, car cet avenir est prochain.

Si vous n'avez pas dans votre oratorio un chœur des anges écoutant sainte Cécile, demandez-le moi. Je vois et je comprends la scène comme si j'étais moi-même un chérubin. Cela tient à des souvenirs... personnels !...

Que dira Rolle, l'ancien critique, qui s'est toujours fait remarquer par sa propreté, quand je lui aurai pris son savon ?... Cette considération n'est pas étrangère aux délais que je vous demande pour notre opéra. J'ai quelque scrupule, je le confesse, à me servir du *Savon-à-Rolle ! ! !...*

Vous voyez, cher ami, comme je prêche d'exemple. Après mon prône sur l'art, cette petite velléité tintamarresque vient à propos, n'est-ce pas ?

Ces alternatives d'austérité et de libertinage tiennent à l'état de mon âme. Mon âme a été considérablement endommagée par une tuile formidable qui est venue s'ajouter pour elle à toutes les tuiles de 1871 ! Cette tuile est de quarante mille francs !...

Vous n'avez peut-être jamais songé sérieusement à ce que c'est que quarante mille francs, cher ami ?... C'est bien peu de chose quand on les dépense ; mais c'est énorme quand il faut les gagner !... En tout cas, cela se trouve rarement dans le pas d'un oratorio.

Pour revenir à *Savonarole*, soyez sûr qu'il renaîtra de ses cendres, en dépit de son bûcher. Mais à quoi bon en hâter outre mesure la résurrection ?... Une œuvre de cette importance doit être votre œuvre de maîtrise, le couronnement de votre séjour à Rome. Il suffira donc que vous en ayez les premiers éléments dans le courant de l'été, et cette latitude m'est absolument nécessaire à moi qui travaille maintenant au jour le jour et à courte échéance !... Voyez *le Pal et la Corde !* [1]. Votre absence frappe nécessairement de mort notre petit opéra. Il en serait de même des *Amoureux de Catherine*, quand vous en feriez un chef-d'œuvre. Aussi, je me réserve, le cas échéant, de vous redemander la libre disposition du sujet, le jour où je vous enverrai les premières pages de *Savonarole*.

C'est aujourd'hui que l'Institut s'enrichit d'un nouveau membre pour la section de musique. Concurrents : Massé, Bazin, Reyer. L'opinion et la justice sont pour Massé. Espérons qu'il sortira vainqueur de cette lutte inégale.

Cher ami, je vous serre cordialement la main.

P.-J. BARBIER.

Cette lettre m'a paru intéressante à reproduire pour le coup d'œil d'ensemble qu'elle apporte aux choses de théâtre de ce temps.

Pour la première fois, Barbier m'y parle d'un projet d'opéra-comique sur une nouvelle d'Erckmann-Chatrian. A Paris, un jour, il m'en avait dit un mot en l'air et, tout d'abord, je n'y avais pas accordé grande attention ! Le temps avait passé, et, au moment où il me reparlait de ce projet, j'étais si loin de songer à y donner suite que je lui eusse bien volontiers rendu sa liberté puisqu'il la réclamait.

1. *Paris,* Souvenirs d'un musicien (Hachette, édit.).

Cependant, je commençais à voir clair dans la marche logique des faits au sujet des envois réglementaires à expédier à l'Institut. J'estimais que l'ouvrage auquel j'étais attelé représenterait deux années d'envoi et cela me laissait beaucoup de latitude.

Mais, pour la troisième année, j'étais obligé d'écrire un acte d'opéra ou d'opéra-comique. Plusieurs de nos anciens, en accomplissant cette tâche, s'étaient attardés à un acte de tragédie ! Ou encore à la mise en musique de vieilles comédies de Goldoni. A Paris, ces envois avaient été l'objet de quelques éloges mêlés à quelques blâmes consignés en un rapport officiel et jamais personne n'avait été plus loin !

Cette double formule me paraissant un peu... pâle et, d'autre part, sentant un ami sûr et dévoué en Jules Barbier, je me réservais de lui demander un acte comportant quelque chance d'être représenté à l'Opéra-Comique ; et, puisqu'il trouvait heureux le sujet des *Amoureux de Catherine*, je n'avais qu'à m'en remettre à son expérience comme à son talent. Dès lors je ne consentis à aucun abandon, bien qu'il n'y eût encore que des mots échangés.

Pas mal de mois devaient donc passer avant de reprendre le projet ; mais avec l'énorme travail, qui remplissait la vie de mon collaborateur, mes propres retards n'étaient pas pour l'affliger ; bien au contraire, puisque je le débarrassais ainsi de l'encombrement d'une besogne à longue échéance au moment où précisément il écartait lui-même toutes celles qui n'étaient pas d'un immédiat débouché.

*
* *

Le 19 janvier, toute l'Académie de France, conduite par Hébert, assistait à la messe anniversaire dite en l'église Saint-Louis-des-Français à la mémoire d'Henri Régnault, tandis qu'à la même heure une autre messe était dite à Paris en l'église Saint-Augustin.

A Rome, la cérémonie fut extrêmement touchante. Régnault avait laissé au cœur des anciens, le graveur et sculpteur Degeorge, les peintres Jules Machard, Édouard Blanchard et d'autres un impérissable souvenir que sa mort héroïque n'était pas pour affaiblir. Depuis notre arrivée à Rome il n'était question que de lui à l'Académie ; et, bien que n'ayant pu le connaître, je m'étais habitué avec tous à entourer sa mémoire d'une auréole particulière : celle qu'on réserve aux grands artistes, surtout quand ils se doublent d'un vaillant comme le fut celui-là !

Cependant, parmi tant de pieux souvenirs gardés à la mémoire d'Henri Régnault, Hébert, seul, montrait une réserve qui, tout d'abord, ne s'expliquait pas. Certes, il le pleurait, et même très sincèrement ; certes, il parlait de son talent en termes expressifs ; mais il gardait au cœur un peu d'amertume pour l'indépendance de cette indomptable brebis, capable, par son exemple, de contaminer tout le troupeau, et qui préféra toujours l'Espagne et le Maroc à l'Italie, à la Villa surtout qu'il habita fort peu.

Ainsi qu'il a déjà été dit, Hébert ne transigeait pas sur ce point. Ce n'était certes pas pour imposer son autorité — il eût été incapable d'une telle mesquinerie ; et toute sa vie avec nous a prouvé à quel point, au contraire, il s'est toujours efforcé de substituer l'ami au directeur ! — Il était très sincèrement convaincu qu'un séjour de deux années *consécutives* en Italie est d'un inestimable enseignement pour tous les pensionnaires.

Pénétré de ce sentiment, d'ailleurs partagé par beaucoup de grands artistes, c'est avec fermeté qu'il tenait la main à ce que ce séjour ne fût pas une fiction.

Les malentendus d'Hébert et de Régnault, sur ce point seulement, se retrouvent avec de curieux développements dans leur correspondance même, publiée en 1908 par M. Henry Lapauze dans *la Nouvelle Revue* (Histoire de l'Académie de France à Rome).

Aujourd'hui, les petits différends de ces deux grandes personnalités ont assez de recul pour qu'on puisse les confier à la fonte du médaillon que regardera la postérité. — Elle les classera parmi les types éternels de l'humanité qui, en somme, dans ses grandes lignes, n'en présente qu'un nombre assez restreint ; une fois de plus, elle reconnaîtra qu'un artiste supérieur peut trouver un ami fidèle en un confrère modeste, rarement dans ses pairs ; qu'une force nouvelle, surgissant tout à coup sur le même terrain d'activité, n'est pas sans faire naître un peu d'ombrage dans l'esprit du meilleur des hommes ; enfin, que lorsque deux sommités consentent à se montrer un bon visage, à entretenir des relations en apparence cordiales, il faut bien se garder d'en réclamer davantage.

*
* *

Vers la fin de janvier, des lettres du nord de l'Italie nous annonçaient l'approche des *nouveaux*, des lauréats de 1871 ! par dépêches échangées, il fut décidé qu'on irait au-devant d'eux le 31 au matin.

C'était la reprise de l'ancienne tradition que les événements avaient fait abandonner en 1871.

Aussi, dès six heures, le 31, branle-bas général à l'Académie ! Des gens — devenus par la suite personnages considérables ! — se promenaient par les corridors soufflant en de longues trompettes de verre, tapant aux portes, chantant à tue-tête des refrains dont aucun vocabulaire ne fournit les substantifs et, vers sept heures, la caravane s'entassait dans un omnibus à quatre chevaux avec grelots, postillons et — détail important — les coffres bourrés de victuailles !

La journée s'annonçait magnifique, chaude même pour midi ; et c'est au milieu du vacarme des tambourelles et des chansons qu'on se mit en route.

On eût dit une noce ! Celle de « ganache » devait penser Grenier « sauf notre respect ! »

On sortit par la porte Pia, on descendit vers l'Anio pour le passer au pont de Nomentana, on s'engagea sur la voie Salaria et l'on s'arrêta vers neuf heures et demie à Monterotondo, à 24 kilomètres de Rome.

Les quatre *nouveaux* étaient arrivés par un train de nuit pour aller coucher tout là-haut, dans le village éloigné de 3 à 4 kilomètres de la gare. C'est dans celle-ci qu'on les attendit.

A dix heures, dans une éblouissante lumière, et se détachant sur la poudreuse blancheur de la route, on vit quatre hommes noirs apparaître au loin descendant la côte en agitant leurs chapeaux.

Quels pouvaient être ces hommes?... Mystère!... eût dit Ponson du Terrail. C'étaient : *Eux!* Pardieu, qui cela pouvait-il être dans ce désert, sinon : *Eux!*

Bien entendu, chaque catégorie de pensionnaires retrouvait un ancien camarade de l'École des Beaux-Arts ou du Conservatoire et, à ceux-ci qui n'avaient jamais vu ceux-là, la présentation était faite selon les règles du protocole particulier au milieu :

— J'ai l'honneur de te présenter M. X., peintre.

— Oh! quelle bonne tête!...

— M. X., architecte.

— Pas possible !...

— M. X., sculpteur.

— Non? On le saurait!...

— M. X., musicien.

— Fais voir ta lyre?

Après quoi, les convenances ayant été rigoureusement observées, on ouvrit les coffres et, dans un vacarme indescriptible, les volailles et les mortadelles, les petits pains et le contenu des *flaschi* disparurent comme par magie en ces robustes estomacs.

Puis on reprit la route de Rome. Une heure avant d'y arriver on rencontra Hébert qui, toujours enveloppé du macfarlane de Gounod, venait au-devant de nous dans sa voiture. Il était suivi des quatre ou cinq purs gentlemen n'ayant pas consenti à se lever à six heures du matin !

Ces nobles seigneurs, de leur carrosse de louage, et suivis de leurs chiens en délire, tiraient des coups de fusils aux alouettes.

Au pont de Nomentana on s'arrêta, Hébert prononça un speech pour souhaiter la bienvenue aux arrivants et, dans des termes charmants, comme toujours, leur rappeler qu'il vaut bien mieux obtenir le prix que de le rater. Tout le monde approuva et l'on continua vers Rome.

A cinq heures, environ, on arrivait devant la Porte Pia ; on contourna les murs et l'on rentra par la Porte du Peuple.

Le jour tombait ; nous grimpions lentement les pentes du Pincio au bruit de grelots des chevaux au pas ; dans une atmosphère parfumée, chaude et colorée par les splendeurs du soleil couchant, se détachait la ligne pure du Janicule. Quelques incorrigibles continuaient bien leur vacarme au grand étonnement des passants ; mais la plupart d'entre nous s'abandonnant à la griserie du décor, c'est presque dans le silence général, qui, peu à peu, s'était imposé aux plus turbulents, que l'on arriva aux portes de l'Académie à la nuit presque close.

Une heure après, un joyeux dîner fêtait les nouveaux venus en rappelant à leurs anciens les inoubliables émotions de leur propre arrivée.

*
* *

Des quatre héros de cette journée, radieuse de soleil et de jeunesse, trois devaient mourir jeunes encore !

C'était, d'abord, le peintre Édouard Toudouze.

Élégant, délicat et fin, dès l'abord, il inspirait une vive sympathie. Sobre de paroles, sa voix, un peu serrée sur les dents, achevait de donner à sa personne un séduisant cachet de distinction. Je ne tardai pas à me lier avec lui d'une franche amitié que la vie de travail de l'un et de l'autre ne nous permit guère de resserrer beaucoup une fois revenus à Paris, mais qui resta chaleureuse en sa réciprocité dans les trop rares occasions qu'elle eut de se manifester.

La premier envoi de Toudouze, envoi qu'il entreprit peu après son installation est, ainsi que cela se produit chez presque tous les artistes, l'exact reflet de son caractère. Le sujet en est charmant de fantaisie : *Eros conduisant avec des rênes de soie deux papillons attelés*. L'idée était toute de grâce et la coloration d'alors extrêmement lumineuse.

Je crois qu'à Paris ce tableau fut remarqué ; et ce n'est pas sans une vive surprise que, quinze ans après, je le retrouvai tout au haut d'une salle dans le musée de Rennes.

C'est à peu près dans ces conditions d'exposition que je revois aux musées de province la plupart de ces toiles ou de ces groupes que j'ai vu là-bas composer touche par touche. Ainsi arriva-t-il pour un grand tableau de Blanchard, *Hylas et les Nymphes*, accroché au-dessus d'une porte et dans un jour détestable au haut d'un escalier du musée de Caen, mais qu'un tardif esprit de justice devait, peu après, mettre enfin en bonne place dans l'une des salles.

Que de rêves, d'espoirs, d'illusions ont présidé à ces envois abandonnés à tous les hasards de l'indifférence!

Maintenant et, pour ne pas philosopher hors de propos, peut-être la destinée de ces œuvres est-elle à l'échelle exacte de leur valeur ?...

Dans son premier envoi, si l'on en excepte quelques géniales personnalités, un artiste se cherche encore. Il a dû jusque-là travailler sous la férule du maître, lui montrer ses essais comme un devoir à corriger. Ce n'est pas sans essuyer de sévères remontrances qu'il a risqué ici où là quelques tentatives d'indépendance. C'est donc à Rome, seul, maître de soi, en eau profonde enfin, qu'il peut faire la preuve de ses révoltes d'écolier et de ses initiatives de futur maître.

Le premier envoi présente fatalement la lutte même de ces deux courants opposés et, encore une fois, à quelques exceptions près, ce n'est pas de cet escabeau qu'un artiste de réelle supériorité prend à l'ordinaire son vol.

Le labeur acharné ne manqua pas, comme à tous ses camarades, d'élargir le talent d'Édouard Toudouze. On rappellera ici que parmi ses derniers travaux se présente l'un des foyers de l'Opéra-Comique, enfin les immenses cartons, exposés au Grand-Palais de tapisseries destinées à décorer le Palais de Justice de Rennes.

Une mort un peu prématurée, et bien imprévue, empêcha Toudouze de recueillir tout l'honnnur que lui méritait un travail aussi considérable couronnant une œuvre déjà fort importante par sa valeur et sa diversité.

L'architecte était Émile Ulmann. A son arrivée, l'étonnement fut grand devant sa chevelure grisonnante qu'excusait d'ailleurs une barbe abondante d'un noir d'ébène !

C'était un timide, un doux, un calme, un tranquille, d'une candeur native qui n'excluait pas la finesse de l'esprit ; impressionnable comme une jeune fille, il ne put se faire à la transplantation romaine et ne tarda pas à tomber malade. Il se fût peut-être éteint de langueur si Hébert, se rendant compte de son état, ne l'eût autorisé à revenir à Paris. Il en reprit le chemin accompagné d'un de ses vieux amis le comédien Charles Masset qui, par hasard, était venu passer quelques semaines à Rome. Arrivé à Turin, sur le point de franchir la frontière, Ulmann eut le sentiment qu'il allait commettre une faute et, par un louable effort sur soi-même, laissa son compagnon continuer sa route tandis que, seul, il reprenait le chemin de Rome où son retour fut joyeusement fêté par nous tous et par Hébert tout heureux de voir rentrer au bercail l'une de ses chères brebis !

Par son travail, Ulmann fit vite oublier ce moment de faiblesse que, d'ailleurs, il ne fut pas seul à éprouver. Il accomplit un fructueux voyage en Grèce et, rentré à Paris, fut chargé d'une restauration fort délicate, — un peu périlleuse même — celle d'un des vieux édifices de la place des Victoires. Il fut aussi nommé architecte du Palais de Justice et éleva nombre de constructions particulières.

Une mort bien imprévue aussi vint arrêter l'essor d'une carrière qui s'annonçait devoir être fort distinguée.

Ulmann était un tendre, un ami sûr et fidèle, un homme loyal et droit qui fut unanimement regretté.

Le musicien était Gaston Serpette.

Ah ! par exemple, voilà bien l'un des esprits les plus

extraordinaires qu'il soit donné de rencontrer dans la vie !

Serpette était universel ! Fort instruit, d'une éducation très poussée dans sa curieuse variété, il eût — peut-être en surface — aussi bien été médecin, astronome ou chimiste que musicien !

C'était un de ces hommes, ouverts à tout, qui font ce qu'ils veulent. Froid, impassible, avec de grands yeux qui ne consentaient à rien laisser lire en leur regard de glace, sur son visage le rire prenait un caractère de pénible souffrance ; une légère proéminence de la mâchoire inférieure lui rendait la parole assez difficile ; et c'est avec cet aspect, plutôt sévère, que, peu à peu, il s'était habitué à ne considérer dans les gens, comme dans les choses, que la parodie ou la caricature.

Cette habitude paraissait être le fond, non de son esprit, mais de son caractère, et celui-ci l'incita toute sa vie à tourner inlassablement en charge ses propres sentiments, ses opinions, son art et lui-même ! C'est pour cette cause qu'apte à tant de choses il ne sut parvenir à se fixer en la maîtrise d'aucune.

Sa mémoire était prodigieuse, comme, d'ailleurs, ses facultés. En veut-on une preuve ? Un jour, il paria d'apprendre par cœur une douzaine de pages de l'*Indicateur des chemins de fer*. Il gagna le pari !

Le soir de son arrivée à Rome, j'étais assis à côté de lui dans la voiture qui nous conduisait à l'Académie. Au milieu du Pincio, devant le spectacle qui nous entourait, son émotion était profonde ; je la voyais grandir depuis un moment et tout près d'exploser malgré lui. Je lui fis tout à coup :

— Eh bien, qu'est-ce que tu dis de cela ?

Après un silence, et laissant couler deux grosses larmes, il me répondit très bas :

— Ah !... c'est impressionnant !

Je me tus et feignis de n'avoir rien vu. S'il avait pu supposer que je me fusse aperçu de ces larmes si sincères que nous avons tous versées, il eût immédiatement rebondi en une série d' « à peu près » ou de calembours sur le Pincio, l'Académie, les Médicis et, peut-être, sur le Janicule lui-même, ce qui eut été le comble de l'irrévérence !

Quelques jours après son installation, Serpette vint me jouer sa cantate. Le sujet en était emprunté à un épisode de la vie de Jeanne d'Arc ; Jules Barbier en était l'auteur, ayant été, ainsi qu'on l'a vu, couronné en 1871 au concours des paroles à fournir aux candidats musiciens.

La partition de Serpette était charmante et d'une rare abondance mélodique. Comme je l'en félicitais, il fixa sur moi son regard de givre et me dit :

— Alors, tu trouves cela bien ?

— Certes, et très bien, même.

— Regarde.

Et reprenant un à un tous les thèmes entendus, il me donna la preuve qu'ils étaient empruntés aux opéras ou opéras-comiques alors célèbres. C'était un véritable démarquage, une parodie, une caricature obtenues par des rythmes, et surtout des mouvements, radicalement changés. Le jury, cependant présidé par Gounod, n'y avait rien vu ; pas plus que moi-même, d'ailleurs, avant l'explication fournie.

Tout Serpette est dans cette anecdote.

. . . .

Vers la fin de sa vie, sa santé devint mauvaise ; il se
cassa la jambe et l'on ne put lui épargner la claudica-
tion définitive. C'est avec courage qu'il supporta ces
calamités ; mais s'ajoutant à la contrariété de plusieurs
insuccès, elles durent fatalement provoquer des heures
de mélancolie, car c'est avec une effusion fort étrangère
à ses habitudes que Serpette se rattachait à ceux de ses
anciens camarades qui ne lui avaient pas tourné le dos.

A l'un de ceux-là, évoquant un jour devant lui les
lointains souvenirs de Rome, il répondait :

— Ah ! l'Académie !... Je ne lui ai guère fait honneur !...

De sa part, l'aveu peut passer pour une sorte
d'amende honorable. Il payait ! Puisque tout se paie !

D'éclatants succès sur les théâtres d'opérettes auraient
pu donner raison à son apparente nature d'ironiste.
Ceux qu'il recueillit ne parvinrent jamais à le classer à
côté d'Hervé, d'Offenbach, de Ch. Lecocq ou d'Audran,
et ce fut là, peut-être, le plus réel chagrin de sa vie ;
car, au fond, il n'était pas insensible à tout comme il
affectait de le paraître.

Serpette donne le frappant exemple d'une vie man-
quée. Trop intelligent pour être méchant, trop indépendant pour être envieux, trop sceptique pour être
ambitieux, il fut victime du paradoxe qu'il crut devoir
prendre comme règle en s'imaginant que la vie n'est
qu'un long éclat de rire.

Elle-même se chargea de lui démontrer le contraire...
quand il était trop tard.

.*.

Dans la seconde quinzaine de janvier 1872, Victor Massé fut élu membre de l'Académie des Beaux-Arts en remplacement d'Auber qui, depuis quelques années l'avait plusieurs fois recommandé à l'attention de ses collègues.

On ne saurait affirmer que l'affection dicta la conduite d'Auber en la circonstance ; car sa froide indifférence est trop connue pour qu'on lui prête un entr'acte de ce genre ! Mais il devait certainement voir en Massé le représentant le plus applaudi d'une formule d'art en laquelle il avait lui-même brillamment triomphé, peut-être aussi un successeur éventuel chargé, selon l'usage, de prononcer son propre éloge à l'Académie.

Quoi qu'il en soit, nul mieux que Massé ne pouvait mettre en relief le génie d'Auber, au cours d'une étude fouillée qu'avec ses habitudes de scrupuleuse conscience il mit trois ans à composer.

Cette étude parut, en effet, en 1875, chez Firmin-Didot, revêtue de la fameuse couverture verte qu'illustre le chef bien connu d'une Minerve casquée.

Avant de l'écrire, Massé voulut relire *toute* l'œuvre d'Auber, et c'était là une bien grosse besogne pour un homme dont les multiples occupations et le travail personnel absorbaient toute la vie.

Cet opuscule reste fort intéressant à consulter. Dès la seconde page on y relève cette remarque de vérité frappante :

. . . . le point de vue change selon l'âge, et

relire, c'est bien souvent lire autrement qu'on a lu . . .
. . . .

Dès que la nouvelle officielle de l'élection de Massé nous fut parvenue à Rome, je ne manquai pas de lui adresser mes plus affectueuses félicitations et, bien qu'il n'aimât pas beaucoup écrire, il voulut bien prendre la peine de me répondre cette lettre, la seule que j'ai reçue de lui en vingt années !

Paris, 1ᵉʳ février 1872.

MON CHER MARÉCHAL,

Je suis bien en retard avec vous !... et je commence ma lettre, vous le voyez, par un aveu bien franc de mes torts !... La faute en est à mes nombreuses occupations qui envahissent ma vie sans me laisser aucun instant de loisir, mais non à mon cœur, je vous prie de le croire !... Vous ne pouvez douter de mon amitié, elle vous est complètement acquise dans le passé comme elle le sera dans l'avenir.

J'ai été fort sensible à votre bon souvenir qui s'est manifesté de loin en loin par des lettres affectueuses, et, tout récemment, vos félicitations à propos de l'Institut me font le plus vif plaisir. Quant à ce qui vous regarde, mon cher ami, vous savez que je m'y intéresse vivement. Travaillez pendant que vous avez les loisirs que vous ne retrouverez peut-être jamais dans toute votre existence d'artiste ; travaillez, mais surtout *amassez des impressions*. Apprenez par cœur les fresques de Raphaël et de Michel-Ange, le beau ciel, les beaux sites, les grands souvenirs ; amassez tout cela pour le jeter plus tard dans vos compositions !

Auber me disait un jour que *la musique n'est pas dans la musique ;* pensez à ce mot, et vous verrez combien il est profond et vrai..... voilà que je fais le *magister !...* Je m'en aperçois à temps... et je termine par un compliment, ma cordiale épitre :

. . . .

Je vous quitte pour aller à une répétition de l'Opéra, et je
suis très heureux d'avoir pu vous griffonner à la hâte ces
quelques lignes.

Je vous serre la main bien affectueusement.

VICTOR MASSÈ.

En ce temps-là — et tout comme la Reine Berthe
filait — j'avançais dans la grande tapisserie entreprise
et ne quittais pas un jour les saints personnages dont
j'avais fait mes compagnons d'exil en attendant Barbier
sous l'orme de ses promesses.

Il m'écrivait souvent et ne manquait jamais de les
renouveler en des formules aussi cordiales que
diverses.

Paris, 7 février 1872.

MON CHER AMI,

. . . . Je suis toujours dans le tourbillon que
vous savez. — Pour le moment il m'emporte à Bruxelles où
une affaire, sans grande importance d'ailleurs, m'appelle
pour quelques jours. — J'ai pris des arrangements pour tous
les ennuis qui me sont tombés sur le dos, et j'espère; à force
de courage et de travail, venir à bout de la situation en trois
ou quatre ans.

Comptez toujours sur moi pour *Savonarole*. J'avais bien
pensé à en faire un opéra bouffe, où le rôle du moine eût
été dévolu à Mlle Schneider ; mais je vois que vos sympathies
ne sont pas de ce côté-là.

Quant aux *Amoureux de Catherine*, du moment que cela
vous fait du chagrin de les voir convoler en secondes noces,
n'en parlons plus. Ils auront leur tour en temps et lieu,
mais quand ?... quelques années de plus sur la tête d'un
amoureux (même de *Catherine*), ne vont pas sans cheveux
blancs. Voilà à quoi j'avais pensé quand je vous redeman-

dais la libre disposition du sujet, le cas échéant. Il me
paraît bien difficile que vous retombiez des hauteurs de
Savonarole dans les sentimentalités d'une bergerie !

J'ai sans doute encore bien des choses à vous dire, mais
je vous écris le pied dans l'étrier, et je n'ai que le temps de
vous serrer la main.

Je n'ai pas revu Massé depuis qu'il est immortel ; mais j'ai
pris la liberté de lui écrire, en ayant soin de lui transmettre
vos amitiés et votre désir de recevoir un mot de sa griffe
divine.

A vous de cœur.

P.-J. BARBIER.

A l'allure du travail entrepris, — à ce moment je
pouvais supposer en voir la fin vers juillet, — et, forcé
de songer ensuite à l'acte réglementaire, je faisais valoir
cette raison à Barbier en le priant de m'envoyer *les
Amoureux de Catherine* d'abord ; partant, lui laissant
quelque répit pour *Savonarole*, puisqu'il était si
débordé de besogne.

Alors, lettre comme celle-ci :

Paris, 27 février 1872.

MON CHER AMI,

Je vois bien que vous ne vous rendez pas compte de ma
situation.

A quoi bon vous faire maintenant *les Amoureux de Catherine ?* Avons-nous chance d'être joués avant votre retour de
Rome ? — Non ! — Eh ! bien nous travaillerons à votre
retour de Rome. Voilà pourquoi je vous avais redemandé le
sujet. Je me disais : « D'ici là, nous avons le temps de le
« remplacer. Qui sait, d'ailleurs, s'il voudra faire un acte
« après *Savonarole ?* Quant à écrire les deux poèmes à tout
« hasard, cela ne m'est pas permis ».

Je comprends très bien que Catherine et ses amoureux

puissent vous tenir une aimable compagnie dans quelque
coin embaumé de l'Italie ; mais si je vous les envoie maintenant, je vous demanderai la permission de renvoyer *Savonarole* à des temps plus heureux, c'est-à-dire hélas ! bien
éloignés !

Sur ce, cher ami, je vous serre bien cordialement la main.

P.-J. BARBIER.

Nous ne nous comprenions pas.

Si j'avais pu tenir un ou deux actes de *Savonarole*, le
premier seul eût avantageusement remplacé un acte
d'opéra-comique auprès de l'Institut ; mais puisque
Barbier ne trouvait pas le temps d'entreprendre un si
gros travail, je pensais que Mme Catherine et ses amoureux n'ouvriraient pas une trop grande parenthèse
dans sa vie, lui qui travaillait avec une si surprenante
facilité !

En somme, de ce côté tout semblait devoir être
indéfiniment reculé. Du mien aussi, d'ailleurs ; car le
long poème commencé n'allait pas sans bien des surprises, des doutes, des enthousiasmes d'un jour que la
réalité se chargeait d'anéantir en un moment. Sans
m'en être aperçu, je m'étais engagé dans un tunnel dont
je ne devais sortir qu'après bien des mois et bien des
tâtonnements.

C'était l'inconsciente gestation qui s'opère chez tous
les artistes ; la période d'énervante indécision où l'on
cherche par quelle voie l'on atteindra le but entrevu.
Période plus ou moins longue, selon les natures, selon
— surtout pour les musiciens, — le moment où ils
naissent à la vie militante.

Aujourd'hui, avec un peu de discernement, la voie à

suivre ne paraît pas devoir être douteuse ; mais en 1872 nous vivions réellement dans une complète obscurité. Par atavisme, par éducation technique, nous nous trouvions en contradiction avec des instincts encore imprécis et flottants suggérés par l'audition de courts fragments invariablement sifflés au Concert-Pasdeloup, unique alors.

Le théâtre n'était pas encore atteint dans ses anciennes formules ; il n'était qu'à la veille de l'être.

Mais puisque c'était au concert que s'adressait mon travail ; que le moule classique et son contrepoint sévère avait été respectueusement écartés ; que ce n'était, en somme, ni un opéra, ni un oratorio que je tentais d'écrire, où prendre un point d'appui en dehors de quelques lectures d'ouvrages partout condamnés au silence ?

En mars, j'avais terminé la première partie après en avoir recommencé presque tous les morceaux. Je les fis entendre à quelques amis chers. Les visages sont toujours plus sincères que les paroles ; celles-ci furent très encourageantes, mais de l'examen des premiers se dégagea pour moi le sentiment que tout cela était d'une insupportable monotonie. Alors, lettres à Cicile, remaniements, coupures, changements, interversions... Je n'étais pas au bout ; et, en toute conscience, je pouvais faire crédit à Barbier du temps qu'il me demandait ! L'en ayant informé, il me répondit aussitôt :

Paris, 19 mars 1872.

Mon cher Ami,

Va bene!.. Je vous ferai *les Amoureux de Catherine,* c'est

entendu, aussitôt que je serai sorti de mon brouhaha
d'affaires, d'échéances, de mémoires, d'architectes, de
maçons, de notaires, d'avoués, de drames, de comédies et
de vaudevilles. Cela coïncidera avec l'époque que vous
m'indiquez.

J'ai bien du plaisir à recevoir vos lettres, mais j'en ai
moins à les déchiffrer, avec le diable de papier que vous
employez, où l'écriture du recto se confond avec celle du
verso dans une suite d'hiéroglyphes à mettre en déroute tous
les membres de l'Académie des inscriptions et belles-lettres.
Aussi, vous le voyez, j'écris sur du carton; amour de l'antithèse !

Mon fils *bâille* sa dernière année de collège avec une
verve !... Moi je continue à piocher dur. Vous avez bien
raison de croire que je sortirai d'affaire... Si la politique ne
vient encore jeter des bâtons dans mes roues !.. et si Dieu
me prête vie !

Je vous serre bien cordialement la main.

P.-J. BARBIER.

Mais il me sembla que ces petites misères me rendaient insupportables aux autres comme je l'étais
devenu à moi-même; je pris le parti de me terrer, de
vivre en ours, et je m'abstins de monter aux soirées
dominicales d'Hébert, où Serpette chantait des chansons de Thérésa par nostalgie du boulevard et son
horreur de Rome qu'il était déterminé à ne pas vouloir
connaître !

Il obtenait un vif succès auprès des belles dames
tandis qu'Hébert, se voilant la face, demandait pardon
tout bas aux murs sacrés de la vieille Académie pour
un tel sacrilège !

De mon antre ne partaient même plus de lettres à
mes plus chers amis — alors, des reproches !

Paris, 12 avril 1872.

Henri, mon cher Henri, je suis en retard avec toi, mais je veux que tu me pardonnes, tu entends ? Ma conscience ne me reproche rien ; ma conscience est une des rares choses tranquilles en moi. — Un mot de plus, ou plutôt un mot de moins encore de toi à moi, et je le déclare, et je te prouve que tu devais toujours m'écrire.

Oui, moi ne t'écrivant pas et pensant à toi comme j'y pense, ayant *toutes les raisons* que j'ai de ne pas t'écrire, *par amitié sincère !* et toi ne m'écrivant plus, oui, tu as tort ; en conscience, c'est toi qui as tort ! Tu n'as donc plus rien à me dire ? Rien à me dire ! Toi ! A moi ! Quel diplomate es-tu donc devenu parmi tes cardinaux ? ¡Rien ¡à me dire ! Rien à me dire ! Si tu n'es pas devenu un rancunier, un sournois, tu es donc maintenant un crétin ! Allons, bon ! voilà qu'il est devenu un crétin !

Cher crétin, car j'aime encore mieux te supposer crétin que rancunier, je te parlerai de toi pour te demander à toi-même de fraîches nouvelles — depuis *Lohengrin* à Florence ?

Moi..... je t'écris, donc je vis encore.

. . . . . Ta lettre sur *Lohengrin* m'a fait plaisir. Quelque chose d'assez nouveau d'ailleurs à ce qu'un Prix de Rome français soit pensionné par la France pour aller en Italie étudier et admirer Wagner ! Et ce Wagner, alors, c'est donc plus que celui du *Faust* de Gœthe, c'est donc vraiment quelque chose de la musique de l'avenir, s'il y a un avenir ?..... Je m'en rapporte volontiers à toi sur qui je compte pour me prouver l'avenir et, naturellement à ce sujet, il m'est bien permis de te demander où en sont tes travaux et ce qu'on en connaîtra. Parle-m'en donc un peu.

. . . .

Moi, je travaille ; oui ! Toujours ! Toutes les matinées ! J'ai toujours travaillé, ç'a été mon seul bonheur depuis long-temps déjà ; et si, contre tout espoir, j'ai encore quelque bonheur, il sortira de ce bonheur d'avoir toujours travaillé

et il en sera la récompense. — Il y a aussi, pourtant, celle
du ciel à laquelle je croirais encore davantage, juge ! Si,
toutefois, je croyais au ciel ! Mais je crois à la poésie et le
ciel en est encore — selon les sujets.

Pour la suite, attendre l'hiver, car il y a le ciel, mais il y
a le public.

Toi qui pour des causes différentes, et dans d'autres dispositions, dois travailler aussi, dis-moi ce que tu fais, ce
que tu rêves, ce que tu veux, ce que tu penses. Je veux de
toi de trop longues lettres tenues de remplacer toutes celles
que je ne t'ai pas écrites, pour me remercier de ne te les
avoir pas écrites.

Vraiment à toi.

Édouard Plouvier

*
* *

Avril touchait à sa fin et les voyages commençaient
à s'organiser : Blanchard était déjà parti à Venise pour
travailler à son dernier envoi ; un autre se disposait à
s'installer à Naples ; un autre, encore, n'ayant plus que
quelques mois de séjour devant lui, partait passer
quinze jours à Paris pour y préparer sa réinstallation
définitive. L'Académie allait donc peu à peu quitter sa
tenue d'hiver, le grand complet de ses habitants, pour
n'en garder que quelques-uns.

Les longs offices du Carême étant terminés, les musiciens recevaient de temps à autre la visite du vénérable
Meluzzi, maître de chapelle de Saint-Pierre. C'était un
vieillard de la fin du xviii° siècle attardé dans cette
fin du xix°. Il connaissait quelques messes de Mozart,
le *nom* de Beethoven et, confusément, celui de Mendelssohn. Sa vie avait passé à écrire des contre-points, des

faux-bourdous et des fugues sur des plains-chants. Une sonate de Beethoven lui causait des surprises extrêmes, et l'élégante trame harmonique de Mendelssohn lui apparaissait comme un tissu de licences dignes d'encourir toutes les foudres de la redoutable École de Bologne !

Du reste, Meluzzi n'était pas seul à vivre ainsi dans sa tour d'ivoire ; un professeur de chant, assez célèbre alors, ignorait l'existence des *Noces de Figaro* (*sic*).

Voilà dans quel milieu musical nous nous trouvions à Rome en l'an 1872. Heureusement que Liszt avait brisé quelques vitres en ce temple austère ; grâce à lui, trois ou quatre virtuoses remarquables qu'il avait eu l'art d'y former donnaient de temps à autre des séances de musique de chambre où, après les classiques, Schubert et quelques autres de moindre envolée avaient, enfin, pu pénétrer dans la Ville Éternelle !

C'était donc bien dans la seule retraite de la Villa, dans les ruines ou dans la campagne qu'il fallait aller chercher un peu de musique, puisque, d'après Auber, elle ne se trouve pas uniquement que dans la musique.

Une catastrophe acheva de faire le vide à l'Académie. Le Vésuve eut à cette époque un effroyable réveil. Des désastres terribles fondirent sur Naples et sur ses environs et la plupart de nos camarades en prirent la route. Nous n'étions plus que six à la table commune. Rappelés par leurs travaux, quelques-uns rentrèrent à Rome épouvantés de ce qu'ils avaient vu !

Mais pendant ce temps, les musiciens sédentaires de l'Académie commencèrent une campagne qui, après bien des difficultés, devait s'achever par une victoire !

Le but était d'obtenir l'exécution publique des envois
de musique au Conservatoire, puisque nos camarades
peintres, sculpteurs, architectes et graveurs jouissaient
des avantages d'une exposition annuelle de leurs travaux à l'Ecole des Beaux-Arts.

Nous nous étions plusieurs fois entretenus de cette
question avec Hébert. Il trouvait la réclamation fort
juste, mais ne démêlait pas très bien le mécanisme de
sa mise en œuvre. De plus, encore étranger à l'Institut,
il s'appliquait à ne pas trop effaroucher des confrères
à ménager, comme à gagner du temps ; car la question
à peine effleurée, avait déjà fort désagréablement cha-
touillé les nerfs de la section de musique !

De notre côté, nous avions écrit à nos maîtres des
lettres respectueuses, mais fermes ! Le croirait-on, l'un
des plus chauds avocats de la cause commune fut Serpette ! Et nos jeunes confrères qui chaque année, trouvent au Conservatoire un orchestre à leur disposition,
ne se doutent guère de la somme de gratitude qu'ils
doivent à la mémoire de l'auteur du *Manoir de Pic
Tordu !*

Cependant nos lettres restèrent sans réponse ; il fallut
donc passer outre à ce silence et s'adresser plus haut,
malgré la peine très vive que nous éprouvions à cha-
griner ainsi des maîtres que nous respections, que nous
aimions, à qui, enfin, nous étions attachés par tant de
liens !

Finalement, force resta à la justice ; et c'est en mai
1874, après deux années d'une véritable lutte, que fut
inaugurée la « Séance annuelle d'audition des envois de
Rome » au Conservatoire.

Peut-être, jusqu'à ce jour, ces séances n'ont-elles révélé aucun chef-d'œuvre ; mais l'exposition annuelle de l'École des Beaux-Arts ne révèle pas non plus que des chefs-d'œuvre ! En tout cas cette prise de contact avec le public est d'un enseignement fécond, utile à tous, et il n'y avait pas de raison d'en priver les musiciens.

Au fil de ce récit, on retrouvera d'amusantes traces des éclaboussures que nous dûmes subir au sujet de ces séances ; elle démontreront, une fois de plus, combien il est difficile de changer les habitudes prises, même lorsqu'il est reconnu qu'il en peut résulter un avantage certain.

*
* *

Une accalmie survenue dans la vie, à l'ordinaire si pénible, de mon cher Plouvier lui permit d'aller passer un mois à la campagne, aux environs de Paris. Là, débarassé pour quelques semaines de soucis devenus habituels, il put se recueillir un peu, et sa charmante imagination sans cesse en travail lui suggéra une lettre curieuse par la porte qu'elle ouvre sur la mentalité de la plupart des intellectuels d'alors.

Plouvier avait collaboré avec beaucoup de musiciens, entre autres avec Litolff, à qui il donna le livret de *Nahel*, opéra en trois actes représenté en Allemagne.

De la maison de Plouvier, Litolff était l'un des commensaux ; lorsqu'il y venait, on parlait beaucoup des choses de la musique. Grand artiste, musicien profondément, Litolff avait pris rang comme officier de quart sur le navire qui portait la fortune d' Berlioz, de Richard Wagner et de Liszt. Il était de leurs amis ; il les connaissait à fond et, tout en les critiquant un peu, les admirait beaucoup.

Ces entretiens n'avaient pas été sans influence sur l'esprit de Plouvier ; et peut-être, dans la lettre qui suit, se trouve-t-il un écho de l'opinion de Litolff lui-même ; opinion d'un professionnel commentée par un poète indépendant.

Après les premières lignes consacrées à quelques projets de pièces dont la plupart devinrent de véritables succès, Plouvier aborde le réel sujet de sa lettre :

Janvry par Brys-sous-Forges ou Orsay (Seine-et-Oise).
12 juillet 1872.

CHER HENRI,

Je suis ici pour le mois de juillet, le 1er août devant me trouver à l'Odéon, obligé que je suis de faire l'ouverture de ce théâtre en septembre avec *la Salamandre*. Tu vois que je te parle tout de suite de moi : es-tu content ? Je continuerai donc, pour me laisser là, la matière épuisée le plus vite possible.

Après *la Salamandre*, en septembre, d'Ennery céderait aux prières de l'Ambigu en consentant à ouvrir ce théâtre par notre drame du *Centenaire*.

. ...Vers la fin de novembre, tu me verras aux Folies-Dramatiques, où une opérette de Litolff et *les Bicoquet* de Plouvier sont les grandes espérances de l'hiver, à ce que dit le directeur Cantin, successeur de Moreau-Sainti, maintenant à l'Ambigu.

J'aurai ensuite un acte bizarre au Gymnase. Cela se nommera *la Dragone* ; enfin, j'aurai peut-être un petit opéra-comique pour deux femmes, avec Deffès comme compositeur et demandé par de Leuven.

Voilà, cher ami, mon bagage pour l'hiver, et moi qui sais le fond de cela, je t'assure qu'il n'y a pas là de quoi se frotter les mains ; mais quoi qu'on ait ou qu'on en ait, il faut aller en avant, et vivre et sourire et se frotter les mains quand les autres vous regardent.

Cher Henri, j'ai répondu à ta sollicitude et je ne veux plus rien te dire de moi ; mais j'ai droit à ce que je te donne et, en équité pure, j'ai droit à davantage, alors même que tu ne me l'aurais pas promis. Avec ce que tu as d'avenir devant toi, avec tes idées et le milieu où tu vis, que n'as-tu pas à laisser s'échapper de ton esprit ou de ton cœur, alors que moi, j'ai si souvent à me taire par besoin pour moi-même ; par raison, par sentiment et raison pour ceux à qui j'ouvrirais toute ma pensée.

Il y a une individualité de ce temps qui, à ton point de vue, me préoccupe tous les jours davantage, et tous les jours tu me forces à plus me préoccuper de toi en raison du cercle dont cette individualité occupe le centre, et qui va s'agrandissant plus ou moins vite, mais constamment ! — Te fais-je comprendre par cette mauvaise phrase que je pense à Wagner !

Oui, n'est-ce pas. Je me souviens encore de la lettre que tu m'écrivis à ton second retour de Florence, où tu étais retourné tout exprès pour bien entendre le *Lohengrin*. Ton enthousiasme, qui se fût exhalé pendant de longues journées, étouffait dans une lettre ; mais quel enthousiasme !

Cela est bon, l'enthousiasme ; c'est un des sentiments les plus doux à éprouver ; et comme celui-là seul méritera d'être admiré qui a la faculté d'admirer, l'enthousiasme est un sentiment des plus féconds ; mais il n'est fécond qu'à la condition qu'on n'admirera que ce qui un jour ne tuera pas l'enthousiasme même.

Or, sans pouvoir juger l'œuvre de Wagner, sans avoir par moi-même ressenti l'effet de son œuvre, je me sens disposé à admirer l'homme, ne fût-ce que pour sa patience et son courage. Je crois d'ailleurs que ce cercle dont il occupe

le centre, c'est l'art même de la musique qui le remplit et
que la science pleine de génie de Wagner est ce qui
l'agrandit; mais j'ai peur que ce ne soit que la science,
toujours la science; qu'elle prenne le pas sur l'invention
pure, laquelle ayant besoin de science, bien entendu,
comme le style a besoin d'orthographe, est peut-être le
génie pur.

Quels que soient les grands effets, les effets qui font *du
nouveau* susceptibles d'être tirés de la science, tu m'accor-
deras bien que le public n'en est pas au point de jouir par
la science, quelle que soit sa puissance de variété. Et cela
est peut-être heureux !

L'homme d'art, surtout l'homme sincère dans son art, a
toujours soif de science nouvelle. C'est là peut-être la raison
de l'irrésistible attraction exercée par Wagner sur les musiciens ses contemporains, et je parle des meilleurs; Gounod
a été l'un des plus éclatants exemples. Mais Gounod n'a pas
persisté dans les errements de *la Reine de Saba*.

Demande à Bizet des nouvelles de ses tentatives. Je me
moquerais des résultats obtenus, mais je crois le succès
nécessaire. La science qui doit aider au succès ne peut pas
le remplacer. La mélodie, comme la situation, est toujours
appréciée, toujours trouvable, toujours mère d'autres mélodies. La science, se nommât-elle *harmonie*, ne donne que
pour un temps les jouissances de la mélodie, celle-ci reste,
après comme avant, la *langue universelle*.

J'étais un enfant encore quand je vis tomber *les Burgraves*.

J'essayais de consoler Victor Hugo en lui affirmant avec
une éloquence admirable que le succès *ne prouve rien*.

— *Peut-être*, me répondit complaisamment et justement
le maître qui, dans *les Burgraves*, venait de faire acte de
wagnérisme. « *Il faut pourtant avoir du succès. Le succès est
une puissance. Il faut conquérir cette puissance comme les
autres, ne fût-ce que pour être écouté quand on voudra faire
autre chose ou meilleure chose* ».

Arrange-toi, avide Henri, pour avoir du succès *d'abord*,
afin d'avoir le droit et la chance d'en avoir davantage plus

tard. Songe à *employer* la science plus qu'à la faire briller,
et au milieu de l'harmonie, fais à la mélodie la part du
succès.

Ton fidèle.

Édouard Plouvier.

C'est ainsi qu'apparaissait Richard Wagner à cette
époque aux esprits les plus impartiaux. Ceux-ci représentaient encore une telle minorité qu'on peut les considérer aujourd'hui comme de véritables *voyants*, si l'on
songe au profond aveuglement de la majorité.

Il en fut toujours ainsi, d'ailleurs ; et il est à croire
que l'avenir n'y changera rien.

La fin de juillet arrivait ; j'avais fini, recopié, remis
à Hébert la première partie de mon ouvrage ; et, en attendant le jugement de l'Institut, je m'étais attelé de suite
à l'intermède diabolique pour me reposer de tous les
accords séraphiques employés jusqu'ici ! J'y revenais
cependant de temps à autre, à ces accords en écrivant,
de-ci de-là, quelques pages de la seconde partie ; mais,
en fait, Cicile et moi étions descendus aux enfers ; dans
notre encrier ce n'étaient que « pleurs et grincements
de dents ! »

C'est à Naples que j'allai me fixer, faisant alterner
les trémolos de messieurs les démons avec de délicieux
bains de mer.

Les habitants de la Villa Médici, éparpillés, échan-
geaient entre eux des lettres pleines de jeunesse et de
gaîté. Quelques-unes mettent en scènes des personnalités disparues aujourd'hui, dont la silhouette garde
quelque intérêt par l'œuvre même accomplie.

Parmi ces personnalités, trois allaient nous quitter

pour rentrer définitivement à Paris. C'était d'abord le peintre Jules Machard.

Machard possédait une nature d'élite par le charme de son talent, la profonde droiture de son caractère, la tendresse de son cœur et l'incurable modestie qui demeura sa plus sûre ennemie. Doutant de soi, d'esprit inquiet, bourrelé même, jamais il n'était satisfait de la besogne du présent ; il n'entrevoyait la réussite, le calme et la paix que dans celle à accomplir, et, sans l'ombre d'ambition, souhaitait être universel !

Peintre de grande valeur, hautement apprécié, aimé de tous, un orateur, un virtuose, un comédien, un jongleur, un clown, un danseur de corde faisaient naître en lui le plus sincère enthousiasme en lui laissant au cœur comme une vague amertume de se sentir impuissant à les imiter.

Adroit à tous les exercices du corps, la plus légère supérioriorité dans le domaine de l'équitation, de la natation, de l'escrime, de la force musculaire lui causait un véritable souci non pas, encore une fois, par envie, mais par chagrin de ne pouvoir posséder cette supériorité.

Dans le milieu où nous vivions, ce trait de caractère ayant été bien constaté, on voit quel beau thème possédaient les farceurs pour faire naître les scènes les plus comiqnes ! Machard, dont le caractère était facile et doux ne se fâchait jamais. Il n'aurait certes pas fallu dépasser une certaine mesure ; mais on le vit bien souvent supporter des charges d'atelier que plus d'un auraient prises en fort mauvaise part. Il était le premier à en rire, à les provoquer même !

Entre autres, on le représentait peignant d'une main, dessinant de l'autre et lisant en même temps, tandis que les jambes accomplissaient des exercices d'assouplissement !...

Ce qui donnait surtout une prise à ces charges, c'était la profonde insouciance de Machard à l'égard de son propre individu. Il n'est pas d'imprudences qu'il n'ait commises, et c'est à l'une d'elles qu'il dût d'être emporté en quelques jours, alors que rien ne faisait prévoir une fin aussi soudaine.

A Ostie, ne le vîmes-nous pas un jour se baigner en sortant d'un plantureux déjeuner ! On peut juger par ce détail de la résistance de sa nature physique et de son habituelle témérité.

Travailleur acharné, son œuvre est très importante. Après le succès d'une *Séléné* reproduite de toutes les manières connues, la décoration d'une chapelle en l'église de Ménilmontant et d'autres travaux de valeur, Machard se spécialisa dans le genre du portrait et y parvint souvent à la véritable maîtrise.

Il obtint de retentissants succès. Honoré, choyé de tous ceux qui eurent le bonheur de le connaître, de le comprendre, d'apprécier sa haute valeur d'homme et d'artiste, en dépit de bien des soucis, volontaires souvent, Machard, en somme, n'eut pas trop à se plaindre de la vie.

Un autre peintre de ce temps, Joseph Blanc, offrait un frappant contraste avec l'élégance de Machard.

Blanc était un enfant de Paris à l'esprit vif, caustique, gouailleur ; quelque chose comme un gavroche qui aurait grandi, mais gavroche profondément bon et

d'esprit extrêmement fin dans une enveloppe robuste
et forte.

Les peintres étaient unanimes à admirer la sûreté et
la solidité de son dessin. Plusieurs tableaux de lui se
trouvent dans nos grands musées. Enfin, il travailla à
la décoration du Panthéon où d'importants panneaux
sont signés de Joseph Blanc à côté des compositions
les plus vastes et les plus admirées des maîtres contemporains.

Un éminent architecte, Ferdinand Dutert, revint
aussi à Paris à cette époque.

Dutert était d'une santé fort délicate ; aussi vivait-il
très retiré. C'était un grand travailleur ; d'esprit froid,
pratique, positif, il devait, jeune encore parvenir à une
très haute situation.

On lui doit l'extraordinaire galerie des Machines édifiée pour l'exposition de 1889, et, depuis, démolie. Ce
formidable travail, entrepris en collaboration avec un
éminent ingénieur, fit l'admiration de tous les visiteurs
et pendant vingt années rendit de tels services qu'on
se demande — lorsqu'on n'est pas dans les confidences
administratives — pourquoi il n'a pas été conservé.

Dutert construisit encore les admirables galeries du
Muséum qui fait face au pont d'Austerlitz. Si l'on prend
la peine d'examiner ce travail en ses détails, on demeure
frappé de la somme d'ingéniosité, de talent sûr et
réfléchi, d'adresse, enfin, qu'il représente.

En pleine force, en plein succès, Dutert fut frappé
de paralysie et devait mettre bien des années à mourir
lentement dans un fauteuil après une jeunesse toute
de travail opiniâtre et d'inlassable activité.

Il était musicien, ayant dans son enfance, suivi les cours de l'école de musique de Douai sa ville natale. Il jouait très convenablement du violon et pouvait tenir avec quelque honneur une partie de second dans un quatuor. A Rome, le premier, c'était Hébert en personne, rappelant ainsi le souvenir d'Ingres ; Hébert, si passionné pour son cher violon qu'il prenait encore des leçons avec d'éminents virtuoses aux environs de sa quatre-vingt-dixième année !

En 1872, je recevais souvent de lui des cartes de visite de ce genre :

E. Hébert

« prie Monsieur Maréchal de venir dîner demain soir avec « la section de musique ; mais il ne sera pas forcé d'assister « à l'exécution des citoyens Mozart et Beethoven ».

Dutert me donna de très précieuses leçons sur les quatre cordes ! Je lui dois beaucoup ; et, après tant d'années, je songe bien souvent à lui lorsqu'il me faut, aujourd'hui encore, préciser quelque coup d'archet un peu vétilleux !

Enfin, c'est en 1872 que je connus Émile Gebhart revenant d'Athènes pour occuper, on sait avec quelle distinction, à la Sorbonne, la chaire de littérature étrangère qui, avec de remarquables livres, lui valut successivement sa nomination de membre de l'Académie des Sciences morales et politiques et, peu après, celle de membre de l'Académie Française.

Une amitié forte et solide devait, plusieurs années après, succéder à la bonne camaraderie de cette première heure ; et le nom de Gebhart reviendra souvent, en ces souvenirs, associé à de communs travaux.

*
* *

Nous étions donc, Lafrance et moi, installés ensemble
à Naples ; mais il n'y a pas lieu de revenir, au sujet de
ce voyage, sur des détails contés ailleurs[1]. Serpette
était resté à l'hôtel afin de pouvoir aller et venir entre
Naples et Ischia qui avait paru le dégeler un peu. Il y
faisait de fréquents séjours et travaillait à une symphonie ! Peste !...

Plusieurs personnalités ayant été présentées au lecteur, quelques lignes de leur correspondance peuvent
être intéressantes à citer :

De Rome un autre camarade, mon condisciple Charles
Lefebvre, m'annonçait que l'église Saint-Louis-des-
Français se montrait hospitalière à notre musique religieuse, mais en n'offrant que des moyens d'exécution
qui donneront une idée des habitudes musicales en
honneur dans la Ville Éternelle.

Rome, 26 août 1872.

......Je cause un peu avec l'organiste et les chanteurs qui
me parlent de la musique de Capocci et d'autres, dont le
grand avantage est qu'on peut les exécuter *sans répétitions;*
puis nous commençons, et cela finit par marcher quant aux
notes, car de nuances point ! Le premier soprano était un
vrai, un *authentique,* un ex de la chapelle Sixtine. . . . .

. . . .

En résumé, le principal est fait : c'est que nous ayons
repris pied à Saint-Louis-des-Français. J'aurai des morceaux
à écrire pour le mois de décembre et alors cela ira mieux
parce que j'aurai l'expérience de ce qu'il faut faire. Si tu

1. *Rome,* Souvenirs d'un musicien (Hachette édit.).

es revenu à cette époque, nous partagerons le gâteau, naturellement.

Il y avait pas mal de monde à la messe : dans les places réservées, d'un côté l'Ambassade et les officiers de l'*Orénoque* en grand costume ; de l'autre, nous et un détachement de marins du même *Orénoque*, puis la foule obscure.....

Le soir j'ai dîné à l'Ambassade avec Hébert ; il est revenu avec Dutert de Porto d'Anzio assez souffrant du malaise que laissent derrière eux deux forts accès de fièvre.   .   .

.   .   .   .

Hier l'exposition des envois a été ouverte...

Machard est indisposé, probablement sur le point d'avoir la fièvre ; il couche dans le plus simple appareil, la fenêtre ouverte, c'est intelligent, hein ? Alors, l'autre nuit, pendant l'orage, il a senti qu'il se refroidissait un peu, et, « Nom de Nom », en

do,
si,

même temps le solfège,   *la,*

sol,

il a pensé que sa toile séchait dans le jardin ! Il s'est levé, est venu réveiller Grenier, a rentré sa toile, puis s'en est allé prendre une *bibita* au Café de Rome qui ouvrait, puis une douche par-dessus, puis il s'est recouché, toujours dévêtu, la fenêtre ouverte ; et voilà comme, depuis deux jours, il est mal à son aise !

A l'heure qu'il est, Blanchard vient de le ramener chez lui pour le soigner, s'il est malade. Il n'est pas permis de commettre de pareilles imprudences, franchement !

Gebhart a traversé Rome allant passer trois semaines à Naples ; mais, au fait, tu ne le connais pas, je crois ?

Il paraît que Serpette écrit des lettres étonnantes au directeur... qu'il « *coupe* »... que Naples lui a révélé Rome et l'Académie, etc. Est-ce que c'est vrai tout cela ?

.....Au revoir, illustre professeur de natation, bon travail, bonne santé, bons *pezzi duri* je vous souhaite et je vous embrasse tous deux cordialement.

Charles LEFEBVRE.

Amitiés à Serpette s'il est à Naples ; amitiés pour vous de la part de tous.

Cette lettre amicale rappelle deux faits qui à l'Académie tiennent une place considérable : l'exposition des envois ; les précautions contre la fièvre.

Le premier est un événement annuel qui amène à la Villa le Roi, la famille royale, la haute société romaine et les directeurs de quelques grands journaux ; quelquefois un concert l'accompagne lorsque l'envoi des musiciens n'entraîne pas à de trop grandes complications d'exécution.

Comme préface à cet événement, se prépare encore, en avril, l'expédition au Salon à Paris du ou des tableaux du directeur. Avant l'emballage, beaucoup de personnages de marque sont conviés à venir chanter le *Laudate*. C'est un peu moins solennel que l'exposition des envois de pensionnaires, et la petite cérémonie revêt parfois un caractère bon enfant en ses amusantes annales.

On contait alors, à Rome, que l'un des prédécesseurs d'Hébert, le directeur Schnetz invitait les habitants de la Villa à venir voir son tableau avant le départ pour Paris. Schnetz se tenait debout sur le seuil de son atelier avec son appui-main en guise de sceptre ; mais, avant de laisser pénétrer les visiteurs, il ne manquait jamais de leur adresser cette recommandation :

— Messieurs, je vous préviens que je ne tiens pas à la franchise.

Quant à la fièvre, il est facile de s'en préserver avec quelques précautions ; et, sur une trentaine, les trois

ou quatre de nos camarades que j'ai vu la prendre,
comme avec la main, ne peuvent vraiment — tel Machard — n'en rendre responsable que leur propre
imprudence.

Rome, 30 août 1872.

Serpette est de retour. Il parle beaucoup de travail, de
symphonie, de rénovation, etc. Il faudra voir si ça restera
à l'état de bonne volonté ou si ça se réalisera. Hier il a
dîné avec moi, mais à huit heures et demie il a disparu.

X. a été repris hier soir d'un accès de fièvre, Machard
sort d'en prendre. La petite société des bains du Tibre à
neuf heures du soir et des festins dans les vignes est fortement étrillée. Moi, je vais bien, à part un clou que la fièvre
m'a laissé en souvenir. L'Exposition est terminée. On va
commencer aujourd'hui à emballer. Les journaux italiens
ont tous été très favorables.

Dites à Lafrance que j'ai fait partir son buste dans les
envois.

Adieu, mes chers amis, soyez heureux par votre travail
et soignez-vous, n'abusez pas des bains de mer après les
premières pluies.

Votre très dévoué,

E. Hébert.

Cette recommandation était bien superflue !

Quelques jours auparavant, nous avions, Lafrance
et moi, pris une barque et son batelier pour aller nous
baigner au large du golfe. Lafrance, qui était un
remarquable nageur, accomplissait mille prouesses,
lorsque dans un repos faisant la planche à quelques
mètres de la barque et tout en riant, il se prit à inter-
peller le batelier :

— Eh ! *barcajuolo*, il n'y a pas de requins par ici ?

— Non pas trop, répondit tranquillement l'homme ; mais, en ce moment, après les premières pluies d'août, on en voit quelquefois à la pointe en face.

En trois brassées nous étions remontés dans le bateau, trouvant, qu'en effet... après les premières pluies d'août... il n'était peut-être pas indispensable d'aller barboter dans le voisinage de la pointe en face !

Cependant la fièvre sévissait assez rudement à Rome et cela nous avait rabattu plusieurs camarades. Nous étions sept réunis au dîner.

L'un de ces camarades nous annonça qu'à Paris les négociations étaient en bonne voie au sujet de l'exécution de nos envois. Hébert avait été parfait en tout cela ; il avait su nous rendre favorables quelques divinités de l'Olympe : Victor Massé, Eug. Guillaume, Beulé, alors secrétaire perpétuel de l'Académie des Beaux-Arts, d'autres, encore, et la bonne nouvelle devint un très sérieux encouragement pour nous.

Mais le temps devint mauvais à Naples, et le désir de rentrer à Rome s'ensuivit.

Rome, 10 septembre 1872.

Cher Ami,

Je vois, d'après votre lettre, que vous ne serez pas fâché de retrouver votre chambre et la paix de l'Académie. C'est en général comme cela toujours.

Il faut avoir tâté des autres installations pour connaître le prix de celle que l'État vous donne. Faites votre tournée dans les îles et hâtez-vous de revenir pendant qu'il fait encore beau et que la villa est solitaire.

Les envois sont partis hier de Civita-Vecchia et seront à Paris dans douze jours au plus tôt. J'ai écrit à Guillaume pour lui faire la recommandation de Lafrance et lui parler de votre désir d'avoir une copie de votre envoi.

Je ne sais si vous me trouverez ici à votre retour, car je suis en train de préparer le départ de la *Madona* pour son village et le mien pour les montagnes, mais pas avant le 17 ou le 18.

Tout le monde va bien en ce moment. Mes amitiés à tous les voyageurs napolitains.

Et maintenant adieu, mon cher Maréchal, et au revoir, bientôt j'espère.

E. HÉBERT.

Hébert venait donc de terminer l'admirable tableau qu'il intitula : *La Vierge de la délivrance* et qu'il destinait à l'église de son village natal — La Tronche, près Grenoble — où, en 1903, après plus de trente années, et non sans une grande émotion, je le revis sous une glace installé en belle place dans la chapelle à gauche du maître-autel.

Cette toile maîtresse apparaît comme un ex-voto à ceux qui en connaissent l'histoire.

La vieille maison de La Tronche, édifiée sous Louis XVI, appartenait au père d'Hébert ; le fils y fut amené en 1819 à l'âge de deux ans et y passa son enfance. Il y devait mourir en 1908 âgé de quatre-vingt-onze ans. Plusieurs fois le curé du village avait demandé au maître, devenu célèbre, quelque tableau, une Vierge, par exemple, pour sa petite église ; et, depuis longtemps, Hébert songeait à lui donner satisfaction par amour pour le sol natal qu'il chérissait, où il revenait toujours avec joie, où il devait, enfin, plus que nonagénaire, exécuter ses derniers dessins.

La guerre de 1870 se réservait un écho dans ces

montagnes cependant retirées de la vallée de l'Isère.
Les forts, au-dessus de la vieille maison, étaient prêts
à la lutte en présentant la gueule de leurs canons ; et,
dans cette cruelle anxiété, Hébert, *in petto*, fit ce
vœu.

« O Vierge, si tu nous sauves, si tu permets que cette
vieille demeure soit épargnée, tu auras ton tableau. »

Et c'est ainsi que, dès la paix signée, et après avoir
terminé quelques travaux en cours, Hébert se mit en
règle avec sa conscience en exécutant cette admirable
toile intitulée d'abord *La Madone noire* puis, définiti-
ment *La Vierge de la Délivrance*.

. . . .

Bien que ces souvenirs évitent d'entrer dans des
détails d'ordre particuliers au sujet des personnalités
évoquées, il est fait exception ici à cette règle sur le
désir d'Hébert lui-même.

Lorsqu'en 1904 parut le livre **Rome**, *Souvenirs d'un
musicien*[1], dont notre cher directeur voulut bien
approuver la publication en des termes chaleureux,
il ne manqua pas de me signaler ce qu'il prenait pour
une omission, et ce qui n'était qu'une réserve discrète
observée à l'égard de tous mes amis.

Découvrant comme un regret chez celui-là, je lui promis de lui donner satisfaction dans une seconde édition et je reçus les confidences qu'on vient de lire.

Or, la seconde édition de **Rome** parut en 1913; mais
le livre étant déjà chargé, il ne fut pas possible d'y
insérer ce nouvel épisode. Je m'acquitte donc à cette

---

1. Hachette, édit.

place d'une sorte d'engagement pris, en répondant au
désir du maître qui le suggéra.

*
* *

J'avais, avant de le laisser quitter Rome, les plus
sérieuses raisons de causer avec Hébert d'un projet
caressé depuis plusieurs semaines et dont je ne lui
avais encore soufflé mot.

En droit absolu, j'étais libre de revenir définitivement à Paris à la fin de décembre; mais, d'abord, je
n'en avais nulle envie; ensuite si, auprès d'Hébert,
j'avais tenté d'avancer mon départ je me serais heurté
à une résistance inflexible. Cependant, tout en m'ac-
commodant fort bien, comme on le pense, d'une vie
d'indépendance et de travail qui est bien le paradis
pour un artiste, je ne pouvais échapper à l'influence de
certaines lettres de Paris où les miens, depuis plusieurs
mois, réclamaient mon retour; où le besoin de les
revoir, de revoir mes plus vieux amis grandissait chaque
jour à côté de cet autre sentiment qu'il était imprudent
de rester trop longtemps éloigné d'un champ d'activité —
de bataille si l'on veut — où ma destinée était de vivre.

Je revins donc à Rome et fus assez heureux pour y
trouver encore Hébert. Je lui proposai une combinaison
qu'il accepta : me laisser partir en octobre pour aller
passer quinze jours à Paris; reprendre le chemin de
l'Italie en novembre avec haltes en Allemagne; être
rentré à Rome dans les derniers jours de décembre et
y rester les six premiers mois de 1873.

De la sorte, tout se trouvait concilié; et, à ce marché,

les idées d'Hébert recueillaient un avantage de cinq à six mois de plus de séjour à la Villa pour un de ses pensionnaires. Bien d'accord *tous les deux*, je pris mes dispositions sans grande hâte, puisque j'avais plus d'un mois devant moi.

Le lendemain de mon retour de Naples je dînais à l'Académie chez Hébert, avec le comédien Régnier à qui je fus présenté. Il venait de prendre sa retraite de la Comédie-Française, et, tout heureux de sa liberté, faisait un voyage en Italie avec sa femme et son fils Henri.

C'est de cette soirée que naquit une amitié fort vive entre la famille de l'éminent artiste et moi ; souvent encore, au fil de ces souvenirs, nous aurons le plaisir de la retrouver.

Régnier avait à cette époque soixante-six ans qu'il portait allègrement. Après toute une vie passée à raser sa barbe, il éprouvait une joie farouche à afficher sa récente indépendance en laissant pousser... ses favoris ! Cela lui donnait l'aspect d'un magistrat, d'un maire du temps de Louis-Philippe ; en tout cas, le comédien était à jamais effacé.

J'en ai connu plusieurs qui furent, et sont, de mes plus chers amis ; *tous* ont passé par ce savoureux vestibule d'une vie nouvelle. Laisser pousser sa barbe ! Goûter à ce fruit si longtemps défendu ! Arborer enfin son *moi* véritable, et ne laisser au passant la moindre tentation de penser en les voyant : « Tiens, voilà un comédien ! »

Régnier était un érudit, un causeur séduisant et..., mais, je le répète, nous le retrouverons.

La perspective d'une absence de deux mois em-

ployée à courir les chemins, me fit doubler les heures
de travail avant le départ de Rome ; et, vers le
milieu d'octobre, j'avais complètement terminé l'intermède consacré à monseigneur le diable, fort
avancé la seconde partie, écrit, enfin, quelques mélodies sur des paroles d'Alfred de Musset, d'Edouard
Plouvier et, encore, sur de jolis vers de Théophile
Gautier, *le Banc de pierre* [1], dont le charme mélancolique avait été inspiré au poète par un délicieux
tableau d'Hébert.

Il en avait remis à chacun des musiciens de l'Académie une photographie accompagnée d'un mot aimable
et de sa signature ; tous, nous eûmes la pensée d'écrire
à notre tour de la musique sur les vers de Gautier qui
valent d'être rappelés :

> Au fond du parc, dans une ombre indécise,
> Il est un banc solitaire et moussu
> Où l'on croit voir la Rêverie assise,
> Triste et songeant à quelque amour déçu.
> Le Souvenir dans les arbres murmure,
> Se racontant les bonheurs expiés,
> Et, comme un pleur, de la grêle ramure
>   Une feuille tombe à vos pieds.
>
> Ils venaient là, beau couple qui s'enlace,
> Aux yeux jaloux tous deux se dérobant,
> Et réveillaient, pour s'asseoir à sa place,
> Le clair de lune endormi sur le banc.
> Ce qu'ils disaient, la maîtresse l'oublie ;
> Mais l'amoureux, cœur blessé, s'en souvient,
> Et, dans le bois avec mélancolie,
>   Au rendez-vous tout seul revient.

1. Gallet. Ed^t. à Paris.

Pour l'œil qui sait voir les larmes des choses.
Ce banc désert regrette le passé,
Les longs baisers et le bouqu t de roses,
Comme un signal à son angle placé.
Sur lui la branche à l'abandon retombe,
La mousse est jaune et la fleur sans parfum,
La pierre grise a l'aspect de la tombe
     Qui recouvre un amour défunt.

Or, un soir, l'on exécuta les trois ou quatre versions du morceau dans le salon d'Hébert, converti pour la circonstance, en salle de concours !

*
* *

Un de nos camarades, l'architecte Alfred Leclerc, revenait définitivement à Paris à cette époque ; il fut convenu que nous voyagerions ensemble.

Mon compagnon rapportait avec lui un énorme rouleau de papier contenant un projet — et toutes ses conséquences linéaires — de reconstruction de l'Hôtel de Ville de Paris anéanti pendant les effroyables événements de mai 1871.

Cette réédification avait été mise au concours, et Leclerc s'y présentait avec un travail considérable accompli à Rome. L'idée que ce rouleau, si gros d'espérances, pouvait s'égarer en route lui donnait le frisson, et cela se conçoit ; aussi, ne s'en sépara-t-il pas un seul instant entre Rome et Paris, ce qui ne manqua pas de provoquer des scènes extrêmement comiques tout le long du chemin !

Ce vieil ami avait, et devait conserver, l'horreur du voyage. Tout déplacement lui était odieux ! S'il l'avait

pu, il serait monté dans un train en gare de Rome et,
résigné, s'y serait endormi jusqu'à la gare de Paris.

J'étais cependant décidé à m'arrêter beaucoup, à
voir, à entendre le plus possible ; pour faire une ome-
lette à nous deux avec des projets si opposés, il fallut
battre longtemps ! Enfin, on tomba d'accord : mon
compagnon consentit à tous les arrêts sous la condition
qu'il ne s'occuperait d'aucun des détails matériels du
voyage ; il me remit une somme représentant l'évalua-
tion approximative des frais et je m'engageai à lui
rendre ses comptes en le déposant place de la Bastille
aux environs de la Toussaint.

Après deux dîners d'adieu offerts par l'architecte,
voyageur malgré lui, et par l'Académie ; après mille
recommandations, mille vœux échangés, mille folies,
mille farces, nous nous mettions en route le 20 octobre
au matin. L'itinéraire projeté était Florence, d'abord
et toujours ! puis, par ricochets, Gênes, la Corniche et
Marseille. Mais l'automne fut abominable ; les rivières
débordées, les chemins inondés, les ponts emportés
nous obligèrent à passer... par où l'on pouvait passer !

Le rouleau, cependant enveloppé d'une forte toile
goudronnée, était l'objet de nos plus touchantes solli-
citudes. Nulle mère, dorlotant un enfant malade, n'ima-
gina de tels raffinements pour éviter la moindre goutte
de pluie. Serré sur le sein de son père, comme une
bonne nourrice je tenais le parapluie ouvert en signalant les flaques éclaboussantes ! Arrivés à l'hôtel on
choisissait une chambre pas trop humide, pas trop voisine d'une conduite de cheminées ; et puis, l'on s'en
allait dîner tous les *trois*.

Un soir, à Parme, je décidai mon compagnon à venir au théâtre. Le rouleau nous y accompagna. Dire la figure des spectateurs en nous voyant entrer avec ce tuyau noir est inutile à rapporter; chaque lecteur la verra de son fauteuil.

C'est en vain qu'au **vestiaire** *un téméraire* **agent**

avait prétendu faire déposer l'objet. « Renoncez à ce projet, lui fut-il répondu; moi je ne renonce pas au mien! »

Notre trio gagna Turin et l'on passa le tunnel du Mont-Cenis inauguré quelques mois auparavant.

Enfin, à la date prévue, je déposais mes deux compagnons l'un rieur et causant, l'autre impassible, gare de Lyon à Paris après avoir rendu mes comptes entre Villeneuve-Saint-Georges et Bercy.

A Paris, pour la première fois, deux fiacres nous séparèrent, non sans la plus cordiale des étreintes.

Comme épilogue, le projet de Leclerc fut classé en très bonne place au concours; son auteur reçut une indemnité, et l'impression produite par ce travail fut assez favorable pour valoir, sans trop d'attente, à mon compagnon une situation d'architecte dans un des palais nationaux.

Il est à peine besoin d'ajouter qu'à chacune de nos rencontres, au dîner de Rome-Athènes, nous ne manquions jamais d'évoquer le souvenir de cette représentation du Théâtre de Parme ou nous figurions assez bien deux fumistes rapportant leur travail.

Depuis ces temps lointains, Alfred Leclerc exécuta de

très importants travau   ́   ́uent du Capitole de
Toulouse, l'Hôtel de   Limoges, divers monu-
ments au Cimetière du   rd, etc. Il fut architecte des
Palais Nationaux, membre du Conseil des Bâtiments
Civils, architecte de la Malmaison, etc.

*
* *

Il y avait plus de vingt mois que je n'avais vu les
miens et je n'ai pas besoin de m'attarder aux détails
d'un retour rééditant la formule consacrée depuis celui
de l'enfant prodigue : le veau gras tué, la maison en
fête ; les histoires nombre de fois répétées dans le menu ;
les questions abondantes, pressées, sans laisser presque
de place aux réponses ; les avis opposés sur l'embon-
point perdu ou gagné, etc., etc. Tout le monde connaît
ces scènes pour les avoir jouées ou vu jouer ; elles
restent touchantes sous leur aspect invariable et parce
qu'invariable !

Deux jours furent consacrés à ces effluves attendris-
sants pour tous, et puis il fallut songer au dehors.

L'une de mes premières visites fut pour Emile Cicile,
le collaborateur du présent. Je m'en fus à Versailles
sonner à sa porte qu'il vint m'ouvrir en personne.

De taille haute, long et mince, d'aspect austère, tout
d'abord, il me donna l'impression d'un clergyman. Mais
depuis quinze mois que nous correspondions, sans nous
être jamais vus, nos lettres en étaient arrivées à une
certaine familiarité, et, brusquement mis en présence,
celle-ci se résuma :

— Maréchal !...

— Cicile !...

— Embrassons-nous, Folleville !...

L'entretien nous fut précieux pour régler pas mal de détails en souffrance et, encore, pour chercher un titre; car cinq ou six se présentaient sans nous donner satisfaction. Sur ce point, nous ne conclûmes à rien et la question fut laissée en suspens; elle devait y rester pas mal de temps encore.

Cicile, dont les occupations professionnelles étaient fort opposées au théâtre et au concert, aimait ceux-ci néanmoins, et trouvait dans la littérature s'y rattachant une diversion préférée à ses travaux sur les mathématiques.

Sa collaboration me fut précieuse par son extrême souplesse et par l'inaltérable foi qu'il eut toujours en notre commun travail. Il en suivit toujours les destinées avec un intérêt très vif; et l'apparente naïveté de cette déclaration disparaîtra si l'on songe que le résultat matériel de ces sortes d'ouvrages est, à l'ordinaire, à peu près nul.

En dehors de cette première collaboration nous n'eûmes occasion de la renouveler, plus tard, que pour une charmante légende bretonne, *Mona*, que je lui rapportai un jour de Quimper et dont il versifia fort heureusement la traduction. Heugel l'accueillit, et nous ne nous résignâmes jamais, Cicile et moi, à supposer qu'il eût à s'en plaindre.

Cicile mourut en 1899, et sa perte me causa la plus mélancolique des afflictions. Il fut l'associé de la première tentative un peu significative; le confident des premiers enthousiasmes, des premières illusions, de

tout le beau cortège de la jeunesse que la vie se charge
de disperser lentement et de remplacer par celui, moins
rose, des réalités brutales. Mais n'est-ce pas la même
loi pour tous? C'est pourquoi tous comprendront aussi
le pieux souvenir que j'ai gardé à la mémoire d'Émile
Cicile.

Ensuite, ce fut le tour de Jules Barbier que je n'avais
pas vu depuis plus de deux ans.

Ici, truculentes agapes, joies réciproques, expansions
bruyantes et chaleureuses, tout le monde parlant à la
fois, bras en l'air, exclamations, anathèmes, du théâtre,
enfin ! Mais où les acteurs ne simulaient rien et se donnaient simplement une représentation à la manière de
la *Commedia del' arte ;* le point de départ et celui d'arrivée résumant la plus chaleureuse des sympathies en
une pièce qu'on n'a pas besoin de répéter !

On refit le procès de Savonarole, qui ne fut rebrûlé
qu'à petit feu ! On développa le thème des lettres déjà
lues. Pas de pièce ! ou — si pièce — plus tard, tout là-
bas... ; quelque chose comme un de ces bons billets au
marquis de La Châtre !

Mais, en revanche, *les Amoureux de Catherine* son-
nèrent le glas le plus joyeux à ces funérailles de *Savonarole.*

Tout était décidé ; il ne restait plus qu'à se procurer
l'essentiel : l'autorisation d'Erckmann-Chatrian.

Plusieurs années auparavant j'avais lu quelques-uns
de leurs romans sur le conseil d'Édouard Plouvier qui
m'avait dit souvent : « Lis ces écrivains-là ; ce sont de
braves gens ».

Ces lectures m'avaient causé un grand plaisir. J'avais

été frappé de la couleur générale, de l'émotion simple et vraie des personnages ; gagné par cette bonne odeur forestière, cette naïveté chaste, où se cache, comme une fleur qui ne veut pas se laisser voir, la philosophie parfois la plus ferme ; conquis, enfin, par cette expression pittoresque de l'âme populaire.

L'Ami Fritz, surtout, m'avait ravi ; sans que je me doutasse alors que... mais nous y reviendrons.

Or, à cette époque, et malgré le succès du *Juif polonais*, dans le monde théâtral les avis étaient curieusement partagés. Les uns affirmaient que le double nom d'Erckmann–Chatrian ne représentait qu'un seul individu ; les autres, deux.

De fait, on ne les voyait jamais nulle part ; ils ne faisaient pas partie du *Tout Paris* des *premières...* Bref, l'on n'était pas exactement fixé, ni Barbier plus que les autres.

Je fus chargé par lui d'éclaircir ce secret de Polichinelle et d'obtenir l'indispensable autorisation.

Je me mis donc en campagne et ne fus pas long à apprendre qu'Erckman et Chatrian représentaient bien deux têtes dans le même bonnet ; que le premier vivait en Alsace, ne venant que peu ou pas à Paris, et que le second habitait la banlieue, mais qu'on pouvait le rencontrer chaque jour à la Compagnie des Chemins de fer de l'Est où il remplissait les fonctions de chef du bureau des titres.

— Cocher, gare de l'Est.

— Grandes lignes ?

— Ça m'est bien égal.

Les services administratifs occupaient alors les galeries de droite et de gauche de la gare même ; au bout de la première je trouvai le bureau cherché et fis passer ma carte à Chatrian. Bien qu'elle ne dût rien évoquer en son esprit, je fus immédiatement introduit auprès de lui. Ce n'est peut-être que lorsque l'on est un peu connu qu'il faut prétendre aux honneurs de l'antichambre !

Dans une petite pièce tendue de papier vert, ornée de rideaux et de cartons de même couleur — celle de l'espérance — Chatrian, devant un bureau, était assis incliné sur des paquets de titres, qu'il signait rapidement.

Les porteurs d'actions ou d'obligations anciennes de la Compagnie de l'Est se doutent d'autant moins qu'ils possèdent de réputés autographes, que la signature de Chatrian était parfaitement illisible.

C'est à peine s'il leva les yeux et, tout d'abord, je ne pus que contempler une abondante chevelure noire et frisée où commençaient à s'introniser quelques fils d'argent. A cette époque Chatrian avait quarante-six ans.

Ma carte flirtait à côté de lui sur son bureau et, tout entier à sa besogne, il me demanda ce qui m'amenait. Brièvement je lui exposai le but de ma visite. Il s'arrêta de signer et, sans se hâter de répondre, tout d'abord il me dévisagea. Je lui rendis la pareille et pus reconnaître une physionomie toute d'énergie et de volonté.

Des yeux noirs perçants, surmontés d'épais sourcils aux pointes relevées à leur extrémité, lui donnaient une expression un peu farouche ; les traits étaient réguliers, le nez droit, le visage assez large, complètement rasé sauf sous le menton où comme une fourrure, une épaisse broussaille protégeait la gorge et le cou.

Après un court silence, Chatrian m. .t signe de m'asseoir ; puis se remettant à son travail, il reprit :

— Erckmann et moi, nous avc is l'intention de transporter *nous-mêmes* à la scène quelques-uns de nos romans ; en principe nous ne voulons pas de collaborateurs. Mais il ne s'agit ici que d'une courte nouvelle qui peut, en effet, fournir un acte à l'Opéra-Comique. Nul, mieux que M. Jules Barbier, n'est désigné pour mener à bien ce travail, et vous pouvez lui dire que nous l'autorisons à l'entreprendre. Je vais aviser Erckmann qui, sûrement ne fera pas d'objection. Au revoir Monsieur et bonne chance !

Je m'en fus aussitôt conter le résultat de l'ambassade à Barbier qui en parut fort content.

Mais les jours passaient ; je n'avais plus guère qu'une semaine à rester à Paris et je ne manquais pas de le faire remarquer à Barbier. Alors, consultant ses notes, il conclut :

— Mon doux ami, lorsque j'ai à entreprendre quelque travail pressé, je fais un plongeon à Aulnay ; je m'y enferme deux ou trois jours et puis alors en rapporter la besogne de trois semaines avec la vie d'ici. C'est aujourd'hui jeudi, venez à Aulnay dimanche soir ; vous y dinerez et vous y coucherez ; après le festin qui vous attend, je vous lirai la pièce ; elle sera donnée à copier lundi ; je la collationnerai mardi soir chez le copiste même où je vous donne rendez-vous et, mercredi, vous pourrez l'emporter dans votre valise.

Ce plan fut ponctuellement exécuté.

Le dimanche, à Aulnay, le dîner fut joyeux comme d'habitude ; et, vers dix heures et demie, lorsque tout le monde fut allé se coucher, Barbier m'entraîna dans son cabinet de travail et me lut *les Amoureux de Catherine*.

Je demeurai consterné.

.   .   .   .

Le propre des idées exclusivement spéculatives est de rendre odieux tout contact avec la réalité.

Près de deux années de séjour à Rome, de vie contemplative, d'isolement, de rêves sans contrôle ; l'exquis jardinier Hébert greffant une branche d'olivier sur un pommier avaient produit ce résultat inattendu que les fruits de l'arbre offraient des olives dont nul n'aurait pu tirer du cidre, et des pommes dont il eût été difficile d'extraire de l'huile !

Autrement dit, le théâtre que je rêvais était de ceux, qui, à cette époque, n'avaient ni directeur, ni public. De la charmante idylle alsacienne d'Erckmann-Chatrian j'entrevoyais une formule scénique imprécise vague, fluide, riche, enfin, des qualités les plus négatives. La précision, l'ingéniosité de Barbier à transporter la nouvelle au théâtre ne pouvaient donc m'apparaître que difforme ou encore comme l'insipide floraison du plus bourgeois des arts ; et c'est ainsi que peut s'expliquer le dégoût de cette première heure.

Alors, ceci est donc une confession ?

Peut-être..

Faite non à un seul, mais à tous, elle a plus de chances d'obtenir l'absolution. Les uns riront, et ce sera la juste expiation de l'aveuglement d'antan. Les autres, plus indulgents à cette crise psychologique, y pourront reconnaître l'absence de tout calcul, d'abord ; le désir, ensuite, de monter toujours plus haut par cette côte de l'idéal où les moins favorisés ne sont jamais complètement vaincus.

Tous les artistes ayant passé par Rome ont fourni cette première étape en leur vie militante. S'ils avaient dû s'y arrêter à jamais, le séjour à la Villa Medici équivaudrait à une véritable calamité ; mais la marche en avant est incessante pour les travailleurs, et, la parabole parcourue, montre inéluctablement le même homme transformé dans le sens le meilleur.

Un jour que je demandais à Hébert comment lui apparaissait *la Mal'aria*, après vingt-cinq ans passés sur ce succès, il me répondait :

— Dans ses œuvres lointaines, un artiste retrouve toutes les qualités et tous les défauts de la jeunesse. Plus tard, s'il s'est débarrassé des seconds, avec le sens critique de soi-même, il peut garder une bonne part des premières.

C'est là, peut-être, la moralité de cette digression.

. . . .

Il eût été de la plus lourde maladresse de laisser rien entrevoir de ces sentiments à Jules Barbier qui, d'ailleurs, n'aurait pu les comprendre. Notre entretien se prolongea jusqu'à une heure avancée de la nuit ; il porta surtout sur quelques petits changements de détail que mon éminent collaborateur consentit à m'accorder.

Après nous être séparés, et seul dans la chambre d'ami, l'obligation où je me trouvais d'avoir à écrire de la musique sur un tel sujet m'assura la plus agitée des insomnies !

Le mardi soir Barbier me remettait une belle copie de la pièce et l'on se dit « au revoir » avec la plus chaleureuse cordialité !

Ce soir-là, en rentrant chez les miens, j'y trouvais quelques vieux amis venus pour me dire adieu. On causa de l'affaire et l'on me demanda de lire la pièce ; unanimement elle fut trouvée charmante.

Cependant, resté seul avec mon père, je pus enfin donner libre cours à mes vrais sentiments. C'est de bien plus haut que la lune qu'il tomba ! En rapprochant ces déclarations d'autres non moins stupéfiantes, il put, avec quelque inquiétude, se demander si le séjour de Rome ne m'avait pas rendu fou.

Il est clair que j'étais contaminé ! Les pièces du répertoire que je venais de réentendre à l'Opéra-Comique, ces pièces qui avaient charmé toute ma jeunesse m'apparurent comme d'insupportables niaiseries ! A l'Opéra, les procédés flamboyants des *Huguenots* et de la *Juive* me faisaient rire ! Seul, *Guillaume Tell* s'imposait comme s'impose le génie même aux pires sourds : ceux qui ne veulent pas entendre !

Et, cependant, j'étais averti ! Car, en causant avec Victor Massé, en lui faisant entendre la première partie de mon ouvrage, il m'avait régalé d'une grimace significative et d'un sermon...

Mais l'heure n'était pas encore venue ; il fallait encore pas mal de mois et de salutaires avertissements pour m'ouvrir les oreilles !

En cet état d'âme, je me disposai donc à quitter Paris avec une joie que j'avais grand'peine à dissimuler ! C'était une manière de fakir honteux de son contact d'un moment avec les gens du siècle, et retournant à son geste familier dans l'ivresse du fanatisme !

Mon projet était d'aller à Munich entendre le répertoire de Wagner en son véritable cadre. Avant mon départ de Rome, j'avais informé Hébert de cette intention ; il l'approuva et me proposa de me donner une lettre de recommandation pour M. Lefebvre de Béhaine, Ministre de France à Munich et son ami.

Je reçus cette lettre à Paris dans une autre d'Hébert alors à Cervara, l'un des environs de Rome qui lui inspira de réputés tableaux et dont la sauvagerie exerçait sur lui la plus irrésistible séduction !

Il me contait un jour, au sujet de Cervara, que, bien des années auparavant, s'étant aventuré dans un épais fourré de ce pays presque désert, il avait essayé de monter sur le tronc d'un arbre énorme renversé à terre ; dès qu'il y eut posé le pied, l'arbre céda ; ce n'était plus que poussière ; et, du bout de sa canne, Hébert put vérifier qu'il en était de même dans toute la longueur de ce géant sans doute foudroyé, jadis !... Depuis combien de générations un homme avait-il passé là ?...

Cervara, 9 novembre 1872.

Cher Ami,

Voici la lettre pour M. de Behaine. Comment l'avons-nous oubliée tous les deux ?

Je vois que vous êtes heureux à Paris et que tout semble vous réussir à merveille. J'en suis bien content, et j'espère que vous accorderez votre guitare sur un mode plus rassuré que celui dont vous geigniez à Rome.

Je ne vous en écris pas plus long aujourd'hui, ne sachant si ma lettre vous arrivera à temps ; car je suis sur un pic escarpé et sans bords où la poste fonctionne péniblement.

Adieu, soyez heureux et revenez-nous bientôt,

Votre tout dévoué,

E. Hébert

Or, vers le milieu de novembre, je reprenais un matin la route de Rome par le chemin des écoliers, me promettant une abondante moisson buissonnière, le livret des *Amoureux de Catherine* au fond de la valise, tandis que Chatrian, du haut de la gare de l'Est, continuait sans doute à signer des titres.

Au commencement, ce voyage réédita bien des tristesses ! Il fallait gagner la frontière en traversant les lignes allemandes occupant encore une importante partie du territoire. A Épernay, libéré depuis six semaines seulement de la présence de ces troupes, toutes les maisons étaient pavoisées aux couleurs françaises, tant la population était heureuse de les revoir !... Nancy était encore occupé et Strasbourg ne montrait toujours que des ruines !

J'avais hâte de passer le Rhin, de retrouver une géographie moins récente ! Le désir de m'arrêter à Bade, Stuttgart, Ulm, Augsbourg s'évanouit sous l'influence de si pénibles impressions et, tout droit, je m'en fus le second jour à Munich.

Je m'y installai deux semaines sur les indications qui m'avaient été données à Naples en septembre par Émile Gebhart, à qui le séjour était plus familier.

Pendant près de deux années, j'avais travaillé l'allemand à Rome avec un professeur alsacien qui parlait assez correctement le français ; mais il faut croire qu'il n'en était pas de même de l'allemand, ou que ma compréhension était bien médiocre, car en voulant mettre en pratique ses leçons, dès Nancy, je n'avais recueilli que de nombreux mécomptes !

Apprendre théoriquement une langue permet de la

lire un peu ; mais quant à la parler, et surtout à comprendre ceux qui la pratiquent couramment et vite, c'est autre chose !

Dans les rapides échanges de mots usuels, cela allait encore ; mais dès qu'il fallait en sortir l'imbroglio surgissait ! L'instinct, me dictant que je ne pouvais me faire entendre avec le mot français, me soufflait le mot italien et cela revenait exactement au même résultat : l'ahurissement réciproque !

Cependant, au bout de quelques jours, l'oreille s'était un peu habituée à ce nouveau langage ; la lecture des journaux, les enseignes, les mille transactions de la vie courante me permettaient de me débrouiller, sauf auprès des gens qui abusaient des élisions ! Alors, à l'instar de Beethoven, je sortais un carnet avec un crayon de ma poche en priant mon interlocuteur de vouloir bien écrire le mot qui, le plus souvent, devenait ainsi compréhensible.

L'originalité de Munich est dans la reproduction de beaucoup de monuments célèbres en d'autres villes, et ceci ne va pas sans causer quelque surprise au voyageur !

La *Max-Josephsplatz* à elle seule ne réunit-elle pas un édifice pompéien, le palais Pitti de Florence et quelque chose comme la Madeleine de Paris ! Ailleurs, les Propylées d'Athènes ; la *Loggia de' Lanzi* de Florence, toujours ; un obélisque de bronze qui veut sans doute représenter une *Concorde* ainsi que pensait l'évoquer à Paris même une enseigne reproduisant l'obélisque de Louqsor !

Mais, cependant, Munich a grande allure ; le *Maxi-*

milianstrasse, la *Pinacothèque* avec ses fresques exté-
rieures, les *Musées* témoignent d'un centre vivant et
éclairé. Enfin la cordialité des habitants est grande,
leur amabilité, leur empressement vis-à-vis de l'étranger
se montrent en mille détails où la bonne humeur et
l'entrain paraissent être caractéristiques.

Mon premier soin fut d'aller à l'Opéra : on y jouait
la Juive — Ah ! — Puis, quelques jours après — les
représentations n'étant pas quotidiennes — *la Dame
Blanche* — Oh ! — Enfin un autre soir un petit opéra
de Schubert : *La Croisade des Dames* — Eh ! Eh !

Renseignement pris, à ce moment, Richard Wagner
était en froid avec le roi Louis et s'en était allé bouder
à Zurich ! De son côté, le directeur du Théâtre-Royal,
en fonctionnaire prudent, avait décidé de ne jouer
aucun des opéras wagnériens pendant cette saison !

Et j'étais venu de Paris en décembre pour recueillir
ces renseignements.

Il restait, heureusement, les concerts. J'en entendis
de magnifiques dans la belle salle édifiée sur l'*Odeon-
platz*. Les programmes étaient, en partie, composés de
chefs-d'œuvre que je ne connaissais pas encore : le
Magnificat de J.-S. Bach, entre autres, qui me trans-
porta d'enthousiasme !

Puis, c'étaient encore les tavernes pour la plupart
pourvues alors de petits orchestres excellents ; usage
alors inconnu à Paris et qui s'est tellement répandu en
France que la Société des Auteurs, Compositeurs et
Éditeurs de musique compte aujourd'hui plus de trente
mille tributaires !

Dans ces tavernes de Munich les concerts quotidiens

étaient composés de trois parties de chacune quatre *numéros*. Les trois premiers de musique légère : valses de Strauss ou autres peu écoutées des consommateurs causant bruyamment ; le quatrième classique : un ou deux mouvements d'une symphonie de Beethoven, une de ses ouvertures, celles de Weber, etc., faisaient le silence le plus complet, absolu, et provoquaient les· applaudissements les plus vifs.

En somme, bien que venu pour Wagner, je ne perdis tout de même pas mon temps en n'en entendant pas une note au cours de ces deux semaines.

De Rome, je recevais des lettres qui me causaient un vif plaisir dès la vue des timbres italiens ! Quelques extraits en restent amusants à citer :

Rome, 24 novembre 1872.

Un joli siroco avec une pluie fine ; un vrai temps pour casser les jambes au physique et au moral et mettre de l'eau dans le vin de tous les enthousiasmes. *Amen*, comme disait Renan, que nous avons la satisfaction de posséder à Rome depuis ton départ ; je regrette bien pour toi que tu n'aies pu te trouver avec lui ; les soirées qu'il a passées à l'Académie, tant à notre salon qu'à celui du directeur, ont été, comme tu dois le penser, du plus haut intérêt, de véritables conférences où étaient passés en revue mille sujets d'histoire, de politique, d'archéologie. Ce soir il dîne pour la dernière fois à l'Académie ; son départ est fixé à demain.

Et Leclerc qui ne l'a pas vu, qui ne lui a pas serré les mains ! Il ne s'en consolera jamais ! Ils auraient fait ensemble une petite partie où Leclerc eût effrayé Renan qui, généralement, reste très modéré sur le sujet brûlant où l'on cherche toujours à le pousser : c'est ce qui a désappointé les Italiens espérant, en lui demandant de prendre la parole au cercle Cavour, qu'il mangerait un peu de prêtre ! Or, il n'a pas dit un mot de religion et s'est renfermé dans des considérations uniquement politiques et sociales.

Je ne te parle pas de musique, n'est-ce pas ! De la pitoyable exécution de *Mignon* qui, cependant, a été bien accueillie comme composition ; ni de *Don Carlos* que je n'ai pas encore vu.

Bravo et merci pour tes démarches à Paris ; tu me raconteras tout cela bientôt en détail.

. . . . . . Mais ce qu'il y a de triste, c'est que, « Nom de Nom », Machard, le pauvre Machard ne peut plus seulement lancer une pierre jusque sur la terrasse du *Bosco* ; tout le monde le dépasse à ce point de vue-là ! Il a beau collectionner les pierres les meilleures — on lui en apporte même chaque matin dans son assiette à déjeuner — rien n'y fait : aussi, les efforts tentés pour reconquérir sa supériorité perdue lui donnent des douleurs au bras qui le gênent pour battre la mesure à la classe de solfège ! La mesure à neuf-huit est le diable à décrocher ! Et puis d'E. qui vient toujours le relancer à l'heure où il voudrait se précipiter dans les bras du solfège ! . . . .

Au revoir, mon cher Maréchal : bien des amitiés pour toi de la part de tout le monde. Je t'embrasse cordialement.

. . . .

As-tu su que *Tannhäuser* est tombé à Bologne ? Que l'Allemagne te soit légère.

CHARLES LEFEBVRE.

Rome, 26 novembre 1872.

MON CHER AMI,

Comme je me figure que vous devez vous plaire médiocrement dans cette ville de Munich, je vous envoie une bonne poignée de main pour vous réchauffer et « vous donner de nos nouvelles ».

Je suis charmé des bons résultats de votre voyage à Paris et de la belle besogne que vous en rapportez. Je suis charmé surtout que vous ayez plus de confiance dans la promesse du règlement quant à l'exécution de vos œuvres. Je pense

que vous puiserez là une force nouvelle qui, jointe au calme
de la vie de Rome, doit donner les meilleurs résultats.

Ici, nous allons tous bien. Les voyageurs sont tous rentrés
au bercail ; la table est belle à voir, d'autant plus que,
d'accord avec ces Messieurs, j'ai mis un terme à ces congés
fantaisistes qui plaçaient le cuisinier dans l'impossibilité
de se tirer d'affaire, et laissaient des vides sans raison
d'être dans cette assemblée de jeunes maîtres.

Votre compagnon de route m'a écrit hier ; il est à Paris,
à la besogne, et me semble assez content d'être sorti de
l'Académie. J'en suis heureux pour lui.

Scellier est arrivé hier soir, très content de s'y retrouver ;
vous voyez que tout est pour le mieux.

Donc à bientôt ; soyez assez bon pour saluer de ma part
Monsieur et Madame de Béhaine en leur présentant tous
mes regrets de ne plus les avoir à Rome et mes plus affectueux compliments.

Votre très dévoué,
E. Hébert

Pendant mon séjour à Munich M. de Behaine en était
absent et je ne pus lui remettre la lettre d'Hébert.

La fin de novembre était arrivée et ces derniers
jours de l'automne étaient favorisés d'un temps délicieux ; je repris le chemin de l'Italie par le col du
Brenner, toujours à petites journées.

La première halte fut pour Rosenheim au pied des
Alpes. Dans l'église, de récentes pierres tombales se
dressaient sur le mur des bas-côtés. On y lisait des inscriptions de ce genre :

A la mémoire de :
Franz Schmidt, tué devant Châteaudun.
Johann Weiss, tombé sous les murs d'Orléans.
Gottlieb Weber disparu sous Paris.
Etc.

Il n'y avait pas qu'en France que tant de mères, de sœurs, de femmes, de filles portaient le deuil ; et l'on se prenait à songer qu'un jour peut-être les larmes de toutes ces femmes auront enfin leur poids exact dans la balance où quelques ambitions, quelques convoitises personnelles les ont toujours jetées sans compter !

Puis j'arrivai le soir à Innsbruck. Le séjour y donnait lieu à une remarque qui ne pouvait que s'accentuer redescendant vers l'Italie. En cette route du Tyrol, beaucoup de villes offrent une plaque indicative des rues, écrite dans les deux langues allemande-italienne ; de même les enseignes. Or, je ne fus pas long à m'apercevoir que les gens se montraient beaucoup plus empressés lorsqu'on leur parlait italien. Il m'en fallait bien moins pour me débarrasser de l'allemand que j'étais contraint d'employer depuis plus de quinze jours, avec quels efforts ! et reprendre l'italien qui, tout de même, m'était plus familier.

Ce voyage fut admirable en ce commencement de décembre doux, radieux d'un soleil éclairant une route de rêve ! Après plusieurs arrêts intéressants, j'arrivai à Vérone, minutieusement visitée l'année précédente. Le temps d'aller tirer le chapeau à San-Zenone ainsi qu'au tombeau des Scaliger et — les jours étant forts courts — le soir même j'allais m'installer à Milan pour quelque temps.

La Scala y donnait de belles représentations du répertoire italien ancien ou courant.

Au *Dal Verme*, je retrouvai un ancien camarade du Théâtre-Lyrique, le baryton Barré qui, avec succès, essayait de l'italien avant de rentrer à l'Opéra-Comique où une mort assez brusque devait, quelques années après, l'arrêter en pleine carrière.

Charmant chanteur, de tournure élégante, Barré était fort apprécié à Milan; mais il était Français, c'est-à-dire, à ce moment, nullement *persona grata !* Un soir qu'il chantait *la Favorite*, deux jeunes gens près de moi l'applaudirent chaleureusement à son air d'entrée; puis, sans doute quelque *lapsus* sensible à des oreilles italiennes vint-il choquer l'un d'eux qui sursauta :

— C'est donc un Français?

— Oui, répondit son compagnon.

Un « Ah ! » accompagné d'une moue devint le signal d'une réserve absolue; et l'artiste qui tout à l'heure semblait leur causer tant de plaisir ne devint plus pour ces jeunes gens qu'un banal coryphée !

Ah ! public ! public !

Un soir le *Secolo* annonçait aux dernières dépêches « la mort de M. Hébert, Directeur de l'Académie de France à Rome ».

Je courus au télégraphe, mais ne pus recevoir de réponse que le lendemain matin. — C'était un canard ; mais quelle alerte ! Et comme les Milanais jouaient volontiers au jeu de massacre avec nous en ce temps-là!

Je me hâte d'ajouter qu'il n'en est plus ainsi et que, retournant à Milan en 1906, je fus, au contraire, tout heureux d'y rencontrer partout le plus aimable accueil.

Un matin je reçus cette lettre :

Rome, 3 décembre 1872.

Mon cher Ami,

C'est bien aimable à toi d'avoir songé à m'écrire. — J'ai

reçu ta lettre ce matin et tu vois que je ne perds pas de temps pour te répondre.

Tu as donc entendu cette fameuse musique qu'on fait en Allemagne, et tu n'en as l'air ni bien surpris, ni bien enthousiasmé. Avoue donc que c'est encore à Paris le vrai centre et qu'il est absolument inutile d'aller hors de chez nous pour entendre de la musique.

Ici, nous sommes toujours aussi peu favorisés sous ce rapport.

J'ai entendu à l'Apollo *Mignon* et *Don Carlos*, deux exécutions dans toute la force du terme.

Pour moi, je bûche mon envoi. Mon premier morceau est orchestré et recopié. Quant à l'*Andante*, je l'ai trouvé tellement infect que je l'ai planté là, et je suis en plein dans le *Scherzo* : naturellement, il y aura au *Trio* une phrase de cor !...

Tu sais, sans doute, qu'Ulmann est revenu en très bonne santé et presque délivré de ses préoccupations médicales !

Amuse-toi bien à Milan, et si tu vas à la *Scala*, tu me diras ce que tu penses des fameuses timbales milanaises.

A Rome, temps panaché, beaucoup de siroco, pas mal de pluie et un peu de soleil ; il y en a pour tous les goûts !

Donc, tu as entendu Belval à l'Opéra dans *Rabar-le-Diable* ! sans doute Silva dans le rôle de *Rabar* ? Belle voix, beau physique, mais plutôt un baryton qu'un ténor.

Enfin, mon cher ami, tu vas nous revenir bientôt et, sous peu, tu pourras contempler la grande ligne bleue !...

En attendant, mille et mille amitiés de tous.

G. SERPETTE.

Décembre, radieux depuis Munich, était devenu maussade selon son habitude. La pluie, le brouillard ne permettaient guère de sortir et, en attendant le théâtre du soir, j'employais mes journées à travailler à la seconde partie de ma partition sur la table de ma chambre en fumant au coin du feu. — Mais lorsque j'eus reconnu que je n'avais rien à attendre de bien intéressant à Milan, voué à son éternel répertoire connu, je repris le train avec arrêt à Crémone pour saluer la ville — charmante d'ailleurs — de Stradivari et aller, ensuite, entendre *Tannhäuser* qu'on annonçait à Bologne sous la direction de Mariani l'un des plus remarquables chefs d'orchestre que j'aie rencontrés !

Le jour annoncé, au *Teatro-Comunale* il y eut des anicroches comme il y en a toujours lorsqu'un ouvrage n'encaisse pas le maximum de la recette dès la seconde représentation. Celle du *Tannhäuser* fut ajournée à une date ultérieure.

Décidément je n'avais pas de chance avec Wagner.

On donna un spectacle coupé qui me permit d'entendre la Frezzolini dont je ne connaissais que la réputation grande. Déjà retirée du théâtre depuis quelque temps, elle avait consenti à venir exceptionnellement chanter l'air du *Barbier*.

C'était le couchant d'un bel astre qui avait dû briller d'un grand éclat. Son art du chant restait fort remarquable et elle interprétait Rossini avec ce sens italien qui lui convient bien mieux que tant de conventions du dehors dont les artifices sont, au fond, de portée beaucoup moindre.

A cette soirée, Mariani conduisit, en outre, l'ouverture de *Guillaume Tell* comme je ne l'avais entendue nulle part. Le final, vertigineux, n'était plus ce noble *Allegro vivace* consacré en France qui ressemble si peu à celui des Italiens et dont la chaleur, la vie débordante, la galopade sonore, enfin, vous emportent sans qu'on ait le temps de se reconnaître. C'est peut-être tout extérieur, mais irrésistible, assurément, sous la baguette d'un tel... Italien !

Puis le cap fut mis sur Florence avec quelques arrêts à Pistoja, revu avec plaisir, et à Prato non sans intérêt.

A Florence, quelques belles représentations à la *Pergola* achevèrent ce pélerinage privé de nouveautés, mais où la magnificence des voix affirmait avec éclat qu'au théâtre elles sont tout et prévaudront toujours auprès du public sur le plus merveilleux orchestre.

Après deux ou trois soirées passées à Florence, je repris le chemin de Rome mais en allant passer quelques heures à Pérouse et à Assise qui ne sauraient lasser l'admiration ! Enfin, vers la fin de décembre je rentrais à l'Académie, heureux de retrouver mes amis, Hébert, ma chambre, et de la pensée, aussi, d'y vivre plusieurs mois encore !

Deux fragments de lettres en finiront avec cette année 1872 ; l'une de Barbier, l'autre de mon compagnon de route, l'architecte au rouleau !

Aulnay. 14 décembre 1872.

Mon cher Ami,

Je vous recommande bien vivement un jeune bachelier qui fait son tour d'Italie, M. R..., beau-fils de mon médecin. Faites-lui, je vous prie, les honneurs de Rome afin que son beau-père vous conserve intact votre librettiste ordinaire qui est en ce moment assez mal hypothéqué...

.....Quand vous pourrez me donner des nouvelles de Catherine et de ses amoureux, vous me ferez plaisir.

Si mes quatre vers ne vous *bottent* pas (cette expression est de Bossuet), nous en chercherons d'autres.

A vous de tout cœur,

P.-J. BARBIER.

Paris, 31 décembre 1872.

MON VIEUX MARÉCHAL,

Je ne suis qu'un indifférent de ne pas t'avoir écrit depuis ton retour à Rome ; je savais, il est vrai, que tu étais en bonne santé puisque j'ai vu les tiens au commencement du mois, et que ton passage en Allemagne t'avait satisfait.

Maintenant tu as repris tes habitudes de femme de ménage et tu dois jubiler dans ton silence tandis que je jubile dans le mien ; car je suis très content d'avoir quitté le bazar, ne regrettant que votre joyeuse société. Cependant, il me faut bien en faire mon deuil !

Au dîner des nouveaux grands prix, j'en ai vu un qui m'a l'air assez toqué ; il est vrai qu'il était... gai !... et cela se comprend en les circonstances.

Je me suis retrempé en allant au Concert-Pasdeloup, et la musique italienne m'assomme, quand j'y songe, à côté des mélodies de Mozart, etc.

Au Français, j'ai vu *Britannicus* avec Mounet-Sully qui a du tempérament, quoi qu'on en dise, et qui se modifiera avec le temps ; mais le gaillard est taillé pour aller loin !

J'ai trouvé que l'orchestre des *Concerts-Populaires* n'était pas à la hauteur de sa vieille réputation ; les instruments de cuivre ne sont pas brillants, surtout les cors ; je veux me payer un autre concert pour voir la différence.

Mais quelle vie active l'on peut mener ici et comme les journées passent vite !... Je bûche toujours mon concours !...

.....Profite de ta tranquillité pour nous sortir quelque chose de bien senti qui, avec le nom de Barbier, fasse succès comme *les Noces de Jeannette*. C'est là toute l'ambition de ton père...

Où sont nos disputes réciproques dans notre voyage de retour ? Quand les reprendrons-nous ? J'espère que tu ne me gardes pas rancune et que mon tempérament capricieux n'a pas laissé de fâcheuses traces dans le tien !

Fais mes amitiés au corps musical, et tâchez tous de ne pas revenir les mains vides ; je crois que ceux-là s'en mordent les poings !

J'entre vendredi au Conseil des bâtiments civils en qualité d'auditeur. Je vais entendre le langage officiel des anciens et apprendre comment l'on devient un grand homme !

Bonne année et mes meilleurs souhaits.

ALFRED LECLERC.

Peut-être aura-t-on trouvé quelque intérêt aux fragments de lettres cités en cette année 1872; nous la finirons gaiement en répétant avec Serpette que « les orchestres de Milan offrent au moins cet avantage qu'ils permettent seuls d'apprécier les timbales milanaises !... »

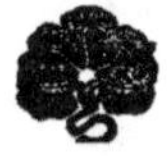

1873

Au tumulte de deux mois de voyage succédait le calme délicieux du logis retrouvé. Je l'avais quitté avec des idées arrêtées que j'y rapportais assez chancelantes; chaque jour, chaque détail de la vie semblant travailler à leur démolition !

Deux semaines passées à Paris m'avaient fait toucher du doigt bien des réalités avec lesquelles il faut toujours compter et dont, peu à peu, j'avais perdu jusqu'à la notion au séjour des bienheureux !

Cet état d'âme n'aurait aucune raison d'être rappelé ici, s'il n'était commun à la plupart des pensionnaires de Rome; de là l'intérêt qu'il peut offrir et que les lettres

qui vont suivre éveilleront sous des signatures fort différentes.

Donc, les idées romaines transplantées à Paris avaient
fait rire plusieurs de mes amis — et ils en avaient tout
lieu ; — d'autres y avaient trouvé prétexte à des discussions dont il étaient bien bons, vraiment, de me
faire la charité.

La jeunesse qu'on raille croit toujours faire acte de
supériorité en se cabrant ; et je n'avais pas échappé à
cette loi commune. Mais voici que, rentré à Rome, seul
dans ma chambre, ces rires, ces controverses passaient
peu à peu dans la voix des roseaux antiques murmu-
rant : « Le roi Midas a des oreilles d'âne ! »

Je m'étais remis à l'ouvrage commencé dont j'entrevoyais la fin prochaine, et qu'aucune considération ne
m'eût fait interrompre. Cependant, autour de moi on
savait que j'avais rapporté un livret de Barbier ; mes
camarades me demandèrent de le leur lire. Eux aussi
furent unanimes à trouver la pièce charmante.

J'étais donc aveugle, sourd, imbécile ?

Un fait bien plus sérieux vint donner une force nouvelle à ce triple doute. L'Institut avait lu mon envoi —
la première partie de l'ouvrage où j'étais attelé — et
l'avait très sévèrement jugé ; je le crois sans peine,
aujourd'hui ! Mais alors, ce fut la révolte, la rage, la
colère ; tout, enfin, plutôt que le repentir !

La douceur d'Hébert, la confiance que j'avais en lui,
l'affection que je lui portais me furent un refuge précieux. Il avait parfaitement compris l'effort que j'avais
tenté dans le premier envoi ; il en aimait l'esprit sinon
la lettre absolue ; enfin, seul, il faisait quelques réserves

sur le livret de Barbier ; nous étions donc accordés à l'unisson.

C'est dans les flaqués d'un tel désarroi d'esprit que je pataugeais, donnant un jour satisfaction à l'opinion la plus générale parmi mes amis, gens de riche culture, de goût, d'esprit ouvert; revenant un autre jour à l'entêtement qui ne trouvait son vague point d'appui que chez Hébert.

Pas une lettre de Paris qui ne me parlât des *Amoureux de Catherine*. Sous les prétextes les plus divers, celles de Barbier y revenaient toujours.

Paris, 15 janvier 1873.

MON CHER AMI,

Il y a longtemps que j'aurais dû vous retourner vos bons souhaits, mais j'ai mis au moins cinq jours à déchiffrer votre lettre. J'y suis enfin parvenu avec l'aide de M. Champollion. Je ne m'en plains pas; cela me donne le plaisir de rester plus longtemps avec un ami.

Je vous remercie donc et de tout cœur de l'accueil que vous avez fait à mon jeune voyageur. Comme un bienfait n'est jamais perdu, vous serez affecté, à votre retour en France, d'une maladie extrêmement dangereuse, et mon ami, son beau-père, vous sauvera comme il m'a sauvé.

En attendant, portez-vous bien, et faites mes compliments aux *Amoureux de Catherine*.

À vous de tout cœur.

P.-J. BARBIER.

De tout cela se dégageait un enseignement qu'il eût été de la dernière sottise de ne pas au moins contrôler. Le lièvre de la fable qui songe en son gîte n'est rien à côté du lapin méditatif que je devins alors !

A mon insu, le travail courant bénéficiait de la douche académique. Je n'en prenais certes pas les conclusions au pied de la lettre, sachant que de tout temps la maîtrise de l'expérience fut en lutte avec l'inexpérience de la maîtrise ; mais à ceux qui auraient tenté de me plaindre en me voyant à ce point malmené, j'aurais répondu comme la femme de Sganarelle : « Si je veux être battue ? »

Sentant que la seconde partie à laquelle j'étais attelé se filtrerait d'elle-même au choc reçu, j'avais hâte de la terminer, de la polir, de l'envoyer à l'Institut et de connaître son jugement avant de mettre en pratique le parti déjà pris de tout recommencer.

Cet échec n'était pas pour faire avancer la question de l'exécution de nos envois ; mais je n'étais pas seul ; mes camarades avaient eu la main plus heureuse, et, fort de cette raison, je n'en continuai pas moins, pour ma part, une campagne d'intérêt général où pourtant, à ce moment, je ne pouvais entrevoir aucun avantage particulier.

Tout cela reliait insensiblement la vie romaine au déclin, à la vie parisienne qui nous attendait. Nous redescendions la côte — après quelle ascension ! — mieux armés sans doute, mais avec la mélancolie d'une étape à jamais parcourue ! Aussi, parmi ceux de mon année, et les quelques-uns des années précédentes encore à Rome, régnait-il comme la vague inquiétude d'un retour bien gros d'inconnu !

Un besoin réciproque d'épanchements suggérait de longues lettres à ceux déjà rentrés à Paris ; à d'autres, partis en d'ultimes voyages. Pour tous, c'était bien le soleil couchant de la jeunesse et l'aurore de la maturité.

C'est avec un vif plaisir que je recevais ces lettres dont tant d'années n'ont pas détruit le parfum. Tout entier au recueillement de la chenille qui se demande de quelle couleur seront ses ailes, je ne répondais guère, ou que fort brièvement, à mes chers correspondants, surtout à ceux de Paris, puisqu'ils ne pouvaient se rendre bien compte du travail qui s'opérait en l'âme de leur ami.

Paris 1er mars 1873.

Mon cher Henri,

Voilà déjà bien longtemps que je veux t'écrire et que je retarde, attendant toujours tel ou tel évènement important que je veux te raconter, et puis l'évènement n'a pas lieu, ou bien il se trouve modifié dans un sens mauvais ou remis à de nouvelles calendes. Moi, du reste, si ce n'est les évènements qui se passent dans ma tête, je simplifie tellement tout que je ne sais plus guère ce qui se passe dans ma vie, et qu'en vérité je n'ai guère à t'en parler. En effet, quand je te dirai que ma farce des *Bicoquet* vient encore de subir un retard par suite du grand succès de Charles Lecocq et que, d'autre part, je suis au moment d'entamer une collaboration avec Labiche, je te demande un peu ce que cela pourra te faire ? Ne sais-tu pas bien que si j'avais à te dire quelque chose de bon, je te l'aurais déjà dit. J'ai donc terminé ; sans compter, mon ami lointain, que je suis toujours malade du mal dont tu m'as connu atteint : l'hypocondrie.

Plains-moi donc ! Ignore ce que c'est par toi-même et parlons d'autre chose. Autre chose, c'est d'abord mieux ; et puis c'est bien, puisque je veux te parler de toi, de qui rien ne me parle depuis déjà si longtemps. Eh bien ! que fais-tu ou que projettes-tu de faire ? On projette de faire sinon toujours plus qu'on ne fera, du moins mieux. Moi, mon ami, j'ai la chance maintenant de finir sans avoir même commencé ; toi de qui je veux que tu me parles, tu as en main tout ce que tu as à faire, et cela, à l'heure qu'il est, on ne te le prendra pas. Malgré les découragements qui te viennent par moment, j'estime que toi, tu as ce grand bonheur de n'avoir pas encore de temps perdu, ou au moins de pouvoir le rattraper. Voyons, où en es-tu, dis, à présent ? Tu as, d'un côté, ce joli poème de Barbier, facile, aimable et d'un placement commode, quand ce serait même pour pouvoir, à ta seconde visite, porter quelque chose de plus élevé que tu auras le temps de changer en une œuvre d'ici là où tu pourras, cette fois, mettre la marque de ton cœur.

Je ne puis te parler ainsi dans l'inconnu sans savoir ce que tu penses. Si le long temps que j'ai tardé à t'écrire me vaut pour châtiment de ne plus savoir le fond général de tes idées, je le regrette bien, et quoique tu doives me pardonner, sachant qu'il est trop facile de retarder à Paris et que tu aurais dû attendre et me pardonner cela, tu me forces à te demander s'il n'est pas vrai que tu as quelque raison pour me cacher un peu ton travail de ce moment. Parle-m'en donc, j'en ai hâte. Ne crains pas de me donner beaucoup à comprendre. D'ailleurs, nous avions commencé, et puis, quand le métier est dépassé il y a l'art...

Dis-moi seulement où tu en es, je te suivrai. Dis-moi aussi, surtout, si tu as retiré quelque bénéfice de ton voyage à Paris ; si tes études sur Wagner ont souffert ou bien profité de ton passage dans l'éclectisme de notre capitale ; et si, depuis, tu t'es trouvé à même d'autres études meilleures, te faisant approcher de quelque conclusion ou au moins de quelque étage où des hommes de valeur se soient reposés et arrêtés. Dis-moi cela et bien plus si tu peux.

Je ne t'écris pas aussi souvent que je le voudrais sans doute ; mais dis-moi dans quel inconnu je pourrais t'écrire ; apprends-moi surtout si tu es content ; tu feras plaisir à une famille ici qui t'aime comme la tienne et t'embrasse avec moi.

ED. PLOUVIER.

Ce fut là la dernière lettre de Plouvier écrite de sa main ; elle montre déjà une altération de l'écriture d'autant plus sensible que celle-ci était à l'ordinaire d'une fermeté remarquable.

. . . .

Si la sérénité romaine nous masquait encore les soucis du retour, quelques lettres venaient parfois nous arracher tout de même à l'obstination du rêve.

Alfred Leclerc, l'architecte au rouleau, homme pratique s'il en fut jamais, nous donnait un avant-goût de la vie parisienne que bien peu parmi nous avaient hâte de retrouver.

Le signataire y faisait allusion aux détails du concours auquel — on se le rappelle — il s'était présenté en vue de la reconstruction de l'Hôtel de Ville.

Paris, 18 mars 1873.

Mon cher Maréchal,

Il faut toujours des lunettes bleues pour déchiffrer les hiéroglyphes plus ou moins accusés que tu envoies à tes amis ; ce n'est pas que la forme en soit douteuse ni que l'esprit qui les dicte soit banal ; bien au contraire ; mais soumettre ses amis à une aussi dure épreuve et leur faire cuire les yeux pour comprendre ta pensée, c'est un supplice chinois assez réussi, mais que tu devrais bien leur épargner en prenant quelques cachets chez le Favarger[1] de Rome qui redressera tes erreurs de jeunesse.

A part cela, grand merci de cœur pour ta bonne intention, mais hélas ! le petit succès n'a pas continué et après m'être trouvé dans les premiers, je crois que, avec quelques séances de plus, le jury m'aurait peut-être mis à la porte !

1. Maître d'écriture alors réputé à Paris.

Cela tient aux influences réciproques inévitables dans un jury aussi nombreux.

Le parti conservateur a triomphé sur toute la ligne; et comme mon projet était tant soit peu radical, surtout auprès de ces messieurs, je n'ai pas captivé longtemps leurs meilleurs suffrages. Enfin, je suis dans les vingt. Je vais toucher j'espère, mes deux mille cinq cents francs, et suis encore bien heureux quand je vois tant d'hommes de talent qui n'ont même pas été classés.

On peut dire, au bout du compte, que pas un projet n'était complet; et le premier, c'est-à-dire celui de Ballu, aura besoin de modifications et d'améliorations pour arriver à un résultat sérieux.

Davioud a passé troisième, Baltard, n'eût été par égard pour sa réputation, n'aurait peut-être pas été placé dans les vingt.

Enfin, tout cela prouve que les conditions de ce concours étaient insurmontables et que le talent d'artistes de valeur s'est heurté contre toutes les difficultés sans pouvoir les vaincre.

Il faut l'avouer, les jeunes pensionnaires ont tous été au-dessous de leur valeur et de ce qu'on était en droit d'attendre de leurs travaux.

Malgré cela, c'est encore cette fois un ancien grand prix qui a remporté la palme et vous pouvez mettre une couronne au portrait de Ballu. Il est autrement difficile de réussir dans un semblable concours que de remporter toutes les médailles du Salon. Il faut y passer pour s'en douter.

Depuis le 1er janvier, je cumule deux dignités (auditeur et inspecteur des bâtiments civils). Ça me rapporte trois mille six cents francs. C'est toujours ça, en attendant mieux. Pour ta rentrée, mon cher vieux, je t'en souhaite autant.

Je suis attaché en ce moment à l'École polytechnique, où l'on construit un musée et des laboratoires. Ce n'est pas follement intéressant; mais par le temps qui court...

Parlons un peu de toi. Qu'est devenu ce livret que tu as

emporté à Rome et que tu devais transformer en opéra ? Tu
ne m'en parles pas, et ton *bibelot* paraît être ta seule préoc-
cupation. Songe au sérieux : tu n'as plus vingt ans !... et ne
laisse pas à tes amis le triste spectacle de ta calvitie, de tes
dents postiches, sans leur avoir au moins donné la joie
d'être allé t'applaudir dans un capharnaüm quelconque avec
accompagnement de pommes cuites !

Je vois que pour le jour de l'an nous pourrons dîner
ensemble en devisant comme par le passé.

Je fais des vœux pour ton heureuse excursion à Venise,
Vienne et l'Allemagne ; je te recommande les trains à ma
manière ; il n'y a que cela pour être à la hauteur de son
siècle.

Je suis toujours enchanté de mon retour. Je désire seulement vieillir, parce qu'il faut l'avouer, malheureusement,
ce n'est qu'avec quelques cheveux blancs qu'on captive
l'attention et qu'on arrive à une position solide.

Sur ce, bonnes inspirations, bonne santé et réussite.

Ton dévoué de cœur,

ALFRED LECLERC.

Mais si du côté de Paris s'annonçait l'ère assez mélancolique des choses positives, par d'autres lettres,
quelques camarades en voyage venaient effacer en de
lumineux traits de plume les ombres d'un adieu qui se
faisait proche.

Athènes, 28 mars 1873.

MON CHER MARÉCHAL,

Je pense que Lafrance, s'il ne t'a pas communiqué entièrement ma lettre de la semaine dernière, t'en a du moins
parlé, et que tu te trouves ainsi au courant de mes premières
impressions. Aujourd'hui comme il y a dix jours, je trouve
que l'Acropole est le rocher escarpé où habite la perfection ;
que la plaine de l'Attique est superbe et son ciel incompa-

rable ; à part cela, rien que je préfère à Rome et à l'Italie.
Du reste, depuis ma lettre à Lafrance, mes impressions ont
roulé toujours à peu près dans le même cercle : nous ne
sommes pas sortis d'Athènes. Puis, le vilain temps est venu
se mettre en travers ; enfin, ce matin nous avons pu, tant
bien que mal, reprendre notre régime ordinaire du Parthé-
non et de l'Erechthéion et nous pensons pouvoir nous
mettre en route lundi matin pour une tournée de quelques
jours dans le Péloponèse. J'ai profité de cette demi-réclu-
sion forcée pour écrire un peu, lire beaucoup, voir quelques
collections particulières d'antiquités grecques et faire quelques visites.

Nos camarades sont trois présents à l'école en ce moment ;
entre autres notre ami Édouard Ruel. Les trois présents sont
à peu près brouillés avec leur directeur ; cependant, depuis
notre arrivée, une espèce de rapprochement a eu lieu, et
sauf Ruel qui tient bon, ils sont venus dîner chez M. Bur-
nouf le premier dimanche. Ils *foulent aux pieds* les règle-
ments, et souvent invitent leurs amis à dîner ; les amis
leur rendent la politesse ; échange de bons procédés auxquels
je dois le piano sur lequel je joue de temps en temps avec
précaution. C'est un ingénieur français qui me l'a prêté :
on l'a installé dans une des pièces de la Bibliothèque qui est
pour les Athéniens ce qu'est notre Salon de Rome, et après
déjeuner, je fais retentir de quelques mesures de Gluck
ou de Beethoven ces voûtes littéraires ou archéologiques
qui ne sont guère habituées à de tels accents : pourvu qu'il
n'y ait pas de *mi* naturel toutefois, car cette note-là n'existe
pas sur mon chaudron.

... Je t'ai dit que je lisais beaucoup. J'ai trouvé ici un
recueil littéraire des chants populaires modernes de la
Grèce : il y a là-dedans des choses superbes, dont quelques-
unes très musicales, et peut-être ferai-je de la musique
dessus.

En attendant, mon cher ami, je te dirai, entre nous, qu'il
n'y a rien de tel que notre Académie : je ne suis pas sus-
pect, j'espère, d'avoir méconnu cette idée ; mais j'en suis

plus convaincu encore depuis que je connais une institution organisée à peu près de la même manière et qui est loin pourtant d'en présenter les avantages et le charme. Demande plutôt à Ruel, qui passe ses journées à gémir et qui ne souhaite rien tant que de revenir à la Villa Médicis.

J'ai retrouvé ton médaillon dans sa chambre, à côté de la photographie du *Saint-Edmond* de Merson : parfum romain.

Nous l'emmènerons avec nous, le brave Athénien, à Constantinople ; peut-être l'entraînerons-nous jusqu'en Italie, mais cela dépend du mémoire qu'il a à faire comme envoi. En tout cas, s'il ne l'a pas fini, ce ne sera pas de notre faute, car nous l'encourageons de notre mieux et nous lui faisons même faire de salutaires tournées archéologiques qui sont de nature à lui fournir d'excellents éléments de travail !

Là-dessus, bonsoir, mon vieux ; à cette heure-ci, tu es sans doute en train d'avaler les derniers volumes de Lesueur, ou d'écrire une clarinette basse au cortège de l'*Ange rebelle* !

Je t'embrasse cordialement.

Bien des choses à Serpette, s'il est revenu !... Bien des amitiés àMachard en lui recommandant de ne pas abuser de l'*ut* de poitrine et de soigner les croches pointées dans le *Six-huit* ; à Lafrance et au petit *Saint-Jean* qui doit être bientôt fini ; à Blanchard, à Scellier, à *tutti-quanti* enfin que j'espère bien retrouver soit à Naples, soit à Rome, vers le 20 mai...

Dutert t'écrira prochainement.

Bien entendu, j'écrirai encore, peut-être pas d'Athènes, mais de Constantinople. Bien entendu aussi, je trouverai des lettres soit le 1er mai à Palerme, soit le 15, à Naples, qui me mettront au courant des voyages. Ici, au point de vue des lettres, ce n'est pas un pays : les lettres écrites le 13 à Paris arrivent le 25 à Athènes ! Des retards à chaque instant, des irrégularités : je cherche à ne plus penser à en recevoir, mais j'avoue que c'est difficile.

Au revoir, mon cher ami, travaille bien et porte-toi
bien.

Ch. Lefebvre.

Le nom d'Édouard Ruel, relevé dans cette lettre,
figure ici pour la première fois. C'était un pensionnaire
de l'École d'Athènes qui fit parmi nous, à Rome, plusieurs séjours assez prolongés. Avec un caractère très
curieux d'indécis, ce séduisant ami possédait une des
natures les plus exquises qui se puissent rencontrer. Il
a passé sa vie à peser le pour et le contre de ses projets ; et, bien que fort érudit, d'une sensibilité extrême,
d'une finesse d'observation grande, possédant enfin les
délicieuses qualités d'une âme plutôt féminine, son jardin serait resté totalement stérile si de pieuses amitiés
n'avaient réuni en un fort volume un ouvrage aussi
curieux par sa conception que par son unité même :
Du sentiment artistique dans la morale de Montaigne,
avec une préface de M. Émile Faguet.

Toute la nature d'Edouard Ruel se retrouve en ce
livre de gros labeur où, sous une floraison un peu
touffue, apparaît fréquemment le fruit savoureux d'une
haute pensée toujours enfermée en une langue ferme
et sûre.

Edouard Ruel fut chargé d'un cours de littérature à
l'École des Beaux-Arts et s'y montra ce qu'il était :
esprit d'une rare délicatesse et d'une attachante distinction qui, de ceux qui l'approchèrent, ne lui fit que
des amis.

. . . .

Au commencement de mai, la besogne entreprise

depuis bientôt dix-huit mois touchait à sa fin ; et ma joie eût été complète sans ces maudits départs de nos camarades et le cortège des réflexions à la fois comiques et navrantes qui les accompagnait.

C'étaient les créateurs, comme on dit au théâtre, de la féerie de l'arrivée ; d'autres acteurs les remplaçaient dont plusieurs aussi devinrent de fidèles amis, d'ailleurs. Mais, à l'ordinaire, lorsque le spectateur a vu bien jouer un rôle, il lui faut un certain effort pour applaudir les artistes qui le reprennent. Ce n'est même pas une question de comparaison, c'est quelque chose comme une épreuve photographique pour laquelle on se refuserait à toute retouche.

Parmi les partants, ce fut d'abord le sculpteur Tony Noël, d'un talent délicat, qui devait exécuter de remarquables travaux au cours de sa carrière, entre autres un charmant buste d'Hébert ; une *Fuite en Égypte* d'une grâce naïve et d'un esprit délicieux ; un monument à la mémoire de Roméo et Juliette, un *Rétiaire* qu'on peut admirer à Paris, dans le square du Temple, le buste du baron Taylor dominant le petit monument élevé à sa mémoire, boulevard Saint-Denis, etc.

Puis ce fut le tour de Blanchard, de mon cher Blanchard que je ne tardai pas à retrouver à Paris et avec qui j'eus la joie d'entretenir les relations les plus étroites jusqu'à sa mort si prématurée survenue dès 1879 !

Ah ! ces départs, cette conduite, ce sentiment chez celui qui s'en va que c'est bien fini ; ce sifflet de locomotive, ce train se perdant au loin et ce retour à l'Académie avec des simili-gaîtés en carton !

Vers le milieu de mai, j'avais enfin écrit le mot :
Fin !

Les voyageurs d'Athènes revenaient par la Sicile et
faisaient escale à Naples. Il était bien tentant d'aller
les retrouver pour joindre au leur un dernier adieu à
Pompéi !

Palerme, 9 mai 1873.

« *O beauté qu'on outrage !* » (*Vêpres siciliennes.*)

ACTE III.

. . . . . . Et puis, vous m'impatientez, tous tant que
vous êtes, avec vos « désenchantements », sac à papier !
Je ne suis pas, je n'ai pas été désenchanté : au contraire,
je suis très satisfait de mon voyage ! mais voilà, parce que je
cherche à voir juste, à ne pas me monter la tête, à ne pas
crier de parti pris que tout ce que je vois est admirable,
parce que j'ai le malheur de faire quelques réserves, tout
de suite le grand mot « désillusion !... fftt, fftt, fftt !... »
Nous recauserons de tout cela bientôt, mon vieux, à
Sainte-Lucie ou à la Mergellina en vidant un verre de Capri
bianco o rosso, car tu vas venir nous rejoindre à Naples,
n'est-ce pas ? Nous y arriverons le 16 ou le 19 par le bateau
italien venant de Messine.

Quelques jours à Naples et à Pompéi, tournée à Pœstum,
voilà nos projets ; et par conséquent, rentrée à l'Académie
vers le 25. « *Mi balza il cuore di piacer !* » à la pensée de
franchir ce seuil aimé — mon Dieu, que ce sera donc drôle
de rejouer du piano !.. Allons, bonsoir, cher ami : n'oublie
pas de dièses, soigne les « *poco sf* > » c'est une nuance
capitale !

A bientôt, que ce soit à Naples ou à Rome. Ecris poste
restante, si tu viens. Amitiés à tous, et gardes-en une bonne
part pour toi.

CH. LEFEBVRE.

En somme, j'étais en règle : j'avais remis à Hébert
mon second envoi, l'intermède et la deuxième partie
de ma partition ! Or, avant d'engager l'entretien avec
Mme Catherine, qui dormait depuis six mois dans mon
tiroir, il était prudent de lui épargner les relents abandonnés par messieurs les anges sur leur nimbe d'or !
Autrement dit, avant de s'engager en un ordre d'idées
si différent — écrire un opéra-comique — un entr'acte
d'une semaine s'imposait.

Les voyageurs pour Naples, en voiture !

La veille de mon départ, je déjeunais chez Hébert
dont le mandat était expiré depuis le 31 décembre précédent et qui — on le reconnaîtra à ce trait — ne se
pressait pas plus de quitter l'Académie que, d'ailleurs,
son successeur d'y arriver.

Ce successeur était le peintre Lenepveu, auteur du
plafond de la salle de l'Opéra.

Pendant ce déjeuner, où nous n'étions que nous
deux, Hébert, pour la vingtième fois, m'avait fait part
du déplaisir qu'il éprouvait à livrer la place ! Il se sentait d'autant plus serré de près ce jour-là qu'une lettre
de Lenepveu, reç 1e le matin, l'avisait de sa visite pour le
jour même.

En effet, au dessert, il se fit annoncer ; sur le visage
d'Hébert une lippe avec une grimace orchestrèrent
cette annonce. Le délinquant fut introduit et l'entrevue
devint fort drôle. Lequel des deux recevait l'autre ?

Hébert me présenta : un vague salut répondit à la
précision du mien ; puis Hébert assura à son successeur
que, « sous peu de jours », il serait parti, tandis que,
de son côté, Lenepveu, devant ce « sous peu de jours »,

annonça qu'il allait faire quelques excursions aux environs.

Il me sembla que ces deux augustes n'avaient que
faire de la présence d'un tiers ; et je pris congé, les
laissant deviser ensemble sur l'art de conjuguer le
verbe : « Diriger une jeunesse turbulente qui ne rate pas
une occasion de blaguer son directeur. »

Mon compagnon de route était le graveur Achille
Jacquet.

Esprit froid, de logique serrée, assez réservé, souple
en même temps, Jacquet eut une brillante carrière que
lui valut et son grand talent et son habileté à se diriger
dans la vie. Jeune encore, il fut élu membre de l'Institut (Académie des Beaux-Arts) et laissa de nombreux et
remarquables travaux.

Deux ou trois jours après notre installation à Naples,
la *padrona di casa* nous annonça que le Directeur de
l'Académie de France à Rome habitait dans le même
appartement, une des chambres voisine des nôtres.

Le Directeur de l'Académie ?... Hébert ?... Nous le
quittions !... C'était « M. Lenévou », précisa la *padrona*.

Le hasard venant ainsi nous rappeler que nous étions
hommes du monde — nous l'avions un peu oublié ! —
je fus d'avis d'aller présenter nos devoirs au nouveau
directeur. Jacquet fut d'un avis contraire. A nous deux
seuls, déjà ! nous représentions l'esprit de toutes les
Commissions auxquelles l'avenir nous destinait !

— Alors, c'est une visite que tu veux faire ? disait
Jacquet. Ah ! zut ! nous ne le connaissons pas ! Hébert
ne nous l'a pas présenté ; et, jusque-là notre directeur
c'est Hébert.

Mon irrésistible éloquence l'emporta cependant ; nous fîmes passer nos cartes et Lenepveu nous reçut.

Un sourire un peu contraint accueillit les premiers compliments ; puis, brusquement, le sourire disparut, les sourcils se froncèrent et, sur un ton un peu sévère, notre hôte nous interpella en réalité :

— Messieurs, je suis surpris de vous rencontrer à Naples, au mois de mai ! Et vos envois? Sont-ils exécutés?...

Un peu interloqués par cet accueil dépourvu de tact, nous répondîmes affirmativement, ajoutant que nous avions quitté Rome avec l'agrément de *notre Directeur*, *M. Hébert !* Vlan !

Jacquet triomphait ! En sortant de chez Lenepveu, il ne manqua pas de m'écraser de sa logique habituelle :

— La-a-a... Tu l'as voulu !... C'était bien la peine de mettre un faux col pour être reçu de la sorte !...

L'incident n'a été rappelé ici que parce qu'il résume tout l'esprit de la direction de Lenepveu à l'Académie de France à Rome.

Ce n'était, certes, ni un homme dur, ni un administrateur inintelligent — bien que cette dernière prodigalité de la nature se rencontre, parfois, chez les plus grands artistes — mais il était timide, sans grande indépendance d'esprit ; et, chargé de faire respecter un règlement, il n'y dépensa ni la souplesse, ni la largeur d'interprétation d'Hébert ; aussi, dans son désir de bien faire, l'application un peu sèche de la lettre ne fit-elle que trop rarement place à son esprit.

Ceci valut au nouveau directeur bien des mécomptes et, pour les pensionnaires qui vinrent après nous, pas mal d'inutiles froissements.

Mais, le caractère de l'homme bien reconnu ce fut, comme on pouvait s'y attendre, du côté de la comédie que se tournèrent les esprits. Les charges qu'on lui fit furent nombreuses ; leur excuse était d'apporter un peu de gaîté dans une maison devenue lamentablement triste depuis son arrivée.

L'une de ces charges atteignit même à des proportions colossales !

Depuis quelque temps on parlait, à Rome, de modifier la promenade du Pincio et d'entamer un peu les jardins de l'Académie pour y faire passer une allée carrossable. Tout cela était fort vague, gros de complications administratives, et n'avait, en somme, d'autre valeur que celle de propos en l'air.

Un jour, on vint annoncer à Lenepveu qu'on rencontrait parmi les visiteurs de la Villa des gens faisant mine de prendre des mesures, des points de repère... ; et l'on rattacha le projet chimérique à ces visiteurs fantômes !

Lenepveu haussa les épaules ; mais la graine était semée et... germa ! Plusieurs jours après, un matin, on trouva sur quelques arbres du jardin des lignes peintes en rouge avec des cotes : 26 + 14 ; 17 = 4 ; etc. Enfin, des fiches de bois portant à leur sommet des papiers couverts de signes particuliers ; en un mot, tout l'appareil consacré d'un projet de tracé.

En présence de ces témoins évidents d'une escalade nocturne (!), d'une violation de domicile (!!), Lenepveu s'en fut conter l'affaire à l'ambassadeur de France ; celui-ci parut fort surpris et dépêcha un attaché pour vérifier le fait.

Ne pouvant s'expliquer de semblables procédés, l'ambassadeur alla demander des éclaircissements au ministre italien des Affaires étrangères. Le ministre, non moins interloqué, promit d'entretenir de l'incident son collègue de l'Intérieur.

Ce second ministre, fort surpris d'abord, ne fut pas long cependant à comprendre que de tels actes relevant de son administration, qu'aucun ordre n'ayant été donné, qu'aucune négociation préalable n'ayant été entamée avec le gouvernement français, il ne pouvait y avoir là-dessous qu'une mystification ; et en homme d'esprit, le ministre de l'Intérieur fit partager son hilarité à son collègue des Affaires étrangères, qui la communiqua à l'ambassadeur.

On ne sait pas bien si celui-ci parvint à la repasser à son tour au directeur de l'Académie ; mais tout cela finit par un éclat de rire général et la comédie s'acheva gaiement, c'était l'essentiel !

Quels étaient les auteurs de cette farce ? On s'en doutait bien un peu ; mais quand la pièce est jouée, acteurs et spectateurs reprennent leur canne et leur chapeau...

. . . .

Au sujet de ce voyage à Naples, il n'y a pas lieu d'entrer dans des détails ailleurs contés[1]. Nous étions assez nombreux, grâce au retour de la caravane orientale et à la présence de quelques Athéniens. Ceux-ci nous faisaient largesse de conférences archéologiques du plus vif intérêt. C'était un incessant échange d'im-

1. *Rome*, Souvenirs d'un musicien (Hachette, édit.).

pressions vives, opposées, selon le point de vue particulier à chaque tempérament, à chaque culture d'art ; et c'est bien en des réunions de cette nature que se résume le bienfait du séjour en Italie pour de jeunes artistes.

Au milieu de tout cela, assez semblable à une pierre dans la vitre, nous arrivait parfois une lettre rappelant que tout là-bas, au Nord, il était un endroit assez fréquenté nommé « boulevard » en une ville appelée « Paris ».

Un jour, Ulmann, qui y était rentré pour raisons de santé et y travaillait activement, joua le rôle de la pierre au milieu de notre archéologie !

Paris, 16 mai 1873.

Mon cher Ami,

. . . . Mon envoi avance et je compte toujours l'avoir terminé dans le courant de juin.

..... J'ai vu Blanchard. Il va très bien, comme moi d'ailleurs.

..... Le Salon est ouvert ; je n'y suis encore allé qu'une fois en courant. Si l'exposition avait lieu le soir, on m'y verrait plus souvent !

..... Rien de bien nouveau ici. Le ballet de Guiraud à l'Opéra, *Gretna-Green*, a des détails de musique ravissants, mais le tout est un peu gris ; la mise en scène surtout. Ce ne sera donc pas un grand succès.

Demain, à l'Opéra-Comique, première représentation de *le Roi l'a dit*, de Gondinet et Léo Délibes.

On en dit jusqu'à présent beaucoup de bien.

Je termine en te demandant une vraie lettre, prochaine, qui me donne de longs détails et de longues nouvelles de vous tous que j'aime.

Tout à toi de cœur,

E. Ulmann

Rentré à Rome dans les derniers jours de mai, il fallut, non sans efforts, se plonger en des idées fort différentes, relire quelques romans d'Erckmann-Chatrian et surtout les chefs-d'œuvre de l'Opéra-Comique, volontairement écartés pendant tant de mois.

Savonarole eût bien mieux fait mon affaire ; mais comme les choses nous dirigent bien plus que nous ne les dirigeons, c'est Mme Catherine qui, l'emportant, dictait le mariage de raison.

*
* *

« Relire, dit l'étude déjà citée de Victor Massé sur Auber, est lire autrement qu'on a lu » Et je m'en aperçus bien devant les trois chefs-d'œuvre que j'avais choisis pour me conseiller en cette nouvelle besogne : *la Dame Blanche* où Boieldieu officie dans la dalmatique de Mozart ; *Fra Diavolo* où Rossini perce sous Auber ; *le Pré aux Clercs* où le génie d'Hérold masque incomplètement le long nez de Weber !

Au bout de huit à dix jours, je *découvrais* que ces gens-là étaient décidément très bien. J'en fis part à Hébert, qui ayant transmis ses pouvoirs à Lenepveu, vivait avec nous en camarade. Hébert approuva ; non pas qu'il fût grand enthousiaste du genre — Gounod l'ayant déjà définitivement accaparé — mais, avec l'expérience, il avait acquis le respect même de ce qu'il n'aimait pas.

Dans les inutiles batailles d'Écoles, les antipathies naissent souvent de l'ignorance que les uns ont des autres ; si l'on parvenait à se connaître un peu mieux,

les barrières tomberaient peut-être sous le fou rire des
adversaires, parfois ! Que diable ! il faut savoir se
tolérer !

Un jour, à l'Opéra, un jeune musicien de valeur
éprouvée fut amené par circonstance à diriger les répé-
tions de *Guillaume Tell*. Le second acte parut l'intéresser ; il le déclara même fort bien ! Il ne l'avait jamais
lu et avait toujours évité de l'entendre.

Il n'y en a pas plus au fond de bien des malentendus.

De ces anciennes études retour d'exil se dégageait
le sentiment que le séjour de Rome était parfaitement
antipathique à la formule si française de l'Opéra-
Comique. Même en s'isolant, dès lors, avec les maîtres
du genre, il était difficile d'échapper à l'ambiance, à
l'enthousiasme des nouveaux arrivants dont la fraîcheur d'impressions venait raviver celles dont on s'effor-
çait de se détacher... pour un temps !

Comment, déguisé en alsacien, lutter victorieusement
contre des lettres comme celle-ci :

Assise, juin 1873.

J'ai l'honneur de t'annoncer mon arrivée en la *città* d'Assise et l'*Albergo del Leone*. J'ai manqué mourir de chaleur
en chemin de fer, mais tout est oublié. Je suis heureux
comme un mystique dans un bénitier. Que je plains les
pompiers comme toi, qui s'arrêtent ici, leur Du Pays en
main, courent à l'église de Saint-François, la traversent au
galop, et repartent le soir. C'est une ville à savourer lentement et en rêveur. Je voudrais pouvoir y passer un mois.
Qu'elle est charmante, huchée sur le flanc de la montagne,
avec ses maisons en étage se haussant toutes l'une au-
dessus de l'autre comme pour contempler à leur pied la
grande plaine tout éclatante de soleil.

Et quel plaisir que de flâner par les rues, de trouver ici une échappée sur la campagne, là une vieille madone qui, bien des fois restaurée, a dû naissance à quelque vieil artiste.

Je me sens, par moments, ivre de lumière. Comme je comprends bien l'hymne de saint François : « Mon frère le soleil... » Voilà le vrai mysticisme, celui qui ne s'enferme point, comme en Allemagne, dans des rêves fantasques et absurdes, mais qui, comme une fleur, s'épanouit en pleine nature. Bon soleil ! Il s'est souvenu de son ami ; il s'arrête avec amour autour de son tombeau et laisse sur chaque mur de l'église son reflet d'un brun doré. J'y vais en pèlerinage ; j'entre au hasard ; je me laisse errer ; je regarde et je songe. Je pense à ceux qui ont vécu dans ces siècles de foi naïve et ardente. Devait-il être heureux l'artiste qui, pendant de longues années, s'enfermait ainsi dans une chapelle, isolé du monde, vivant de son sentiment, couvrant tout, voûtes, parois avec de beaux saints et de belles madones, à la figure douce, aimante, contemplative, aux nobles draperies.

Ce bon saint François, cette charmante sainte Claire, je les aime comme si je les avais connus, je me promène avec eux, et j'en arrive à penser comme eux.

Pas un seul Français ! Mais je baragouine italien avec des Espagnols, des Péruviens, etc. Ce soir, après avoir fumé ma pipe, mollement étendu sur le pré devant l'église, je m'en allais tout doucement en regardant le soleil se coucher derrière les monts de Pérouse. Deux braves peintres autrichiens m'ont appelé. Nous avons causé de l'Académie, de son exposition de cette année, de Merson qu'ils admirent...

...J'ai presque envie de m'établir à Assise. Viens donc m'y retrouver ; nous rêvasserons de compagnie ; tu trouveras quelque mélodie superbe, mélancolique et lumineuse, empreinte de cette demi-monotonie qui rend si belles les fresques de Giotto.

Quand je pense que je suis venu ici avec un semblant d'intention d'écrire quelque chose sur Assise ! Je me dis toujours : « Ce soir ». Et, le soir venu, je me couche et je remets au lendemain.

A quoi bon écrire? Ces choses-là n'existent que pour ceux qui les voient et les sentent ; pourquoi les profaner par des phrases ? La page la meilleure vaudra-t-elle jamais une impression sincère ?

Je te remercie de ta lettre que j'attendais. Bonjour à tous. A toi de tout cœur. Ecris-moi, n'est-ce pas ?

CHARLES BAYET.

L'auteur de cette jolie lettre apparaît ici pour la première fois. Nous le retrouverons, soit avec d'autres lettres de lui, soit en celles de personnalités déjà familières au lecteur. On y rencontrera toujours un fidèle écho de la sympathie profonde qu'éveilla parmi nous son charmant esprit ; de la suprématie qu'il avait su nous imposer par son érudition affable, dépourvue de toute pédanterie ; de la finesse, enfin, de son jugement en maintes questions d'art qu'il devait, au cours de la vie, traiter avec la tenue littéraire que commandent de hautes questions, mais sous laquelle on retrouve toujours aussi la bonhomie native d'un esprit simple et droit que les plus importantes fonctions n'ont heureusement pu faire dévier.

Charles Bayet, en effet, ancien élève de l'École normale — venu d'abord à Rome en mission — après avoir fait partie de l'École d'Athènes, fut successivement nommé professeur d'Histoire du Moyen-Age et d'Histoire de l'art à l'Université de Lyon ; puis recteur de l'Académie de Lille ; enfin Directeur de l'Enseignement supérieur au Ministère de l'Instruction publique.

Il faut rappeler aussi que ses ouvrages : *Mission en*

Macédoine et au mont Athos, en collaboration avec
l'abbé Duchesne ; *Recherches sur la peinture et la sculpture chrétiennes en Orient, avant les iconoclastes ;
L'art byzantin , Précis de l'histoire de l'art ; Giotto ;*
Collaboration à l'*Histoire de France* de Lavisse, etc.,
valurent à Charles Bayet des attaches à l'Institut ainsi
qu'au Conseil d'État.

Malgré tant de titres qui, même moins brillants, grisèrent assez vite quelques-uns de ses anciens ou de ses
contemporains, Charles Bayet resta l'Athénien de 1872,
remplissant scrupuleusement ses devoirs universitaires, mais, encore une fois, en en masquant l'austérité par le don précieux d'une jeunesse d'esprit que
sut lui garder un commerce constant et familier avec
les plus grands artistes.

D'où il suit que la personnalité de Charles Bayet
montra la fusion d'un universitaire et d'un artiste : le
premier, tempérant les enthousiasmes du second ;
celui-ci, rendant aimable la science elle-même, à l'ordinaire plutôt grave !...

Mais au lendemain de ces lettres sur saint François
d'Assise, ou sur d'aussi pieux sujets, le diable, fort
mécontent sans doute, en suggérait d'autres qui sonnaient une cloche fort différente !

Aulnay, 5 juin 1873.

MON CHER AMI,

Ouf !... C'est à quatre heures du matin que je vous écris,
épuisé par dix lettres que je viens de griffonner avant la
vôtre, et dont la moitié traite d'affaires où le cœur n'est
pour rien, je vous assure ; soyez donc indulgent et pour
mon laconisme et pour mon ahurissement.

Tout cela ne m'empêche pas d'avoir bien du plaisir à recevoir vos lettres à vous, heureux homme, qui n'avez qu'à songer aux *Amoureux de Catherine*, sous un beau ciel et loin des soucis de la vie. Vienne l'automne, et je serai ravi de vous revoir, mais non pour vous qui regretterez plus d'une fois ce temps de repos fécond et de poétique insouciance !...

Mais quoi ! on ne peut pas toujours vivre dans la contemplation ; et puisqu'il faut tôt ou tard aborder la lutte, autant y entrer tête baissée, résolument et le plus tôt possible. Revenez-nous donc avec un chef-d'œuvre qui sera tel si vous le cherchez surtout dans votre cœur !

Merci de vos compliments pour.....; pièce aimable, charmante partition ; neuf représentations dans une cave humide, et quelque chose comme trente ou quarante francs de droits d'auteur : voilà le bilan d'un succès dans ce théâtre. Je ne vous en souhaite pas de semblables !

Voyez si je suis ahuri !... Il me prend un scrupule; je parcours votre lettre, et je m'aperçois que ce n'est pas vous qui m'avez parlé de ma pièce ! Je deviens complètement idiot ! Enfin, n'importe !... vous voulez de mes nouvelles, en voilà !...

Je prendrai ma revanche, je l'espère avec *Jeanne d'Arc*. Gounod est en train de faire sur mon drame une admirable partition.

Nous passerons vers la fin d'octobre, et j'aime à croire que la pièce vivra assez pour vous faire bon accueil au retour.

Nous sommes à Aulnay, le jour se lève, les oiseaux font tapage, l'air est frais, ma lampe n'a plus d'huile et s'éteint; je vais me mettre au lit et je vous serre cordialement la main.

P.-J. Barbier.

Qu'il est curieux de tenter de se battre avec une épée et de s'apercevoir que la destinée y avait substitué une aiguille !

Paris, toujours Paris, l'emportait parmi les lettres reçues ; c'était la pieuvre allongeant ses tentacules jusque sur les derniers retardataires.

Aulnay, 22 juin 1873.

CHER AMI,

Vous êtes bien aimable de m'écrire de si gracieuses lettres, car les miennes sont maussades et écrites à la diable ! Il est vrai que vous êtes à Rome, ou à Naples, ou à Venise, libre comme l'oiseau, enivré de soleil et d'art ; tandis que moi, je suis à Paris ou aux environs, attelé à d'atroces besognes !..... Cela explique jusqu'à un certain point, n'est-ce pas, les différences de notre style épistolaire. J'ai pourtant un grand fonds de philosophie !

Vous me demandez des nouvelles de l'affaire X ; hélas ! Seigneur ! c'est comme si vous me demandiez des nouvelles du naufrage de *la Méduse ! La Méduse* est au fond de la mer, et le diable ne l'en retirera pas.

L'important, voyez-vous, c'est de ne pas perdre son temps à déplorer ses désastres et de se mettre courageusement à la construction d'un nouveau navire.

J'ai toute une flottille sur le chantier ; vaisseaux de haut-bord, frégates, goélettes, bricks, côtres et simples chaloupes. J'espère que le pavillon de *Catherine* et de ses amoureux y tiendra glorieusement sa place ; mais Dieu sait quand tout cela prendra la mer !

On me sonne pour déjeuner !.....

Adieu donc, cher ami ; donnez-moi de temps à autre signe de vie ; cela me fait toujours grand plaisir.

Je vous serre bien cordialement la main.

P.-J. BARBIER.

Paris, 23 juin 1873.

MON CHER MARÉCHAL,

M'auras-tu assez classé au rang des indifférents, depuis le temps que tu devrais avoir de mes nouvelles ! Je n'ai pour excuse ni un voyage à Naples, ni même à Batignolles ; mon envoi, seul, est l'unique prétexte.

Ah ! si tu crois qu'il n'y a au monde qu'un oratorio qui soit long ; si tu crois que l'orchestration, la copie, la recopie, même les dièses oubliés soient des détails qui allongent ; si tu crois en un mot que vos hiéroglyphes soient ce qui exige le plus de patience et de cassement de tête, transporte-toi mentalement dans la chambre d'un pauvre architecte ; vois son corps courbé sur sa planche et sous la chaleur, regarde-le laver son dessin de ses couleurs et de la sueur de son front, et tu conviendras que *ego quoque* j'ai pas mal de peine à me donner pour mener à fin un travail destiné à l'éreintement public et privé.

Dois-je te dire que je suis content de ce que je fais ? On n'est pas juge et partie. — T'avouer que j'arriverai peut-être à un résultat meilleur que je n'osais espérer est tout ce que je me permettrai de ne pas te cacher. Je m'attends néanmoins à une critique sévère qui ne manquera pas de reprocher à cet envoi sa non-exécution à Rome, et qui doutera, peut-être, de l'authenticité de mes cotes et relevés. Dieu sait, cependant, si j'ai trimé là-bas sur le terrain !

.....Si je suivais les avis que j'ai reçus, je serais obligé de me transporter à la fois à Vienne, à Venise, à Naples, à Gênes et même à Palerme. Je ne pourrai cependant quitter Paris avant le 15 juillet.

.....Tous les dimanches je vais à Enghien et Montmorency. Je me plais souvent à penser à Frascati lorsque je fais l'ascension de la colline. Il y a une certaine analogie entre ces deux petits pays.

Je suis allé fréquemment au théâtre : et, entre autres, à l'Opéra-Comique où j'ai vu deux fois *le Roi l'a dit*. Musique et poème sont charmants. C'est un franc et honorable succès.

Tu as dû voir par les journaux que *la Fille de Mme Angot* faisait une recette monstre, et que les mois des Folies-Dramatiques dépassent ceux de l'Opéra lui-même.

Te parlerai-je de l'exposition ? J'y suis allé trois fois et j'ai été bien heureux des succès de tous nos amis. Je ne sais rien au sujet de Blanc que, ô honte ! je n'ai pas encore vu. Blanchard est le seul que j'aie pu joindre.

Mes meilleures amitiés à tous et prends pour toi la plus vigoureuse et sincère *Stretta di mano del tuo tutto.*

EM. ULMANN.

La meilleure preuve à donner à Barbier que j'avais rompu avec le ciel était de lui demander des changements ! Il me les retournait courrier par courrier, dans sa hâte de me voir achever une besogne à peine commencée !

Aulnay, 30 juin 1873.

CHER AMI,

Vous avez raison, c'était une erreur ; et je vous remercie de m'en avoir avisé . . . .
. . . .
Voilà votre bonheur fait !...

Quant à vous signaler une chanson alsacienne, le diable m'emporte si je sais à qui m'adresser pour cela. Weckerlin pourrait peut-être me renseigner à ce sujet; ou mieux encore, Chatrian lui-même. . . . .

Je travaille toujours comme un nègre. Vous êtes bien heureux de travailler comme un bon blanc.

J'ai encore pas mal de lettres à écrire, c'est pourquoi je vous demande la permission de borner celle-ci à une solide et cordiale poignée de mains.

P.-J. BARBIER.

. . . .

Au commencement de juillet la question de l'exécution des envois revenait sur l'eau grâce à plusieurs démarches, et cette question paraissait terriblement envenimée !

Paris, 6 juillet 1873.

.....Alors, trouvant fermés les Uffizi, le Bargello, la chapelle des Médicis à cause du dimanche, après une tournée d'églises favorites, étouffant de chaleur et manquant d'entrain pour flâner tout seul dans les rues de Florence, j'ai repris un train qui partait pour la Spezia ; c'était refaire, sans compagnons et avec Rome derrière soi, notre route d'il y a deux ans et demi !...

...Dès le lendemain de mon arrivée ici j'ai été aux renseignements ; accueil aussi affectueux qu'à l'ordinaire ; mais aussitôt que le mot terrible d'*Envoi* a été prononcé, le temps a changé ! Le Conservatoire se plaint amèrement qu'on le rend responsable du peu de progrès que fait la question ; que, l'autre jour encore, Lenepveu a adressé à l'Institut une lettre (celle que j'avais vue à Rome) dans laquelle on semble le mettre au pied du mur. Ce ne sont pas les expressions, mais c'est le sens qu'elles renferment, etc., etc. Tu vois cela de ta place.

Enfin, le Conservatoire a dû hier présenter à l'Institut un rapport sur les frais qu'entraînerait l'exécution de ce que nous promet le règlement, c'est-à-dire d'un des Envois. .

. . . .

.....Je cours de l'un à l'autre de mes amis particuliers, un peu ahuri, comme tu dois le penser, ne sachant guère si c'est pour tout de bon que j'ai quitté notre chère Académie, heureux de revoir ceux que j'aime, attristé en songeant à vous tous que je quitte : c'est un amalgame d'impressions contraires, tout aussi logiques les unes que les autres, et au milieu desquelles je vais vivre longtemps !

.....Mais, Dieu que Paris est gris et laid ! oh ! les arbres du boulevard et du Luxembourg, quelle misère ! Quel singulier effet cela produit sur un revenant de Rome et de la Grèce !

.....Allons, mon vieux, jouis-en bien des derniers jours qui te restent là-bas. On ne se rend un compte juste de ce qu'était cette existence que pendant les instants lucides que l'on parvient à retrouver au milieu de l'effarement du

retour à Paris — Au revoir. — Je t'embrasse cordialement,
te charge pour tous de mes meilleures amitiés, ainsi que de
mes compliments affectueux pour Hébert et pour M. Lenepveu. J'écrirai bientôt aux uns et aux autres.

    Ton ami,   Ch. Lefebvre.

                        Paris, 16 juillet 1873.

J'ai revu tous les membres de la section et j'ai eu particulièrement avec Massé une longue conversation au sujet
des *envois* et à ton sujet. Il est assez furieux contre toi et il
m'a pris pour cible de ses récriminations : d'abord à cause
de la voie dans laquelle tu es entré par ton premier envoi
et qu'il ne peut digérer (ce premier point n'a pas besoin de
commentaires, n'est-ce pas ?) ; ensuite, à cause des démarches pour l'exécution des *envois*. Je crois qu'il n'est que
temps de ne plus y mettre tant d'insistance, si nous voulons
avoir chance de réussir. Si les autres sont impatientés,
Massé est plus qu'impatienté ; il va jusqu'à dire qu'il ne faut
plus de protection académique, qu'au lieu d'écrire des
lettres « d'hommes d'affaires », il ne faut s'inquiéter que
du travail lui-même et que, si c'est bien, « cela se fera
jour »... Tu la connais celle-là, et moi aussi ! Félicien David
et Reber, personnages muets ; Bazin plein d'importance se
balance,... Charles Blanc est toujours dans les mêmes dispositions favorables au point de vue financier.

N'écris donc ni à Massé ni à personne. Laissons se calmer
cette exaspération : je te le répète, il n'est que temps !

.....L'ennui commence à me prendre à la gorge, maintenant que le premier ahurissement du retour est passé.

.....Les concerts de l'Odéon, c'est Hartmann : le savais-tu ?
moi, je l'ignorais complètement. L'hiver prochain on y exé-
cutera le *Samson* de Saint-Saëns. J'espère qu'il y aura des
débouchés pour nous. Bourgault doit me faire entendre
une série de chœurs sur l'Histoire de France ! Il est un peu
brouillé avec Hartmann à cause de ces concerts de l'Odéon,
et le même Hartmann brouillé avec Pasdeloup pour la même
raison.

Serpette a fini sa symphonie à Toulouse, et l'a envoyée au ministère. On répète *Jeanne d'Arc* de Mermet. Mounet-Sully, grand talent ! Il est navrant de voir ce pauvre Duprato, le bras en écharpe et se traînant à peine. Je vais te faire envoyer les *Pièces* de Chauvet.

« Rien de plus facile, dit Massé, que de faire de l'opéra-comique après avoir fait de l'oratorio ; pas le moindre rapport, donc pas de confusion possible ; « deux tiroirs »... je ne te garantis pas les expressions, mais c'est le sens.

Ch. Lefebvre.

Le départ était proche. Une grande caisse, déjà, était en route pour Paris et je n'avais gardé que le strict nécessaire dans une chambre redevenue aussi nue qu'à l'arrivée.

Mon intention était de quitter Rome à la fin de juillet, d'aller passer août et la première quinzaine de septembre à Venise, la seconde à Vienne et, octobre venu, de revenir par quelques grandes villes de l'Allemagne pour entendre des concerts ou des représentations dans les théâtres déjà rouverts. Mais une lettre de mon père dispersa comme paille tous ces beaux projets !

Un petit incident familial que, dans son impatience de me voir revenir, il se plut à grossir, nous fit adopter à tous deux un plan tout différent. Il lui fallait passer ses vacances à la mer, je lui fis des concessions ; il me fit des concessions ; nous nous fîmes des concessions ! Finalement, rendez-vous fut pris pour le milieu d'août à... Ostende !

Pendant ce temps, la partition nouvelle commençait à prendre corps puisque, en dehors des études ordinaires, j'y travaillais exclusivement.

Le 31 juillet fut le grand jour du déchirement final !
Devant la porte de l'Académie, une voiture avait chargé
mon bagage sommaire et mes camarades étaient venus,
nombreux et bruyants, s'efforcer autour de moi de
masquer par leur gaîté un chagrin qu'ils comprenaient
mieux que personne.

Un dernier regard sur ces murs que je croyais quitter
pour toujours, et, au milieu de la bande joyeuse, je
descendis l'escalier en adressant un dernier adieu au
fidèle Grenier ; j'allais sauter en voiture, lorsque je
sentis monter du fond de mon être un sanglot que je
pus cependant maîtriser. Prenant prétexte d'un bibelot
oublié, je regrimpai vivement jusqu'à ma chambre, m'y
enfermai et, me laissant tomber sur une chaise, je
fondis en larmes, en proie à une véritable crise de
désespoir !

. . . .

En bas, des voix m'appelaient gaîment, et ces rires
et ces cris me déchiraient !

Enfin, j'essuyai mes yeux et, faisant effort pour
trouver une contenance, je redescendis et revins au
milieu de tous. Aucun ne se méprit sur la scène muette
qui venait de se passer, car la rougeur de mes yeux
devait parler clairement ; aucun, non plus, n'eut la
cruauté d'en rire ! Avec des âmes comme celles-là, on
est assuré de toutes les délicatesses.

En dépit de l'ironie de Charles Bayet, qui blâmait
assez injustement la brièveté de mes pélerinages anté-
rieurs, je m'arrêtai cependant pour la troisième fois
dans la pittoresque cité de saint François. Puis, sans
hâte, je gagnai Florence, Milan, les Alpes, que je passai

à pied par le Simplon avec un léger sac au dos, un solide gourdin en main, tandis que le *gros* de mon très petit bagage allait par diligence m'attendre à Sion, alors point terminus du chemin de fer dans la vallée du Rhône.

. . . .

C'était bien ainsi que je voulais quitter l'Italie et me réveiller d'un rêve vécu deux années : lentement, seul ; laissant le temps, la fatigue physique, l'espace, le vent... épingler définitivement comme de beaux papillons, dans le lointain du souvenir, d'ineffaçables images ; et, sans heurt, les remplacer par de nouvelles, d'une proportion moins grande, appelées par la douceur même de la pente à me rendre moins âpres les rigueurs prévues du retour à Paris.

La grande route est un très sûr conseiller en certaines crises de l'âme ; elle arrache comme des toiles d'araignées en nos habitudes courantes, ouvre les fenêtres fermées par la routine, change l'air et peut refaire d'une loque humaine un être de vigueur et d'énergie.

Lorsque l'on a quinze ou vingt kilomètres dans les jambes à l'heure de midi, le premier bouge venu rencontré sur la route prend des airs imprévus de confortable, le pain dur ou noir qu'on y trouve devient savoureux, l'inattendu du menu fort amusant, le vin curieux ; il n'est pas, enfin, jusqu'à la souillon servante qui ne prenne, alors, presque l'aspect d'une jolie fille ! Tandis que le soir, plus loin, un matelas sur un lit de sangles suffit à assurer le sommeil le plus profond et le plus réparateur aussi.

De Sion, le chemin de fer me permit de saluer à nouveau cet admirable fond du lac de Genève que je connaissais déjà, de gagner Berne de pittoresque mémoire aussi, enfin d'arriver à Bâle et d'y consacrer un jour.

Le Rhin !... C'était à lui de me conseiller maintenant, puisque mon abonnement avec le Tibre avait pris fin !

Bâle, après Berne, acheva de remettre à leur plan toutes les madones de l'art italien en faisant surgir les comparaisons. Puis, c'était une autre langue, le Schwarzwald à deux pas, un autre ciel, des eaux vertes et claires remplaçant des eaux jaunes et sales...

A Mulhouse — en Alsace ! — je retrouvai le ténor Nicot, mon vieux camarade du Conservatoire, venu passer les vacances dans sa ville natale au milieu des siens. Il me fit faire la connaissance d'un excellent musicien, J. Heyberger, alors fixé à Paris depuis peu et qui y devint chef des chœurs de la Société des Concerts du Conservatoire, en même temps qu'il dirigeait ceux de l'Opéra-Comique.

Nicot, ni lui, ne se doutaient qu'un jour ils apporteraient le précieux appoint de leur talent aux brouillons d'un acte que je colportais alors, en y travaillant chaque jour ici et là, sur des feuilles volantes.

Heyberger me fournit quelques thèmes alsaciens dont je ne devais retenir qu'un amusant dessin, ainsi que quelques mesures signalées dans la partition.

A de très brillantes exceptions près — *Carmen*, *l'Arlésienne*, entre autres — cette intervention de thèmes populaires au théâtre, si elle offre une sécurité auprès du public, semble plutôt nuire à l'unité d'une œuvre ; ces thèmes sont bons à consulter pour tâcher de s'assimiler le tour, la manière, l'esprit d'un milieu ; mais il

est bien rare qu'ils puissent se fondre avec le reste de
la partition où, parfois, on les voit apparaître comme
un bout d'étoffe rouge sur une autre étoffe bleue, ou
réciproquement.

Par la rive droite et la rive gauche, alternativement,
je gagnai Mayence où le classique bateau pour Cologne
s'imposait ! Celui que je pris — je ne sais pour quelle
raison — ne daigna pas ce jour-là s'arrêter à Bonn ; la
Compagnie des « Dampfschiff » brûlant ainsi Beethoven... comme un simple hérétique.

Cologne m'arrêta un jour ; puis, par Aix-la-Chapelle,
Verviers, Spa, Bruxelles, j'atteignis enfin Ostende, où
à l'instar de Télémaque, je retrouvai les miens et mon
père, non pas chez le fidèle Eumée, mais dans un
modeste hôtel qui me parut somptueux comparé à
toutes les auberges où j'avais été demander abri depuis
mon départ de Rome.

Pressé de mettre en ordre, de recopier toutes les
notes griffonnées en cours de route, je m'installai à
Ostende, dans une petite « hostellerie », sur le port, en
un endroit tranquille et surtout fort éloigné du Casino
et de ses musiques !

Pendant quelques jours, la vie de famille me parut
douce à l'hôtel paternel ; elle vint m'aider à cicatriser la
plaie encore bien vive ouverte par le glaive romain et
que quelques lettres d'Hébert, alors errant, ou d'autres
de *là-bas*, venaient parfois si délicieusement raviver !

Porto-d'Anzio, 20 août 1873.

Mon cher Ami,

...J'ai lu avec grand plaisir le récit de votre voyage et de vos impressions en passant brusquement de la nature du midi sous le ciel gris du nord. Je crois, en effet, que vous avez dû être agréablement impressionné en entendant à Cologne une messe à quatre voix parfaitement exécutée. Vous avez eu, dans ce moment-là, un sourire de pitié pour la pauvre Italie et je le comprends... Mais moi, qui suis son défenseur, je vous dirai : « Non, l'Italie n'est plus le pays de la belle exécution, surtout depuis que la chapelle Sixtine est muette ; mais c'est la terre aux grands aspects, la source des grandes inspirations pour l'esprit qui sait le langage des choses et qui se plaît dans la contemplation de la nature reprenant son empire sur les fastueuses créations de l'homme. »

C'est là le charme sans égal des contrées baignées par la Méditerranée qu'on appelle le monde antique ; charme inconnu, incompréhensible pour bien des gens pratiques, mais grandiose et sublime comme la « Symphonie avec chœurs ». C'est là l'objectif ! Il faut se résigner quand on ne peut pas l'atteindre, mais lutter de toutes les forces de sa volonté pour y arriver. Vous verrez, mon cher vieux Maréchal, que pendant le reste de votre carrière, l'accord en *ut* mineur de l'Italie vous restera dans le cœur et vous soutiendra dans vos aspirations.

Pour le moment, mangez du sapin, buvez de la bière, livrez-vous à la choucroute, cultivez les jeunes filles à la taille carrée, aux yeux gris et aux bras solides tout d'une venue.

On peut faire un chef-d'œuvre avec rien ; le tout est d'y mettre la fleur qui croît sur les cimes élevées. Je vous trouve un peu loin de tout cela à Ostende ; vous ne pouvez pas y respirer l'air du Rhin.

A votre place, j'irais dans la Forêt Noire ; mais vous êtes pris dans le confortable et la famille, et vous ne suivrez pas mon conseil, et vous aurez tort : car le premier coup au théâtre marque fortement quand il est bien donné. Exemple : la *Sapho* de Gounod.

Adieu, mon cher ami, soyez convaincu que je vous suivrai toujours dans votre carrière avec le plus vif intérêt.

Donnez-moi de vos nouvelles le plus possible. Adressez à l'Académie.

Je vous embrasse de tout cœur.

E. HÉBERT.

Vers la fin d'août, les miens avaient regagné Paris et je me retrouvai seul devant cette mer jaune, sale et brutale du Nord, d'aspect si refrogné à des yeux tout pleins encore des splendeurs de la Méditerranée ! Mais les pages s'entassaient et leur vue venait me confirmer que je ne perdais pas de temps.

Celui-ci se passait en un travail exclusif ; sans livres, affligé d'un détestable piano, la seule diversion était de répondre à des lettres parisiennes ou romaines.

Les premières empruntaient la voie de la raison, du sens pratique des choses ; elles étaient comme l'écho d'un marché où le fermier vient vendre ses poulets. Les secondes restaient dans la contemplation, l'éternelle préparation de ce qui sera ; elles représentaient la couvée.

C'est l'incessant duo qu'un travailleur entend du matin au soir de sa vie ; et si l'on y réfléchit, ces deux voix sont inséparables. Ce qui reviendrait à dire que si tout n'est pas pour le mieux dans le meilleur des mondes, Pangloss, cependant, ne possédait pas que le génie du paradoxe !

Aulnay, 6 septembre 1873.

Cher Ami,

Un mot pour vous donner signe de vie. Je suis accablé de besogne et de tracas.

Merci de votre bonne lettre. Vous êtes bien difficile de ne pas vous contenter d'Ostende ! Je voudrais bien être à votre place ! Oh ! manger des huîtres en regardant la mer !...

Inutile de vous dire que je vous attends avec impatience, vous et *les Amoureux de Catherine*. Espérons que les autocrates de l'Opéra-Comique leur feront bon accueil !..... quant à moi, je travaille ; je fais tout ce qui concerne mon état : je savatte, je ravaude, je rapetasse, je raccommode, je fais des reprises..... perdues !

Enfin, on va jouer ma *Jeanne d'Arc*. C'est le seul rayon de soleil qui m'ait réchauffé depuis longtemps. C'est lundi que je lis la pièce aux artistes. Gounod l'a encadrée dans des chœurs magnifiques. Souhaitez-nous un succès.

Sur ce, cher ami, cordiale poignée de mains et à bientôt.

P.-J. BARBIER.

Rome, 8 septembre 1873.

MON CHER MARÉCHAL,

.....Je te dois toujours l'accolade du départ. Ce sera pour le jour où nous nous reverrons ; si pour te retrouver, toutefois, il me faut t'aller demander aux ondes rhénanes, aux vagues d'Ostende ou aux boulevards de Bruxelles. il y a des chances pour que nous ne nous revoyions pas d'ici longtemps !

Je ne suis pas voyageur, et la moindre des excursions est pour moi toute une affaire. Volontiers, en esprit, je passe les mers ; en pensée, je traverse les montagnes ; en imagination, je vais jusqu'en Amérique ; en rêve, je ne m'arrête qu'au Japon ; mais du moment que je sors des projets ou des fictions, et qu'en réalité il s'agit pour moi de mettre un pied devant l'autre, alors je n'en suis plus et tout déplacement me devient horripilant.

Ce n'est donc qu'à la dernière extrémité que je me suis décidé à aller respirer pour une huitaine de jours un autre air que celui de ma chambre et contempler un autre horizon que celui de mon atelier. Et comme là où l'on a éprouvé ses meilleures émotions on aime à retourner, ne fût-ce que pour voir si l'on est émoussé et si l'on sera touché encore, c'est à Assise que je suis allé.

Je t'avouerai que j'ai trouvé cette jolie petite ville bien changée. Des troupes, de la garde nationale, des princes romains avec leurs équipages. Ce n'est point ce qui devrait circuler dans ces petites rues si calmes et si pleines de mysticisme ; des peintres partout dans l'église, des modèles posant dans le réfectoire ; un imbécile qui, sous prétexte de restaurer les chefs-d'œuvre de Giotto, y substitue les niaiseries de sa brosse : voilà ce que j'ai rencontré dans ce sanctuaire si artistique et qui a besoin de solitude et d'abandon pour parler au cœur. Enfin le piano qui fait danser au casino (car c'est « Casino » que s'appelle aujourd'hui le modeste café de la Place) et la fanfare de la colonie agricole..... sont-ce bien là les accents qui remplaceront jamais le silence que j'étais allé chercher là-bas et que je n'y ai plus retrouvé.

N'empêche ; telle qu'elle est, s'acheminant lentement, trop vite encore, vers une transformation qui la mettra à la hauteur des idées et du goût de notre époque de progrès, cette délicieuse petite ville me plaît encore plus que je ne saurais dire. Qui sait si un jour je ne m'y fixerai pas en devenant propriétaire !

Ce n'est vraiment pas la peine de s'en priver. Pour cinq cents francs on a là une maison à deux étages ; et l'on nous a fait visiter un palais contenant cent cinquante chambres environ, avec escaliers superbes, balcons, jardins pour quinze mille francs ! C'est ce qu'on trouve de plus cher ; dans le meilleur marché, une masure est à vendre pour cinq louis.

Par exemple, ce que je te conseille de visiter quand tu reviendras — car tu reviendras — ce sont les îles du lac de Trasimène. En passant en chemin de fer, tu auras sans doute souvent regardé et admiré, émergeant des eaux calmes du lac, ces rochers à peine couverts de végétation, et bien certainement tu les auras crus inhabités, déserts, abandonnés et placés là seulement parce qu'ils *s'arrangeaient*. Erreur profonde et qu'il faut aller vérifier. Le charme de la traversée, la découverte (car la chose est vraiment imprévue et inattendue) d'un petit village dont les habitants vivent en dehors du monde, au milieu d'un calme, d'un silence que rien ne vient jamais troubler, la beauté du pays que l'on embrasse autour de soi, la poésie délicieuse du retour le soir, au soleil couché, tout cela mérite qu'on s'arrête là. Pour moi, j'en suis sorti comme d'un rêve, et les impressions que j'y ai ressenties resteront au meilleur rang.

A Assise j'ai retrouvé notre ami le compositeur X... Vraiment, quand il a posé sa musique dans un coin, c'est un charmant garçon...... J'ai reçu des lettres à ton sujet : « Où donc est Maréchal ? Qu'est devenu ce diable de Maréchal ?... » Lafrance ayant encore eu de nouveaux accès de fièvre est parti pour Albano. Le pays est assez mal choisi ; car, s'il est joli, il est tout particulièrement sujet à la *mal'aria*. Ajoute à cela que voilà les pluies qui commencent, et tu sais si les premières ondées font sortir la fièvre des coins où elle se cache ! Ce matin, des allées et des buis s'élevait une odeur de pourriture, lourde, épaisse que rendait plus pesante encore un siroco terrible — c'était de la fièvre palpable ! Quel vilain moment à passer et que tu es donc heureux d'être débarrassé de ces mille précautions qui ne suffisent pas toujours à garantir de ce mal maudit !

Eh oui ! On me commande un Sacré-Cœur de Jésus pour être mis sur une bannière...... en satin blanc, destinée à être portée en procession !... Il s'est trouvé une dame, ou une demoiselle, — je n'en sais rien, ne connaissant pas la folle qui m'a écrit — pour me faire savoir qu'en sa ville elle n'a pu, jusqu'à ce jour, trouver aucun peintre (vitrier sans doute) capable d'exprimer la béatitude, l'extase, etc., etc. ; suit une nomenclature de tout ce qu'il y aurait à faire !

Et comme cela ne peut manquer d'être superbe, splendide, rien ne pourra payer une pareille œuvre ! Rien sur terre ; car on me promet des indulgences plénières pour me rémunérer de mes frais de couleurs et de toile ! On n'est pas plus mystique !

Et puis, comme si cela n'était pas suffisant, voilà un monsieur que j'ai rencontré une fois seulement il y a trois ans, en venant à Rome qui me commande un frontispice pour un livre sur les familles nobles de son département. — Sais-tu ce qu'il m'offre ? Sa reconnaissance !

Quand j'entends dire : « Ah ! Vous autres peintres, vous gagnez beaucoup d'argent » ! Cela me fait monter !... Des indulgences ! De la reconnaissance !... Ce serait à marier ensemble ce monsieur et cette dame pour voir quelle progéniture ils seraient susceptibles de mettre au jour ! Quel couple réussi ce serait là ; et qu'il est donc fâcheux que des gens si bien faits pour s'entendre soient inconnus l'un à l'autre !

Dans une huitaine de jours Blanc sera des nôtres. Voilà un bon ami qui revient et j'en suis bien heureux, car, en dehors des conversations amicales et des bons éclats de ire que nous ne manquerons pas de pousser en chœur, je sais d'avance que je rencontrerai auprès de lui d'excellents conseils pour mon travail.

En commençant cette lettre je critiquais fort les voyages, et bien à tort : car il serait injuste de ma part de ne pas reconnaître ce qu'on leur doit. Ainsi, pour moi, après l'absence que j'ai faite, je suis revenu devant ma toile et je suis resté renversé de voir à quel point je me trompais.

Tu sais, entre nous, ce carton sur lequel M. Lenepveu me fit si peu d'éloges ? Eh bien ! il n'en méritait aucun, en effet : bien plus, les observations qui m'ont été faites n'étaient que timides auprès de celles que je me suis adressées. Aussi, désormais, je ne veux plus rester confiné dans ma boîte, cela me joue de trop vilains tours ; cette claustration, bonne peut-être pour composer, est mauvaise à coup sûr, je le vois maintenant, pour exécuter.

L'Académie est veuve encore de bien de ses membres. Table bien restreinte. Vienne la pluie, nous les verrons tous accourir.

Crois-moi toujours ton dévoué ami. Comme ta gaîté nous manque ! Je n'ai plus mon joyeux vis-à-vis de table !

L.-O. MERSON.

Il est parfaitement inutile d'obéir ici au plan général

de ce travail, en présentant au lecteur le signataire de cette jolie lettre. Le peintre Luc Olivier-Merson est aujourd'hui trop universellemen' connu pour qu'il y ait lieu de s'attarder à une telle puérilité !

Ses lettres, succédant à quelques autres assez semblables, venaient me consoler de bien des tâtonnements, aussi ! et me démontraient que je n'étais pas seul à peiner à la recherche de la vérité !

La première semaine de septembre ramena le mauvais temps ; et le mauvais temps à Ostende fait songer à cette amusante réflexion de Victor Hugo : « La colère des femmes est comme la pluie dans la forêt : elle tombe deux fois ».

A cette première cause de départ vint s'ajouter l'annonce de grands festivals à Spa avec la présence de Joachim Raff.

En un *crin* d'œil, comme disait mon hôtesse, qui n'avait rien d'arabe, ma partition, assez en forme déjà, retourna dans la valise conter ses espérances à mon *complet* de cérémonie !

Mais les habitudes prises, fortifiées des conseils de la dernière lettre de Rome, me firent prendre la route des « escoliers » avec d'autant plus de raisons que je n'étais pas autre chose.

C'est d'abord à Bruges que je m'arrêtai pour y recueillir la profonde impression d'un art bien différent de celui que je quittais ; puis Gand suivit ; Anvers après Gand ; et, saturé de peinture, Van Dyck et Rubens ayant provisoirement écarté Fra Angelico, j'arrivai à Spa tout à fait entraîné pour entendre de la musique anti-italienne.

Les festivals furent admirables, ou du moins, parurent tels à des oreilles privées de musique depuis tant de mois.

Joachim Raff m'apparut moins comme une personnalité que comme le miroir où se reflètent les vrais génies de l'Allemagne. Sa symphonie — célèbre depuis — « *Im Walde* » m'enchanta. Je l'ai réentendue plusieurs fois depuis et y ai toujours trouvé grand plaisir, en dépit de longueurs qui paraissent évidentes.

Je fus présenté à l'auteur. Raff, Suisse de naissance, allemand d'habitudes, fixé à Wiesbaden depuis longtemps, avait à cette époque cinquante-deux ans. Son visage régulier, ses grands yeux clairs derrière ses lunettes, la gravité de son attitude lui donnaient l'air d'un instituteur ou d'un prédicant. Il ne parlait pas le français et moi bien peu l'allemand ; mais la chaleur de mon enthousiasme pour *Im Walde* remplaça la pantomime des nègres, à l'ordinaire insuffisante dans les questions d'esthétique ! Et puis l'amour-propre parvient toujours à comprendre toutes les langues. Le maître discerna très bien la sincérité du néophyte et me donna son portrait avec quelques mots de sa main que le dictionnaire m'assura devoir être aimables.

Après trois journées consacrées à ces belles fêtes musicales de Spa, j'allai m'installer à Bruxelles, dernière étape avant de rentrer définitivement à Paris.

A Bruxelles, Gevaert me fit faire la connaissance de quelques artistes réputés dont l'accueil bienveillant rendit le séjour charmant. C'était d'abord le pianiste Brassin, virtuose et lecteur remarquable chez qui l'on se réunissait parfois autour d'une partition de Wagner,

Brassin jouant, les asistants chantant ; le professeur de chant Warnots qui, jusqu'à sa fin, se montra fidèle ami ; le joyeux Bauwens, professeur au Conservatoire, maître de chapelle et directeur d'une de ces Sociétés chorales aux rangs serrés et disciplinés qui ne se rencontrent qu'en Belgique ou dans le Nord de la France. Bauwens fit exécuter le *Pater Noster* dont il a été parlé plus haut, et la leçon de choses qui s'en dégagea devait m'être très profitable ! Puis ce fut encore le peintre Portaels, d'esprit calme, plein de bon sens, de conversation substantielle ; plusieurs autres, enfin, dont le souvenir m'est resté fort cher.

Des représentations à la Monnaie, quelques concerts ici et là me donnèrent occasion d'entendre de belle musique et de bonnes exécutions. *La fille de Madame Angot* triomphait en ce moment sur une autre scène ; et trouvant l'œuvre charmante, et l'applaudissant avec entrain, je pus me rendre compte que mon intransigeance était en voie de guérison ! A ce moment aussi on reprenait à Bruxelles *le Centenaire*, le beau drame d'Edouard Plouvier.

A mes nouveaux amis je fis entendre quelques fragments de mon travail du moment, et je recueillis de si justes remarques, que je n'hésitai pas à en recommencer beaucoup de pages. Il fallait reprendre le fil du courant et ne pas rentrer à Paris sous la peau de mouton d'un *pifferaro* mal accordé. Des lettres, d'ailleurs, se chargeaient de me donner le ton.

Paris, 15 septembre 1873.

Mon cher Maréchal,

Encore à Bruxelles ? J'espérais te retrouver ici en revenant de Normandie ; mais il n'en est rien, me dit-on ; alors je t'écris. . . . . J'ai été presque tous les soirs au théâtre : *le Roi l'a dit*, premier acte charmant comme pièce et comme musique, étant donné le genre, où il n'y a ni couleur, ni . émotion. Mais quelle habileté, quelle facture ! Reprise de *l'Africaine* avec le ténor Richard qui tient très convenablement le rôle ; *le Pré aux Clercs :* vif plaisir à le réentendre et à réentendre Mme Carvalho toujours aussi grande cantatrice mais ne *jouant* plus du tout, du tout.

Aucune nouvelle de Serpette. J'ai visité au Havre le transatlantique qui allait emporter Capoul : Serpette y avait-il aussi retenu une cabine ? Revu aucun membre de l'Institut depuis mon retour. Ce soir reprise de *la Coupe du roi de Thulé* avec Faure ; mais j'irai aux Français voir la reprise de *Phèdre*.

Blanchard est à Luchon. Lenepveu est enfin en répétitions à l'Opéra-Comique avec *le Florentin*. Ruel est à Paris ; il a déjeuné avec moi l'autre jour, heureux d'en avoir fini avec Athènes et sans regret de n'avoir rien vu en Grèce ! ! Il s'est trouvé chez moi avec un ancien Athénien enthousiaste, lui ; tu vois de ta place la conversation :

— Combien êtes-vous resté de temps ?

— Deux ans.

— Cela seulement ?

— Oh ! C'est déjà beaucoup trop !

— Je ne trouve pas....

Ils ont dû se dire chacun de son côté : « Pauvre esprit..... »

Ruel ne sait pas ce qu'il va faire.

Écris-moi, toi, ce que tu fais, ce que tu entends, et reviens bientôt.

Je t'embrasse cordialement.

Ch. Léfebvre.

C'était bien la bagarre qui commençait ; et le conflit intérieur qu'elle ne cesse de provoquer était encore entretenu par d'autres lettres de *là-bas* plaidant la cause opposée :

Porto d'Anzio, 18 septembre 1873.

CARO SIGNOR MARÉCHAL,

Je vous remercie de votre intéressante lettre me racontant votre vol sur la Belgique pluvieuse et fertile en beaux tableaux.

Je comprends, au milieu de ces averses, que vous devez, comme vous le dites, envier le sort du marchand de journaux de la place de la Signoria à Florence; mais pour vous autres musiciens, la nature est souvent indifférente; vous n'avez pas l'œil fait pour elle : votre perception est toute dans l'oreille : le milieu dans lequel vous agissez n'a donc pas l'importance que nous lui donnons, nous autres. Malgré cela, vous aurez à un certain moment, qui n'est pas bien loin, la nostalgie du pays de soleil et de couleur; vous reverrez par la pensée ces aspects de grandeur et de tristesse dans la lumière et vous les comprendrez mieux que lorsque vous les aviez devant les yeux. Alors, si vous avez à traiter un autre sujet, vous mettrez dans la trame de vos harmonies le je ne sais quoi inconnu à Paul Henrion, le parfum des orangers et des jasmins des nuits d'été d'Italie.

Je suis bien curieux de savoir ce que vous aurez rapporté en fait d'impressions du grand festival de Spa : il y eut un temps où j'aurais eu de la bonne volonté pour comprendre et aimer cet art forcé des Allemands dans le ténébreux maniéré; mais depuis la guerre, je n'en veux plus entendre parler et je me rejette vers l'art de notre pays avec l'idée que c'est le seul bon pour nous.

Courage donc, jeunes compositeurs ; à l'ouvrage ! produisez de belles et charmantes partitions claires comme *la Flûte enchantée* ou fortes comme *le Freischütz*, c'est tout ce qu'on vous demande ; mais pour Dieu ! n'allez pas plus loin dans le mystérieux, vous ne seriez plus de votre pays.

Je vous écris au moment de quitter ce séjour enchanteur; je pars tout à l'heure pour Rome et demain pour La Tronche où je vais passer quelques jours auprès de ma mère. Ça dérange tous mes projets, mais ça m'est égal; on est toujours récompensé d'avoir sacrifié quelque chose au devoir filial.

Je pense revenir à Rome en octobre jusqu'en janvier, où je serai obligé de rentrer à Paris pour faire ma visite aux vieux lions de l'Institut.

Je ne sais pas trop après cela ce que je deviendrai; je serai probablement repris par la vie de Paris, mais pas pour longtemps.

Je n'ai pas de nouvelles intéressantes à vous donner de l'Académie, en étant loin depuis un mois et demi. Je sais que Lafrance est toujours à Albano, cherchant à se guérir de la fièvre et que les autres vont bien. Quant à moi, je suis comme un enragé après mes quarante bains de mer et de soleil. J'ai chassé la caille sur la colline ; pêché la sardine au pied du cap Circé avec mes marins de Gaëta; tué et bataillé les dauphins, destructeurs de filets, à coup de fusil ; tombé quelques aquarelles sur la plage et un tableau à Nettuno, celui que vous avez vu commencé l'année dernière et qui est devenu un effet d'orage et de mer en furie.

Voilà, mon cher vieux canotier, le résumé des choses. J'espère que vous allez me répondre à La Tronche et que vous me raconterez en détail le Festival. Je regrette de vous savoir platement établi à Bruxelles (le pays des choux) au lieu d'être dans un coin vert brodé de sapins et argenté de torrents dans la Forêt Noire.

Adieu, portez-vous bien et faites tout bonnement de l'exquis.

Mille bonnes choses de votre ami.

HÉBERT.

Le retour d'Hébert à Paris était surtout motivé par la mort du peintre Couder, qui laissait une vacance à l'Institut où notre directeur se présenta et fut élu.

Barbier, me sentant si près de lui, eût suffi par ses lettres à communiquer sa fièvre habituelle au plus flegmatique des Belges ! Une de ces lettres montrera à quel paroxysme de drôlerie pouvait atteindre ce curieux esprit.

Aulnay, 1er octobre 1873.

Mon cher Ami,

J'ai hâte de connaître votre partition, et j'espère que ce sera bientôt.

Grâce à vous, peut-être je parviendrai à me faire jouer à l'Opéra-Comique, car la chose m'est plus difficile qu'à un débutant?...

Voilà onze poèmes que les autocrates de la Salle Favart me refusent ou m'enterrent sous vingt-deux prétextes ; car il y a au moins deux prétextes par opéra !... La chose en est venue au point que l'autre jour je me suis fâché tout rouge et que j'ai écrit à Dulocle une lettre à tout casser. Cette lettre se terminait ainsi :

« Eh ! bien ! voyez si je suis incorrigible ; mon ami Maréchal va revenir de Rome avec *les Amoureux de Catherine* ; il vous présentera la pièce ; si les noms d'Erckmann-Chatrian ne la protègent pas vous la refuserez ; et après cela, je vous promets que vous n'entendrez plus parler de moi »

Voilà, belle Émilie, à quel point nous en sommes !

La situation n'est pas des plus gaies, comme vous voyez. J'espère pourtant que Dulocle y regardera à deux fois avant de me faire ce nouvel affront. Je suis décidé à remuer toute la terre, s'il le faut. J'en appellerai au ministère. Il n'est pas possible qu'avec votre droit d'être joué, une pièce aussi complètement réussie, j'ose le dire, reste dans nos cartons.

Merci de vos bons souhaits pour *Jeanne d'Arc*. La chose

prend une belle tournure. Les études marchent vite et nous
passerons probablement à la fin d'octobre ou au commencement de novembre...

Je fais la navette d'Aulnay à Paris et de Paris à Aulnay,
répétant le jour, travaillant le soir et n'ayant pas un moment
à moi. Je ne vous parle pas de mes mille tracas qui sont
loin de finir !

Sur ce, mon cher ami, je vous remercie de votre aimable
lettre et je vous serre cordialement la main.

P.-J. Barbier.

....., Rendez-moi donc un service. Allez, je vous prie,
Hôtel de l'Empereur, tâchez de parler à M. Edmond de Har-
tog, et demandez-lui, s'il est mort de m'envoyer un billet
de faire part.

Pour tous, cette période du retour est un cap à doubler. Le cœur est resté tout là-bas, d'où l'on vient, si le
corps est ailleurs, au hasard des événements...

Charles Bayet était rentré, lui aussi ; mais obligé à un
séjour en province ! Désespoir !

A ..... 8 octobre 1873.

Mon cher Ami,

Tu es *proprio* ce qu'on appelle un vilain monsieur ! Tu
n'as plus rien à envier à Machard ! Ce pauvre Machard, je
ne puis parvenir à savoir ce qu'il devient. C'est en vain que
j'interroge ! Ma reconnaissance à qui me remettra sur les
traces de Machard.

Je me pétrifie à la mode provinciale. Je ne sais plus rien,
je ne pense plus à rien. Je pars samedi pour Paris. T'y
verrai-je ? Mais, à propos, que diable fais-tu donc à
Bruxelles ?... L'autre jour apprenant que tu logeais *Poste
Restante*, je t'avais écris une lettre pleine d'injures à travers
lesquelles se jouaient agréablement une foule de souve-

nirs...; mais j'ai réfléchi... et j'ai remis ma lettre au carton...

Sais-tu si ce diable de Noël est en ce moment à Paris? Sais-tu où demeure Machard? Renseigne-moi, je te prie ; je suis à A...., j'ai besoin d'être remis au courant.

A...! Tu ne peux t'imaginer quelle épouvantable chose se cache derrière ce seul mot; la province dans toute son horreur! Mais je ne veux pas t'ennuyer de mes jérémiades. Vis heureux au sein des délices de Bruxelles: et je vais ajouter la voix entrecoupée de sanglots : « Oublie-moi, oublie ton infortuné ami ».

Hélas! ce n'est déjà que trop fait! Tout le monde me néglige : je reçois, en fait de correspondance, les lettres de X, mon presque homonyme, que l'intelligent Grenier s'empresse de m'expédier et que je ne sais où renvoyer. Ce Grenier, toujours spirituel!

Je te quitte pour travailler. Si ta Seigneurie daigne me répondre, adresse tes lettres à A... jusqu'au 19; ensuite à l'École Normale à Paris.

A toi de tout cœur,

Cu. Bayet.

. . . .

Rome, 21 octobre 1873.

Mon cher Maréchal,

Je suppose que tu es encore à Bruxelles. Dans le cas contraire, tu n'auras pas manqué de laisser ton adresse à la poste restante, ce qui fait que je n'hésite pas à t'y envoyer ceci.

Toi qui viens d'accomplir un long voyage, tu as pu récolter des impressions, faire provision de souvenirs que tu peux partager entre tes amis lorsque tu leur écris. Mais moi, plus retiré que jamais dans mon trou !...

... Blanc est parmi nous. Avec lui sont revenus les grands rires éclatants, les histoires fantaisistes, les charges et les imitations de M. Untel et de Mme Chose. La gaîté règne à la table, et il ne manque que toi, mon cher ami, pour lui donner la réplique, à ce vieux Blanc qui nous est revenu plus gros, plus gras que jamais.

Il vient ici faire des études, loisir que la pension ne nous laisse point : et, en outre, pour exécuter les esquisses et les cartons de quatre grandes figures : saint Louis, saint Robert, saint Charlemagne et Clovis pour l'église de Saint-Paul-Saint-Louis à Paris. Je dis : « grandes figures » et je n'exagère pas, car elles mesurent cinq mètres soixante centimètres de haut ! Nous voilà loin des petites mièvreries mondaines !... C'est là un travail qui convient supérieurement au talent décoratif de notre ami ; et, à n'en juger que par les croquis très sommaires encore que j'ai vus, je puis t'assurer que ce sera très bien. Par malheur, l'emplacement où seront exécutées ces peintures ne permettra pas d'en apprécier toutes les qualités ; c'est dans une coupole qu'elles seront placées ; on ne les verra que du fond d'un puits.

N'importe, c'est un commencement ; il y a, d'ailleurs, au bout de cette affaire quelque autre grand travail comme les murailles d'une chapelle, par exemple ; qui viendra le récompenser des efforts et du talent dépensés, j'en suis sûr, dans cette première commande.

Ah ! si Machard était retourné à Paris il y a quatre ans, comme il serait plus avancé dans ses affaires, et comme son talent et sa réputation y eussent gagné ! Ce pauvre Machard ! Toujours le même ! Il annonce son départ pour les premiers jours de novembre ; plus quinze jours pour faire les portraits de son année. Ah ! diable, plus trois jours pour faire celui de Blanc ! plus ... enfin, tu vois ; tel tu l'as laissé, tel tu le retrouveras lorsque tu reviendras ici, fût-ce dans dix ans.

Le 22 septembre, jour anniversaire de sa naissance, nous lui avons chanté un chœur composé pour la circonstance et appris en cachette. Jamais de ma vie, je n'ai vu pareil four ! Dans une marque de sympathie toute sincère, une petite manifestation de camaraderie où l'on avait évité avec grand soin tout ce qui pouvait blesser notre ami, il a été chercher je ne sais quelles allusions à ceci, à cela... Bref, il a été furieux, nous a plantés là, nous et nos fleurs, déclarant que nous avions très mal agi, et patati ... et patata ... Tu vois le froid que ça a jeté sur les exécutants ! Quant aux auteurs, ils maudissent la muse qui les a si mal inspirés !

Toujours est-il qu'Hébert et d'autres l'ont vu, lui ont fait comprendre combien il avait eu tort de se fâcher ; et, deux jours après on voyait Machard revenir au salon, déjeuner avec nous en s'excusant de ce qu'il n'avait pas compris la plaisanterie. Il a emporté ses fleurs et tout le monde est content. Une seule condition faite par lui : c'est qu'on n'en reparlerait plus jamais, jamais. Ne lui en souffle donc mot; mais pour un four, c'est un joli four !

Je suis allé, il y a une quinzaine, entendre *Faust* à Apollo. Le baryton Petit débutait entre une chanteuse autrichienne et un ténor prussien; la chanteuse était médiocre et le ténor ne l'était pas moins...

J'ai reçu une lettre de Bayet ; il est nommé pensionnaire d'Athènes. S'ils étaient tous comme lui, ce serait charmant; mais il y a toujours à redouter le contraire avec ces professeurs ! Pour le nôtre, qui est bien le garçon le plus aimable du monde, combien n'en est-il pas de gourmés, de pédants, d'ennuyeux et d'assommants !

Il pense arriver le 10 novembre, lui et ses deux compagnons. Pour sa part, il est joyeux au dernier des points et son contentement de revenir ici n'a d'égal que le plaisir que nous aurons tous à le revoir.

... Donc, tu as vu Rubens dans son pays, là ou seulement on apprend, paraît-il, à le connaître et à l'apprécier. J'avoue que, malgré tout ce que j'en ai pu voir ,c'est un maître qui ne m'est pas très sympathique ; peut-être parce que je ne le comprends pas et parce qu'on m'a appris à m'en défier. Il est certain que ce n'est pas un modèle très pur à donner à un commençant. Sa couleur éblouissante, la richesse et l'abondance de son pinceau m'ont toujours laissé assez froid. Affaire de tempérament, car bien qu'il ne me touche pas le cœur, je le déclare le type du *peintre*, et je lui reconnais, qualité que l'on ne veut pas toujours lui accorder, un immense talent de dessinateur ; non de dessinateur puriste, mais de dessinateur du mouvement, sachant faire mouvoir les lignes, envelopper les formes, établir une composition, ajuster les draperies comme un grand maître seul peut le faire. Et cela est si vrai que, débarrassées de leur coloration, et réduites à l'état de gravures, ses compositions ne perdent rien de leur valeur et, bien au contraire, gagnent en assiette et en style ce que leur font perdre les tons parfois communs, entiers, criards qui mettent dans l'admiration ceux qui peuvent les apprécier et qui pour moi, dont l'œil est mal bâti, ne sont parfois que choquants et hurlants.

Quant aux primitifs allemands, flamands et autres du Nord, ne m'en parle pas, je les ai en horreur. S'ils sont d'une belle couleur, c'est à condition de ressembler à des vitraux. Et le sentiment ? Et le charme, la grâce, l'expression, la délicatesse, la douceur, enfin tout ce qui fait l'inimitable grâce des primitifs italiens, où trouves-tu cela chez les Allemands ? Nulle part à mon avis. En revanche, on y rencontre la rudesse, la sécheresse, la dureté, la froideur et la laideur. C'est ma bête noire que cette peinture-là.

Remettons-nous un peu.

Je viens de voir aujourd'hui le plafond de Machard. Au moins cela est bon à regarder, possède un bon parfum, une saveur agréable, une tendresse d'effet qui vous donne envie de respirer l'air circulant dans cette toile. Quelles délicieuses qualités il a ce gaillard-là, et comme il est à regretter qu'il soit aussi avare de ses productions !

Tu connais la composition de ce fameux plafond si souvent interrompu, tant de fois changé et recommencé. Il est fini, non sur la toile sur laquelle il avait été ébauché — ce qui eût été trop simple — mais sur une autre ; et il est réussi en tous points, tu peux m'en croire.

Ah ! si Machard était à Paris !... que sert de lui faire comprendre que sa place n'est plus ici ? Il se vexe et le voilà encore pour plusieurs mois collé à Rome. Quoi qu'il en soit, il vient de terminer une œuvre charmante et délicieuse d'un bout à l'autre. Il en reçoit beaucoup de compliments et les mérite bien.

Un nouveau pensionnaire belge (musicien) est arrivé hier. Il ressemble étonnamment à Liszt ; cela en est compromettant. Ceux qui l'ont entendu nous ont appris qu'auprès de lui son prédécesseur n'est qu'un oiseau, un effleureur de pianos. C'est au prix de plusieurs cordes cassées à leur Érard qu'il leur a exécuté sa cantate de concours. Ce n'est donc pas seulement d'aspect qu'il ressemblerait à Liszt ? De plus en plus compromettant !

Allons, cela nous promet encore de belles soirées pour cet hiver. Que d'élucubrations épileptiques et malsaines n'allons-nous pas avoir à avaler ! De combien de symphonies fantastico-abracadabrantes ce convulsionnaire va-t-il nous écorcher les oreilles ? Et il y a des gens qui demandent l'abolition de la peine de mort ! Commencez, Messieurs les casseurs de pianos !

Tout le monde est revenu de voyage ; tout le monde sauf Ulmann qui est à Naples. La table est bien garnie, et, de temps à autre, moi, massier de par l'absence de Lafrance, je me vois obligé de rappeler souvent ces messieurs au règlement.

Ce que c'est que les mauvaises habitudes contractées ; c'est le diable pour s'en défaire ! Malgré une sagesse exemplaire, une retenue à laquelle je n'avais point jusqu'à ce jour accoutumé les habitants de la salle à manger, bien que je paye cinq amendes tous les mois, croirais-tu que j'en ai encore cinquante ! C'est à vous dégoûter d'avoir de bonnes manières ! Ma foi, ce soir, en ton souvenir, je veux me livrer à toutes les joyeusetés du temps passé ! Qu'elles pleuvent ces amendes, qu'elles m'écrasent ; mais, au moins, qu'il me semble encore pour quelques minutes que mon vieux Maréchal est encore devant moi ; qu'il n'attende que mon signal pour me donner la réplique ! C'est moi qui marque ; j'ai bon cœur ; s'il revenait, je le servirais en ami. Ah ! c'est que je suis féroce et incorruptible ; et, sous mon règne, si la masse ne prospère pas ce ne sera pas faute de sévérité !

Tout le monde te dit bien des choses aimables ici ; et, moi, je te serre la main de tout cœur. Lorsque tu m'écriras tu me donneras, je l'espère, beaucoup de détails sur la façon dont on aura exécuté les fragments de ton ouvrage et le *Pater* dont tu me parles que, entre parenthèses, je ne connais pas.

Pour ta partition, tu sais ce que j'en pense. Mon opinion n'est pas celle d'un musicien, mais celle de la grande majorité du public qui demande à la musique une impression en rapport avec l'idée qu'il se fait du sujet. Comme toi, j'aime cet art rempli de douceur et de naïveté, de fraîcheur et de vérité qui t'a souvent guidé au cours de ton travail ; je parle des primitifs italiens. Eh bien, j'avais retrouvé dans ta musique tout ce qui, dans mes maîtres de prédilection, m'attire et me charme.

Mon bonheur serait de faire partager mes opinions à tous ; de voir revenir un peu à cette honnêteté, à cette simplicité de moyens d'autrefois. Lorsque je réveille l'impression que je ressentais tout seul dans mon coin à la simple audition au piano, je me dis qu'il n'est pas possible qu'avec l'orchestre, dans une salle mieux disposée que ta chambre — soit dit sans la plaisanter, cette pauvre chambre ! — avec l'exécution nécessaire, enfin, il n'est pas possible, dis-je, que, présent, je ne ressentisse une émotion encore plus grande. Et, ici, ce n'est pas par amitié ce que j'en dis ! Car le meilleur de mes amis me ferait de la musique me déplaisant que je n'hésiterais pas à m'en aller ; du moins éviterais-je de lui en parler.

Donc, par moi, je juge le public qui n'est, en somme, composé que de *moi* et de gens plus aptes à apprécier toutes les qualités de ton œuvre. C'est pourquoi je suis impatient de savoir en détail comment aura marché l'exécution, et si c'est beaucoup, ou plus encore, de succès que tu as eu.

Allons, mon cher Maréchal, ne m'accable pas si je suis si long, si long à dire ce que j'ai à dire ! Il en est qui naissent concis, d'autres fllandreux. De ceux-là, j'en suis.

Ah ! comme j'en ai eu la triste preuve en recevant *celles* (d'épreuves) de la photographie de mon tableau ! Comme c'est tendu, peiné, tiré, allongé ! Je ne trouve pas de meilleure expression ni de meilleure excuse en même temps qu'en t'avouant que cela m'a tout à fait produit l'effet de la peinture d'un monsieur qui a des névralgies ! La tension, l'école du fil de fer et de la paille dans l'œil, qui nous en délivrera !

Le désir de bien faire ne remplace plus le talent naturel ; et cinquante kilos de patience ne valent pas une once de génie ! Qu'ils sont heureux ceux qui ont la souplesse, le laisser-aller, la facilité !... Mais ce qu'ils n'ont pas ceux-là, ce sont les jouissances de celui qui cherche et qui croit avoir trouvé ; seul bonheur de qui a le travail pénible ; bonheur rempli de déceptions que l'on oublie vite pour piocher de nouveau et plus profondément encore un art donnant comme à regret les fruits dont il est si souvent prodigue à qui ne pioche pas.

Voilà que je m'emporte dans je ne sais quel chemin... Mon dîner va être d'un froid... mais d'un froid... grand genre ! service à la russe !...

Au revoir, mon cher Maréchal. Porte-toi bien, ne nous oublie pas trop et crois aux meilleures sentiments d'amitié de ton tout dévoué.

Mon chien est toujours le plus beau chien du monde. Il remue sa queue. Il y en a qui diraient que c'est pour sortir ; moi, je crois que c'est sa façon à lui de me charger de te dire bien des choses de sa part et de te demander si tu n'aurais pas dans ta poche quelque vieille châtaigne pour lui.

L. O. MERSON.

Nous touchions aux derniers jours d'octobre, j'avais à peu près terminé ma partition et ne voulais pas passer à autre chose avant de prendre l'avis de Victor Massé. Le retour définitif fut donc décidé.

Le matin du départ, je déjeunais chez Portaels avec Coquelin, que je connaissais depuis plusieurs années, grâce à Edouard Plouvier. Coquelin était venu à Bruxelles donner une représentation la veille et rentrait à Paris par le même train.

Nous revenions très gais l'un et l'autre lorsque, vers la frontière, un journal de Paris nous annonça l'incendie de l'Opéra de la rue Le Peletier pendant la nuit précédente ! La nouvelle nous consterna.

Les gens à présages, qui relient si volontiers leurs petites affaires aux plus grandes catastrophes, n'eussent pas manqué de me conseiller l'arrêt à Saint-Quentin afin de ne pas reprendre la vie parisienne, succédant à la vie romaine, en une telle évolution sinistre du cadran !

. . . .

Deux ou trois semaines furent employées à chercher, à trouver un domicile, à l'installer autant que possible, enfin, à l'instar de la chambre de Rome !

L'une de mes premières visites fut pour Victor Massé. D'après les lettres citées plus haut, je m'attendais à un accueil plutôt frais !... Il n'en fut rien ; l'impression de la section de musique de l'Institut avait été beaucoup plus favorable à mon second envoi qu'au premier ; et si Massé ne me gratifiait pas encore d'une risette, l'envie de m'étrangler lui était tout de même passée.

Vers la fin de novembre j'étais convié, au Conservatoire, à comparaître devant la section de musique afin d'y faire entendre ce second envoi. En hâte je fis la toilette de mes doigts, laissant là clous et marteau, et à l'heure fixée, j'étais introduit devant mes juges.

Ils furent très aimables, mes juges, et dès les premiers mots, me félicitèrent d'être revenu à des idées

générales qu'ils considéraient comme meilleures. En
cette circonstance, Gounod et Félicien David se mon-
trèrent particulièrement encourageants. Bien entendu,
de salutaires critiques me furent adressées, et je ne
devais pas manquer d'en profiter en un remaniement
de *l'ensemble*, que je demandai à la section de vouloir
bien accepter comme envoi de quatrième année, celui
de troisième étant assuré déjà par l'acte que je venais
d'achever.

La requête fut accueillie de bonne grâce, et je sortis
du Conservatoire très heureux de l'accueil bienveillant
qui m'avait été fait et un peu rassuré, aussi, sur un
état mental en voie de reprendre son équilibre.

Ayant écrit les détails de cette épreuve à Merson, je
reçus cette lettre :

Rome, novembre 1873.

. . . .
. . . .
J'ai été bien content de voir que, en somme, tu es très
satisfait de ton voyage en Belgique. Tu as eu des succès là-
bas, cela ne m'étonne pas et j'en suis bien content. Ces
offres d'exécution qu'on t'a faites pour ton ouvrage me
semblent des plus flatteuses : mais en effet, il me paraît que
tu as agi sagement en attendant que cela ait vu le jour à
Paris avant de le faire entendre de l'autre côté de la frontière.

Je te remercie des détails que tu me donnes sur la séance
de l'Institut. Voilà qui a dû te mettre du baume dans le
cœur ; c'est vraiment un succès ; car enfin, jamais tu
n'auras public plus choisi, plus attentif et tout à la fois
épluchant autant ton œuvre que cette réunion d'immortels !
Donc, si là, et dans les conditions d'exécution que tu avais,
tu as aussi bien réussi, juge de ce que tu peux espérer !

Du reste, mon cher, je ne veux pas avoir l'air de te complimenter après coup et seulement parce que d'autres plus autorisés trouvent cela bien. Si jamais tu vas voir mon père, demande-lui une certaine lettre...

Tu as su trouver là une note inspirée des primitifs italiens, et l'on est heureux d'être touché et de se trouver dans le cœur une corde qui vibre encore alors qu'on la croyait détendue ou brisée.

Quoique n'étant pas musicien, je recherche dans la musique les émotions que ni les arts plastiques, ni la littérature ne peuvent donner ; une chose inexprimable qui touche plus directement les nerfs et met comme en contact l'auditeur avec le compositeur en faisant passer la pensée de celui-ci dans le cerveau de celui-là. C'est précisément ce que l'audition de ton ouvrage m'a fait éprouver avec une dilatation de tout mon cœur. Je te remercierai et me souviendrai donc toujours du sincère, émouvant et véritable plaisir que tu m'as procuré ce jour-là.

Mais *Catherine ?* Tu ne m'en parles pas. Elle doit pourtant commencer à avancer ; que dis-je, elle doit être achevée, ou peu s'en faut !... Est-ce que ce n'est pas cet hiver que les Parisiens te souhaiteront la bienvenue ? As-tu trouvé dans ton voyage à récolter un peu de couleur locale pour ce joli poème ? Ton voyage en Allemagne influera-t-il sur ta musique et sur son caractère ? Je demande quelques renseignements vainement cherchés dans ta dernière lettre.

. . . .

Le vrai art, à mon avis, est l'art décoratif qui enseigne et développe un beau sentiment, une idée noble, comme un livre pourrait le faire — ou l'art doit servir à cela, ou il est inutile ; et alors on ferait mieux de le supprimer !

Ulmann continue à ne pas aller trop mal. En ce moment, il travaille au temple de Mars Vengeur ; et comme il est très occupé, il oublie un peu ses papillons noirs. Machard vient de commencer une figure pour le Salon ; il l'a déjà changée vingt-cinq fois !

Mon chien t'envoie mille baisers et te remercie des châtaignes que je lui ai données pour toi. Moi, son maître, —

et je ne le cache pas, j'en suis fier — je t'envoie mes meilleures amitiés, te demandant de me garder toujours une bonne petite place dans ton souvenir ; je tâcherai de la mériter toujours ! Bien à toi de tout cœur.

L.-O. Merson.

. . . .

Près de cinq mois passés depuis le départ de Rome ne trouvaient déjà plus en moi le récepteur des premiers jours ; les lettres qui m'arrivaient de là-bas évoquaient sans doute de bien chères impressions, mais tellement en contradiction avec tout ce que j'avais vu, entendu depuis ce départ, tellement différentes de ce qui m'entourait maintenant, qu'il me semblait entendre comme une voix très lointaine en les lisant !

Le temps faisait son œuvre et ne laissait plus au bouquet abandonné que le parfum des fleurs fanées !

Et puis, le nouveau directeur apportait un autre esprit dans la maison ; et le règne d'Hébert avait été si rempli de séduction, que la sécheresse de son successeur créait une antithèse plutôt amère !

Rome, le 16 décembre 1873.

Mon cher Maréchal,

Je remonte de la salle à manger que tu connais ; je viens d'y faire un de ces dîners détestables comme tu en as tant absorbé, et n'eût été le *Chianti* d'extra, je serais l'homme le plus furieux de la terre ! Enfin grâce à ce *fiasco*, et à quelques suppléments nous avons pu dîner à peu près !

Il a plu de l'esprit ce soir ; du gros, du lourd, tu sais, de celui qui ne vous fait pas sourire finement, mais dilate la rate et chasse mauvaise humeur et idées noires. Enfin, on a ri !

Présageant que le salon n'offrirait rien de bien divertis-
sant après une telle *girandola* de gaîté, je suis remonté
dans mon coffre pour causer avec toi, mon cher ami, tout
en entendant, à travers la cloison, mon voisin graveur jurer
après un burin égaré ou un brunissoir perdu.

Te voilà donc installé dans ton nouvel appartement !
Dame, d'après la description que tu m'en donnes, cela m'a
l'air autrement luxueux que ta chambre d'ici ; ce qui n'empêche que tu dois encore, par moments, la regretter, cette
pauvre chambre voûtée, avec sa fenêtre basse et son alcôve
aux rideaux transparents ! Cela est si vrai, que je suis bien
sûr que dans l'arrangement des mille bibelots que tu as
rapportés d'ici, il doit y avoir des coins qui s'arrangent
exactement comme à Rome, et que, lorsque je te reverrai à
Paris, je retrouverai à peu de choses près les mêmes murailles ; celles le long desquelles nous nous rangions jadis
pour solfier sous ta doctorale direction le Panseron de la
Jeunesse !

As-tu songé à faire peindre la vue que tu avais par ta
croisée sur un store transparent ? A distance, cela est d'un
effet prodigieux !

Tiens, voilà que je plaisante, moi qui te dépasserai et
qui ferai en sorte qu'on ne me parle jamais de Rome, et
qu'on ne me mette rien sous les regards de ce qui pourrait
me rappeler cette ville que j'adore, tant j'aurai de chagrin
de l'avoir quittée. Vois-tu, s'il fallait m'en aller sans l'espoir
et la conviction bien fermes, bien arrêtés, que je reviendrai
prochainement, ce serait trop dur, et je trancherais la difficulté en ne m'en allant pas !

Heureusement que mon retour ne souffrira, je l'espère,
aucune difficulté ; aussi, lorsque l'heure du départ sonnera
m'en irai-je très triste, mais avec un plaisir relatif : celui
que j'éprouverai en songeant à celle du retour !

Par bonheur, toutes les fois que j'ai ruminé cette idée —
et cela m'est arrivé souvent — jamais je ne me suis vu
revenant à Rome et retournant loger à l'Académie. Bien au
contraire, il m'a semblé que ce retour devait me fournir
l'occasion de connaître la ville et la population ; ses usages,

ses coutumes et son caractère sous des aspects différents de ceux que nous nous imagi..ons dans notre retraite du Pincio. Et j'ai bien fait de me faire à cette idée, car si j'avais voulu revenir habiter la Villa et essayer d'y retrouver mes impressions d'autrefois, j'aurais été bien déçu !

Une chose que nous ne connaissions pas, dont nous avions certainement entendu parler, mais dont nous n'avions jamais ressenti les effets, s'oppose aujourd'hui à tous ces rêves que j'ai la chance de ne pas former : *Le Règlement ! ! !*

Ah ! mon cher, le règlement ! !..,

Te rends-tu bien compte de ce qu'est un règlement ? Non, n'est-ce pas ? Eh bien, je prendrai quelques exemples :

— Monsieur le directeur, j'ai l'intention de peindre une bordure autour de ma toile.

— Monsieur, cela n'est pas dans le règlement (*sic*).

— Monsieur le directeur, je désirerais tourner un peu à gauche une figure de la galerie des plâtres, car elle est un peu trop à droite et je ne puis dessiner d'après...

— Monsieur, etc., comme ci-dessus (*sic*).

— Monsieur, j'ai eu l'honneur de vous annoncer mon arrivée il y a quelques jours ; j'espère que, suivant l'usage, je pourrai trouver ici une chambre ?...

— Monsieur, impossible, etc.

— Mais enfin, Monsieur, il est trop tard ; je n'ai pas le temps d'aller chercher une chambre dans un hôtel : voulez-vous me permettre au moins de coucher cette nuit dans la chambre d'un ami ?

— Eh ! Eh ! cela est bien grave ; enfin, cependant, pour cette fois... ; mais remarquez, pour cette fois seulement, car le règlement...

Désormais, on ne pourra rien faire, rien dire, rien projeter, sans que le maudit règlement apparaisse ! Tu sais qu'il y a des Athéniens ici. Tu ne sais pas qu'il y a des membres libres de l'École d'Athènes qui ne logent pas ici, mais enfin qui jouissent de certains droits. Croirais-tu que l'accès de la bibliothèque leur est refusé parce que le règl.....

Tu commences à la connaître ? Je ne la continue donc

pas. Tout ceci était pour arriver à te prévenir que lorsque tu reviendras, au lieu de l'hospitalité de jadis qui était devenue comme un droit, tu trouveras chez le concierge des adresses de chambres meublées que le r' glement te priera d'aller habiter ! Ah ! ce n'était peut-être pas cela que l'on avait rêvé à son retour ! mais il faudra en passer par là !

Ce ne sont pas les seuls changements opérés dans la boîte. Je crois t'avoir écrit que l'on repeignait la façade ; ce travail est maintenant terminé, et si mon ami Maréchal pouvait encore apparaître accoudé à sa croisée, c'est dans un cadre éblouissant de blancheur que sa silhouette *s'arrangerait* ! A la façade du jardin on ne touche pas ; tu comprends, à quoi bon, puisque personne ne la voit ?

Le jardin lui-même se ressent du règlement. On élague les buis, on taille les lauriers et les chênes verts ; on enlève si bien les branches mortes, que là où il y avait de l'ombre, la lumière pénètre ; là où l'on aimait à s'abriter l'été, on fuira pour ne pas pincer quelque coup de soleil ! Oh ! progrès ! Oh ! alignement ! Oh ! ligne droite ! Oui, c'est bien en effet, le plus court chemin pour arriver à l'absurde !

...La semaine dernière je suis allé à Ostie avec Blanc. Il faisait un temps merveilleux, et le froid du matin se dissipa promptement sous les rayons d'un soleil de printemps. Au mois de décembre, une pareille température, c'est merveilleux !

...J'ai su par diverses lettres ou journaux que l'exposition de l'École des Beaux-Arts avait été l'occasion de critiques rappelant fort par un certain parti pris celles des années passées. C'est toujours la même chose. Cependant, pour moi, je ne crois pas avoir à me plaindre, car je n'ai pas été trop maltraité. Je ne reprocherai qu'une seule chose à ces critiques, toujours pour ma part, c'est qu'ils se sont laissés prendre à une petite chose faite sans aucune espèce d'ambition, et que la machine que j'exposerai l'an prochain et qui semblera bien plus prétentieuse, qui m'aura coûté dix fois, cent fois plus de peine que le petit tableau d'aujourd'hui, me rapportera dix fois, cent fois moins de compliments.

Mais nous n'en sommes pas encore là et nous avons encore le temps de jurer, de tempêter, de maudire la peinture à l'huile et les derniers envois. Contentons-nous donc de nous déclarer satisfait de la fin de cette esquisse qui s'est trouvée demandée à son auteur par quatre ou cinq personnes et adjugée au dernier et plus fort enchérisseur. En dehors de cela, cette exposition m'a rapporté une commande de deux petits tableaux. Tu vois que je roule sur l'or ! En attendant, je ferai bien de m'acheter un chapeau ! Vois-tu, les commandes, tant qu'elles ne sont pas exécutées et payées, c'est exactement comme si on n'avait pas le sou.

L'exposition des envois de l'année prochaine va se trouver singulièrement en retard ! L'article je ne sais combien du règlement exige que les ouvrages soient remis le premier avril, et nous avons quelqu'un qui se fait fort de faire exécuter cet article. Mais *Il* a compté sans la force d'inertie que nous lui opposerons pour la plupart. X... a mis en chantier un groupe, et s'il l'a terminé au 1ᵉʳ juin, il pourra se considérer comme heureux. Le groupe en marbre de Y... n'est porté chez le praticien que depuis quelques jours, et l'on en est encore à se demander dans quel sens on prendra le bloc d'où il doit sortir ! A peine sera-t-il ébauché pour avril ; au 1ᵉʳ juin il ne sera même pas nettoyé. Toudouze ne commencera guère sa toile qu'au mois de janvier. Chose est tout juste avancé et Machin parle de recommencer !

Aussi, quel orage se prépare ; quelles avalanches de récriminations vont pleuvoir sur nos têtes ; que de fois ne va-t-on pas invoquer le très saint règlement ! Ce sera exactement comme s'*Il* s'amusait à gonfler mon chien en lui soufflant sous les pattes !

...La table est au complet ; mais d'ici quelques semaines elle va se dégarnir. Trois vont regagner Paris. Puis les nouveaux arriveront et boucheront les trous ; puis Blanc et un autre boucleront ; puis... dame, mon vieux, il faudra aussi que je pense à mon tour à transporter ma coquille sous un ciel moins clément et sous lequel je regrette bien d'avoir reçu le jour ! Cela m'aurait tant amusé d'être romain !

Enfin, comme on ne peut pas être tout à la fois, je trouverai le moyen de me partager et de goûter de Paris et de Rome ce qu'il me faudra de chacune de ces villes pour me faire regretter celle où je ne serai pas !

...Lafrance a eu depuis son retour trois ou quatre petits accès. Et dire qu'un voyage en France lui pouvait épargner ces retours persistants de fièvre ! mais le *santissimo* règlement ne voulait et n'a jamais voulu entendre de cette oreille-là !...

Et vois la punition du ciel ! *Il* est retenu sur son lit par trois clous qui le font horriblement souffrir ; aussi nous a-t-il reçu le premier du mois en faisant une grimace épouvantable !

Pauvre homme ! Il n'est certainement pas méchant, mais il veut le paraître. Voilà ce qui lui met les humeurs en mouvement ; enfin, pourvu que ce soit la mauvaise qui sorte !

. . . .

L.-O. Merson.

Cette lettre fut le dernier écho de Rome qui me parvint en 1873. Cette année clôturait une longue période d'études, de recherches, d'impressions recueillies et emmagasinées ; les trois coups étaient bien frappés, et la comédie de la vie allait commencer !

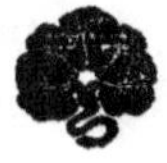

1874

Cette année inaugurait la vie militante et deux œuvres
achevées s'offraient à la parade; l'une au concert, l'autre
au théâtre.

La première pouvait tenter la fortune sur plusieurs
terrains : d'abord aux concerts de l'Odéon fondés par
l'éditeur Hartmann, les bras grands ouverts aux jeunes;
ensuite à la *Société Nationale* organisée, peu après la

guerre, par Romain Bussine, excellent musicien, professeur de chant au Conservatoire et dont le nom reste attaché à cette fondation de la *Société Nationale* où passèrent, passent et passeront probablement longtemps encore la plupart des compositeurs français. Enfin, une dernière chance s'offrait encore à la *Société Philharmonique*, comptant déjà trois années d'existence et qui possédait comme administrateur fort intelligent Léon Pugeault, homme de grande initiative et passionné dilettante dans le sens le meilleur du mot.

Du côté du théâtre on ne pouvait frapper qu'à la porte de l'Opéra-Comique, et Jules Barbier lui-même s'y brisait les poings.

Au Concert, comme au Théâtre, les jeunes hommes d'alors apportaient les mêmes idées : Hartmann, Bussine, Pugeault, Du Locle ; les poètes lyriques dont on commençait à parler : Louis Gallet, Edouard Blau, Paul Collin, Paul Ferrier, Paul Milliet et d'autres, qu'ils se connussent ou non, étaient animés du même esprit : rompre avec les poncifs consacrés, courir sus aux procédés usés du répertoire.

L'effroyable cyclone de la guerre avait amené ce mouvement que chaque génération croit lui être propre, et que les circonstances rendaient alors plus violent.

De toutes parts la France donnait une nouvelle preuve de son admirable vitalité ; au théâtre, si l'opérette avait victorieusement repris sa place sur les scènes de genre, à l'Opéra, à l'Opéra-Comique, au Concert — où tout un répertoire français était à créer — on cherchait du nouveau et, grâce à quelques grands maîtres, on en découvrit.

Tel était l'état des esprits ; il donnait la raison des obstacles que Barbier rencontrait à l'Opéra-Comique.

Sur les planches il n'est de droits acquis pour personne. Vers 1859, Montigny, dans son cabinet de directeur, causant de la pluie et du beau temps avec Ludovic Halévy alors jeune débutant, laissait faire longue antichambre à Scribe qui pourtant avait été la fortune du Gymnase ; plus tard, on voyait fréquemment Gounod attendant son tour à l'Opéra parmi les solliciteurs et venant demander pourquoi l'on ne jouait pas plus souvent *Roméo et Juliette* ; tandis qu'au Théâtre-Français Emile Augier, ou Dumas fils, réclamaient modestement la reprise, l'un de l'*Aventurière*, l'autre du *Demi-Monde*.

Jules Barbier se trouvait donc en belle compagnie dans le salon d'attente de l'Opéra-Comique, et les « onze pièces refusées sous vingt-deux prétextes » n'étaient que l'effet pittoresque d'une cause uniforme ; sans tenir compte ni de ses qualités, ni même de ses nombreux succès, on se méfiait de ses préférences avouées pour les quiproquos un peu usés de la vieille comédie italienne, ou les coups de bâton de Scapin qui lui étaient chers et représentaient à ses yeux le comique le plus sûr au théâtre.

De Leuven et du Locle, directeurs associés, personnifiaient l'esprit du passé et celui du présent. De là, tout naturellement, de fréquents conflits d'opinions entre eux. Et puis, il est si bon de tenir à son tour dans sa main un homme qui vous a longtemps serré dans la sienne !.. Vingt ans auparavant, par ses succès mêmes, Barbier n'avait-il pas fermé la porte à De Leuven, auteur attitré de l'Opéra-Comique ? Et Du Locle, de son côté, jeune débutant, ne s'était-il pas vu nombre de fois éconduit au nom de ce même Barbier devenu le fournisseur acclamé de la maison ?

Les hommes ne sont pas des saints, après tout ; et les saints eux-mêmes, pour leurs contemporains, n'étaient peut-être que des hommes !

C'était vraiment à n'en pas sortir !

Lorsque Louis Gallet, par exemple, apportait une pièce à l'un des directeurs disposé à la recevoir, l'autre n'hésitait pas à la refuser, et *vice versa*. Et comme un jour le même Gallet s'étonnait d'un nouveau refus auprès de De Leuven, celui-ci lui répondait :

— Sans doute, cher monsieur Gallet, il y a de très jolis vers dans votre pièce, d'heureux détails.... ; mais le public ne s'intéressera jamais à tout cela ! Voyez-vous, ici, à l'Opéra-Comique, lorsque l'intérêt languit, nous faisons entrer le comique par la porte du fond avec une pile d'assiettes qu'il laisse tomber ; alors le public se réveille et l'effet est certain !...

Ces assiettes cassées étaient bien sœurs des coups de bâton de Barbier ; mais du Locle ne voulait entendre parler ni des unes ni des autres ! alors ?...

Au milieu de cette cohue, de ce dédale d'idées contraires qui sentent bien un peu la petite ville ou la loge du concierge, m'arrivait parfois quelque lettre de Rome apportant avec elle un écho de vraie jeunesse et le souvenir de la paix, du calme, de toutes ces bonnes choses, enfin, si parfaitement en opposition avec l'idée qu'on se fait de la vie sur le boulevard en général et dans les coulisses de théâtre en particulier.

Rome, janvier 1874.

Avertissement au lecteur. Cette lettre est écrite depuis le 5 janvier. Elle a dormi sur ma table. Je suis trop-paresseux pour la recommencer. D'ailleurs, à quoi bon ? Rien de nouveau. Lafrance a reçu ta lettre ; mais nous n'avons pu déchiffrer l'épithète injurieuse que me décochait ton esprit méchant.

. . . .

Dois-tu m'avoir assez maudit, vieux type ! Mais qu'y faire ? Les sages de tous les temps ont reconnu qu'il était plus facile de faire le bien que le mal. D'ailleurs, je me devais une vengeance après tous les affronts que tu m'as faits. Passer à deux heures de moi sans que ton cœur te forçât à venir te précipiter sur le mien ! Arriver à Paris quelques jours après mon départ ! Avoue que tout cela est indigne et que c'est encore moi qui fais preuve de magnanimité en t'écrivant. C'est un peu bourgeois, c'est un peu pompier, il est vrai, de le faire à l'occasion du nouvel an ; mais je veux flatter tes faiblesses, et je pousserai même la condescendance jusqu'à te la souhaiter bonne et heureuse tout comme ton portier.

Quels vœux formerai-je encore pour la prospérité de ta noble personne et de ton noble génie ? Ce que je te souhaite avant tout, c'est un bel opéra anti-wagnérien, dont les refrains s'entendent jusque dans le Transtevère, popularisés par l'orgue de Barbarie, cet écho parfait du goût public.

Oh ! qui me donnera d'assister à la centième *del maestro Enrico Maresciallo ?* mais si mon enveloppe terrestre ne peut ce jour se trouver dans la salle, mon cœur du moins y sera ; tu l'entendras voltiger à ton oreille avec un frôlement d'ailes ami ; il te dira que du haut des cimes du mont Athos, du mont Olympe, ou de quelque autre mont, l'archéologue applaudit à ton succès.

Tels sont les vœux que je t'adresse de par delà les Alpes qui, je l'espère, ne les refroidiront pas trop.

J'ai contemplé mercredi ta sympathique figure d'un œil plein de regrets ; mais hélas ! pourquoi n'ai-je pu, à minuit sonnant, te serrer dans mes bras ?

Que te dirai-je d'ici ? Telle tu as laissé l'Académie, telle tu la retrouverais, moins les absents, plus les nouveaux. Par nouveaux, j'entends la bande archéologique.

Tu me verrais aujourd'hui, siégeant, quoique indigne, dans cette salle à manger dont tu fus la joie ; mais mon estomac n'est que médiocrement sensible à cet honneur. Machard plus artiste que jamais, cherche un nouveau moyen de faire sécher les toiles ; Ulmann scrute avec inquiétude l'origine de ses nombreuses maladies ; Jacquet mange ; Dutert prodigue ses amabilités... Mais, je crois, Dieu me pardonne, que me voilà en train de casser du sucre ! Arrêtons-nous sur cette pente dangereuse... Ce que je puis encore te révéler, c'est qu'on pense toujours avec amour à un certain Maréchal.

Pardonne-moi toutes ces stupidités, mais j'ai la tête faible. Dix jours de névralgies m'ont considérablement abêti. Puis il fait froid et l'on annonce qu'il va neiger. La seule chose que je te prie de retenir de ma lettre, c'est que je ne t'oublie pas et que j'espère que tu me le rends.

Nous voilà séparés pour pas mal d'années peut-être, mon bon vieux. Mais je voudrais que quand nous nous retrouverons, nous n'ayons pas de temps à perdre pour nous reconnaître. Il n'arrive point tous les jours de lier amitié : ces objets précieux sont de ceux qu'il est bon de ne point laisser rouiller.

Après une phrase aussi sentimentale, il ne me reste plus qu'à tirer l'échelle. C'est ce que je fais en t'embrassant de tout cœur.

Ch. Bayet.

Bien qu'habitant l'un à l'Ouest, l'autre au Sud dans les mêmes *murs*, nous ne pouvions nous voir souvent Barbier et moi, car la vie parisienne est ainsi faite que

deux amis les meilleurs ne parviennent à se rencontrer
sûrement qu'aux obsèques d'un troisième ! Et l'on
n'avait pas encore trouvé le moment de se réunir autour
de la partition rapportée.

Alors, lettre :

Paris, 31 janvier 1874.

Mon cher Ami,

Je vous attends, bien sûr que vous allez m'apporter une
œuvre charmante.

C'est bien pour vous que je n'ai encore montré ni dents,
ni griffes aux directeurs-tyranneaux de l'Opéra-Comique.
Aussi n'ont-ils qu'à bien se tenir vis-à-vis de *Catherine* et de
ses *Amoureux*. J'entends que votre ouvrage bénéficie des
mésaventures de tous les autres, ou... gare !...

Je n'aurais qu'un regret, c'est qu'il y eût du changement
au théâtre d'ici à quelques jours ; cela est dans l'air. Puissent
les dieux favorables ne pas me priver du plaisir de faire
payer à MM. de Leuven et Du Locle les indemnités qu'ils
me doivent.

Tout à vous,
P.-J. Barbier.

Les changements auxquels Barbier fait allusion se
réalisèrent ; et, vers cette époque, de Leuven quitta
l'Opéra-Comique dont Camille Du Locle resta seul
directeur.

. . . .

La fameuse question de l'exécution des envois au
Conservatoire était enfin résolue ; et la mesure favorable
devait recevoir son application trois mois après au
bénéfice des plus anciens de nos camarades.

L'un d'eux, en route pour le retour à Paris, l'ayant appris, s'en félicitait en ces termes :

Février 1874.

Mon cher Ami,

Voilà un temps infini que je veux t'écrire : mais la paresse... Bref, je rentre à Paris et compte avoir bientôt le plaisir de te serrer la main.

J'ai appris par une lettre de toi à Lafrance que l'on commençait à écouter nos justes réclamations. Il te revient selon moi, une grande part dans ce résultat ; car je sais le mal que tu t'es donné pour obtenir l'exécution de nos envois.

Tu dois être réacclimaté à Paris ?.... J'ai laissé tout le monde bien portant à l'Académie et suis chargé pour toi des amitiés de chacun.

. . . .

Vers la fin de février, la *Société Philharmonique* voulut bien faire entendre, Salle Érard, deux mélodies publiées précédemment chez Colombier et que la délicieuse voix de baryton de Jules Diaz de Soria — jouissant alors d'une réputation universelle — conduisit au plus franc succès. Mme Colombier, qui les avait choisies parmi d'autres que je lui avais apportées, reçut ainsi confirmation de la sûreté de son flair.

C'était une très aimable femme que Mme Colombier. Travailleuse infatigable, bonne musicienne et aidant puissamment son mari, brave et excellent homme, à diriger sa très importante maison d'édition. Calme, d'esprit net et précis, causeuse agréable, c'était plaisir pour tous d'entrer en ce magasin de la rue Vivienne où elle passa la plus grande partie de sa vie. Les compositeurs les plus considérables s'y rencontraient avec de moindres et même d'imperceptibles ! Gounod, Reber, Weckerlin paraissaient être les plus fidèles habitués de ce petit *forum* de poche !

Par exemple, Weckerlin n'était pas ce qu'on appelle recherché dans sa mise, et Mme Colombier lui en faisait plaisamment la remarque, un jour, en lui signalant une négligence évidente. Weckerlin, qui n'attachait aucune importance à ces détails, lui répondit :

— Eh ! bien, croiriez-vous, Mme Colombier, que je dépense encore près de deux cents francs par an pour mon entretien !

Et Mme Colombier de répliquer avec son plus aimable sourire :

— Weckerlin, soyez-en sûr, on vous vole !

. . . . , ...

Coup de théâtre !

THÉATRE NATIONAL
de
L'OPÉRA-COMIQUE
—
Cabinet du Directeur.   Paris, le 11 mars 1874.
—

CHER AMI,

M. Du Locle vous attend au théâtre demain jeudi à 4 heures avec votre partition. J'y serai. Tout à vous.

P.-J. BARBIER.

A l'heure fixée, j'étais introduit dans le petit cabinet

de Du Locle. C'était la première fois que je me trouvais
en présence d'un directeur pour causer d'affaires.

La psychologie du directeur de théâtre m'était connue
depuis longtemps par mon père qui, dès sa jeunesse,
n'avait cessé d'en fréquenter beaucoup, et non des
moindres : Mourier, dont nous étions parents, Émile
Perrin, Montigny, Hostein, Billion, Marc-Fournier, de
Chilly, etc., etc., et je m'étais arrêté à cette conclusion
que la fonction semble mouler en un même creuset les
caractères, les tempéraments, les hommes enfin les plus
différents par l'intelligence ou l'éducation.

La nécessité professionnelle de manœuvrer au milieu
des ambitions les plus ardentes, les plus injustifiées
parfois et, dès lors, les plus intransigeantes ; de se
maintenir en équilibre sur la corde raide des rivalités
d'artistes ; de ne froisser aucune des influences les plus
contradictoires en leur âpreté même ; de faire face
chaque mois, enfin, aux exigences d'un budget écrasant
qui ne trouve de certitude que dans l'inconstance du
public ; tout cela explique, chez les hommes les plus
dissemblables, une identité de procédés auxquels ils
sont d'autant plus condamnés que ceux-là qui tentèrent
de s'en affranchir n'ont récolté que la ruine ou la fail-
lite.

Certes, il est des compensations à de tels soucis. Une
seule suffit à masquer à la plupart des directeurs toutes
les embûches qui les guettent : la puissance. Dans les
théâtres de musique, puisque sans concurrence, elle
est formidable, sans limites, apparaît, enfin, comme une
dernière représentation du pouvoir absolu.

Le directeur d'un théâtre de musique, chez nous,

tient dans sa main la destinée des gens qui ont la
manie d'écrire des opéras. Il peut, à son gré, faire d'un
de ceux-là un grand homme gue té par l'apothéose, ou
abandonner ce même homme à toute l'horreur de la
misère obscure, dédaignée, en butte aux outrages les
plus bas.

Si un état de choses aussi déplorable, aussi injuste,
aussi absurde eût régné en Italie ou en Allemagne,
nous n'aurions ni le théâtre de Mozart, ni Rossini, ni
Verdi, ni Donizetti, ni Weber, ni Wagner. C'est à la
décentralisation admise en leur pays qu'ils doivent
d'exister ; c'est à la centralisation inflexible du nôtre
que le désespoir ou la stérile philosophie restent le partage de la plupart des musiciens français.

Lorsqu'un compositeur entre chez un directeur, ce
ne sont pas deux hommes mis en présence l'un de
l'autre, mais chacun des deux placé en face de l'inconnu.

Le premier ne peut pas plus répondre de la valeur
de ce qu'il apporte que le second de sa portée ; et
comme cette valeur et cette portée ne sauraient être
établies en réalité qu'après quatre-vingts représentations, on peut juger de l'obscurité du problème avant
la première !

Aussi, le mérite supposé d'une œuvre inédite n'entre-
t-il pour rien dans les raisons qui la font accepter ou
rejeter ; ce sont des considérations à côté qui, seules,
peuvent aider un directeur à s'orienter : la sympathie
personnelle ou la confiance qu'il accorde aux auteurs ;
le caractère général de l'ouvrage apportant une heureuse diversion à d'autres récemment représentés ; un

rôle mettant en valeur les qualités d'une ou d'un artiste réputé, etc., etc., et encore etc.

De là ces flottements, ces hésitations, ces lenteurs qui préfacent une décision à prendre. Et comme l'on demandait un jour à un directeur expérimenté pour quelles raisons dans un théâtre *Oui* veut-il si souvent dire *Non*, *Non* quelquefois *Oui* ; *Blanc* tourne-t-il si souvent aussi en *Noir*, alors que celui-ci se transforme parfois si inopinément en *Blanc*, il répondait :

— Parce qu'un directeur ne sait jamais s'il n'aura pas besoin demain de l'ouvrage qu'il est tout disposé à refuser aujourd'hui.

Et c'est là toute la question.

De sorte que si les détracteurs acharnés des directeurs — car il n'y a pas d'hommes qui déchaînent plus de haines ! — se trouvaient à leur place, il ne leur resterait que la ressource de devenir en tout semblables à ceux qu'ils accablent de leurs sarcasmes, sous peine de sombrer eux-mêmes en fort peu de temps.

Du Locle fut précisément de ceux-là. Lettré délicat, poète lyrique, artiste subtil, possédant une âme qui, par ces qualités mêmes, ne pouvait s'ouvrir qu'à des sentiments élevés, il eut l'imprudence de s'abandonner à la coquetterie du « bon mot » à propos de tout, de son théâtre et de lui-même !

Il joignait à cela la candeur de vouloir rénover brusquement le genre de l'opéra-comique ; et, pour y parvenir, de discréditer par tous les moyens un répertoire qui faisait sa fortune. A ce jeu, non seulement il ne devait pas recueillir la palme du martyre, mais les désastreuses conséquences de son administration n'ont prouvé que son inaptitude à remplir la fonction.

N'était-ce pas, en effet, tirer sur ses propres troupes que se laisser aller, dans son horreur du répertoire, à répéter à tout propos : « Enfin ! je suis arrivé à faire faire huit cents francs à *la Dame Blanche !* » Ou bien, le soir, de prendre l'un ou l'autre sous le bras et, l'entraînant dans sa loge, de rire aux éclats en écoutant le premier ténor sur qui il portait ce jugement : « Est-il assez mauvais, hein?... Eh ! bien, si vous voulez venir demain, vous en entendrez un autre plus mauvais encore ! »

C'était devant cet homme-là que j'avais « à comparoir » avec, sous le bras, un opéra-comique selon la formule !

Barbier m'avait précédé, en fin diplomate, afin de dire à Du Locle tout le bien qu'il en pensait. L'intention était bonne, mais le procédé hasardeux ; car, en outre des raisons qu'on a lues, Du Locle se méfiait énormément de l'esprit volontairement paradoxal de Barbier !

Tous deux discutaient sur un récent achat de tableaux fait par ce dernier, et Du Locle ne tarissait pas d'épigrammes, de critiques, de calembours décochés au sujet de cet achat.

— Ah ! mon cher Barbier, vous dites en avoir eu pour plus de trois mille francs de toutes ces croûtes !... Je ne les ai pas vues, mais je n'en donnerais pas cent cinquante francs... et encore... à cause des cadres !...

Exclamations indignées, protestations, gestes de l'immense Barbier à l'adresse de ce petit homme chétif, débile, à la voix nasillarde qu'était Du Locle !.....

Enfin, l'on se prit à songer que les maîtres flamands, italiens, hollandais qui honorent les musées de

Bruxelles, de Florence ou d'Amsterdam n'étaient pas du tout à l'ordre du jour limité à l'audition d'une partition.

Le piano fut ouvert. Il y manquait l'*ut* du milieu; celui qui inaugure la quatrième octave. La note enlevée, pour cause de réparation, ouvrait dans le clavier une tranchée où s'accrochait l'ongle du pouce et, l'observation en ayant été faite, Barbier ne manqua pas de riposter en son invariable optimisme :

— Ça n'a aucune importance, n'est-ce pas, Du Locle?

— Aucune, répondit le directeur assis à son bureau devant le livret ouvert.

Ils avaient peut-être raison ! Qu'est-ce, en effet, qu'un *ut* de plus ou de moins devant l'éternité?... Mais devant un piano c'est bien gênant !...

Les trois quarts de la partition y avaient passé; j'avais les ongles à peu près arrachés, le pouce droit un peu sanguinolent, les deux forts douloureux; mais puisque mes auditeurs s'étaient montrés unanimes à ne trouver aucune importance à l'absence de cet *ut* en vacances, je n'avais plus à attendre la cicatrisation que d'une bonne parole.

Seul, Barbier avait représenté la claque en ce parterre de rois; car il aimait sincèrement la partition, autant que la pièce d'ailleurs ! Du Locle était resté impassible.

Allais-je en être réduit à coller du taffetas d'Angleterre sur ma blessure?... Avant d'en arriver à cette extrémité, je risquai :

— Eh ! bien, M. Du Locle, votre impression..... est-elle..... favorable ?...

— Mon ami, s'écria Barbier, on ne pose jamais une telle question à un directeur !...

— Cependant, je serais bien aise de savoir si.....

— Je vous répète, cher ami, qu'il ne faut jamais.....

Mais Du Locle, sortant de son immobilité, venait de faire un geste !

Il avait lentement refermé le manuscrit du livret.

Le trépied sacré s'agitait, le dieu allait parler !... Posant l'index de sa dextre sur la couverture il dit :

— Je jouerai cela !

. . . .

O Jupiter ! maître des dieux et des hommes, à toi les plus blanches génisses avec les plus noirs taureaux ! Apollon, chef d'orchestre des muses, dont la lyre d'or 'est venue fixer son domicile définitif au sommet du palais de Charles Garnier, à toi les gazes les plus suaves pour faire semblant de revêtir les neuf personnes qui composent ton cortège d'abonnement !... Et pour vous, blanches colombes envolées du char de Vénus, les graines les plus...

— Mais, objecta Du Locle... (grand dieu, quel noir démon se cachait en ce « mais »?) ... Il faut une très jolie distribution : et, tout en écoutant la musique, je songeais à Valdec pour le rôle de l'amoureux.

— Admirable ! s'exclama Barbier toujours de l'avis du directeur ; Valdec, en effet, sera parfait !

— Mais... Valdec est un baryton, observai-je discrètement, et le rôle est écrit pour ténor ?...

— Ça n'a aucune importance, rispota Barbier ; n'est-ce pas Du Locle?

— Aucune, confirma Du Locle ; vous transposerez, voilà tout.

Ah ! dame, il n'y avait *que cela* à faire, en effet !

Puis, tandis qu'on réendossait les pardessus, Du Locle conclut à mon adresse :

— Voyez Valdec ; et, s'il ne me demande pas dix mille francs par mois, je l'engage.

. . . .

C'était le jeudi de Mi-Carême. Les pierrots et les chicards, les Arlequin et les Colombine mêlés aux d'Artagnan pullulaient dans les rues, et les cors de chasse aux carrefours sonnaient l'hallali au directeur capté ! Barbier avait un mètre de plus et j'aurais mauvaise grâce à ne pas ajouter que j'étais bien content.

Je me mis à la recherche de Valdec. C'était un baryton mondain dont le succès était alors très vif dans beaucoup de salons parisiens. D'aspect agréable, élégant, doué d'une toute petite voix, prenante par le charme de son timbre, il soupirait avec goût les cantilènes amoureuses à la mode : et, mangé des yeux sous l'éventail, plus d'une se fût offerte à tresser pour lui l'échelle de soie de Roméo.

Valdec habitait à ce moment, rue de Londres, l'hôtel particulier d'un de ses riches amis. Je m'y rendis un jour vers deux heures, et fis passer ma carte après y avoir crayonné ces mots : « De la part du directeur de l'Opéra-Comique ».

Après une attente un peu prolongée dans un petit salon du rez-de-chaussée, je fus invité à monter au premier où l'attente se renouvela dans un second reposoir...

Enfin Valdec parut, le sourcil froncé, l'œil sévère, le

geste hautain ! Je le mis au courant de la question et ce fut avec une belle superbe qu'il multiplia les objections, prétextant qu'il ne consentirait à aborder le théâtre que dans un rôle écrit expressément pour lui et sur ses indications ; qu'il lui fallait d'abord arrêter les termes d'un engagement dont il évaluait les chiffres atteignant, ou dépassant même, celui que Du Locle avait laissé tomber par dérision, etc., etc.

Or, comme je savais, d'après les renseignements recueillis, que, malgré ses succès de salon, mon interlocuteur était tout simplement dans la situation matérielle vague, au jour le jour de la plupart des artistes de concert, jouets du hasard ou des caprices de la mode, sans la sécurité d'un engagement fixe, en présence de cette... hauteur de vue, j'eus beaucoup de peine à garder mon sérieux !

J'obtins, néanmoins, qu'une visite serait faite à l'Opéra-Comique afin de causer de l'affaire avec Du Locle ; c'était, en somme, le but visé et atteint de cette première démarche.

Laissant les négociations se poursuivre, je pus alors m'occuper de mettre au point l'exécution de trois scènes de la partition religieuse écrite à Rome, que la *Société Philharmonique* annonçait au programme de son concert *d'orchestre* fixé aux premiers jours d'avril, et qui allaient faire leurs débuts devant le public sous un titre provisoire ; car, avec Emile Cicile, nous ne parvenions pas à trouver le bon !

L'orchestre ! C'était alors de l'inédit pour moi ! Et la perspective de cette soirée prenait à mes yeux la proportion d'un événement !

En cette circonstance, Victor Massé, bon et dévoué comme toujours, avait bien voulu me prodiguer les plus précieux avis ; et, en raison de l'intérêt qu'éveillait en lui cet ouvrage — du moins en son esprit, non pas encore dans sa réalisation ! — il me conseillait des changements auxquels je me refusais avec l'obstination la plus déférente mais la plus ferme aussi !

Trop intelligent, et surtout trop épris de son art, pour *affirmer* d'après la seule lecture, il m'accorda que, puisque nous avions deux répétitions, on déciderait à la suite de la première ce qu'il y aurait lieu de modifier, de supprimer ou de garder. Mais mon inquiétude s'augmentait de tout ce que Massé nous avait dit jadis à la classe, et de ce qu'il répétait encore en cette circonstance, au sujet des musiciens d'orchestre. Il n'en parlait qu'avec la plus grande amertume et nous présentait l'épreuve d'une première lecture comme l'une des plus redoutables !

Le grand jour arriva ! A neuf heures du matin, Salle Erard, Massé et moi, assis côte à côte, écoutions en suivant sur la partition manuscrite, tandis que je me demandais tout bas à quelle sauce « ces messieurs » allaient m'accommoder !

Quant à l'ouvrage lui-même, je reconnus que Massé avait raison en tant de points que j'aurais sans doute tout changé, si lui-même ne m'eût rassuré au sujet de quelques cas particuliers qui choquaient ses yeux en satisfaisant ses oreilles.

Tout avait si bien marché, les musiciens s'étaient montrés si encourageants pour ce premier essai que je me demandais quelle pouvait être la raison des griefs de Massé ! Je la découvris, plusieurs mois après, en causant avec un vieux musicien de l'Opéra-Comique à qui je posais la question :

— Ah ! ah ! me répondit-il, mais c'est que votre maître, lui-même, n'était pas commode ! Je l'ai vu commencer. J'ai même joué son premier ouvrage : *La Chanteuse voilée !* Il nous traitait assez durement, et nous n'y étions pas habitués avec M. Auber, d'une politesse pourtant un peu froide ; avec Meyerbeer qui, lui, ne cessait de nous accabler d'éloges ! Alors devant les exigences un peu hautaines de M. Victor Massé on lui fit des charges... oh ! mais des charges... je ne vous dis que ça ! Et c'est de cela, sans doute, qu'il nous a gardé rancune !

Je n'interprète pas : ceci est de l'histoire ; et je laisse la responsabilité de l'anecdote à qui la conta.

Depuis cette première prise de contact, j'ai eu affaire à peu près à tous les grands orchestres de Paris et de la Province — un peu aussi à quelques-uns de l'étranger — et je n'ai jamais rencontré que des artistes pleins de bon vouloir et d'égards, mettant au service de mes notes toute la souplesse de talents éprouvés et, en beaucoup de circonstances, me témoignant une sympathie chaleureuse dont je me sentais très profondément ému. Si bien que, à l'encontre de Massé, aujourd'hui encore, une répétition d'orchestre est l'une des joies les plus intenses que je puisse ressentir.

Deux ou trois ans avant sa mort, j'assistais à la répétition d'ensemble de l'un des ouvrages de Massé et je me rappelais la confidence du vieux musicien de l'Opéra-Comique ; les années l'avaient, certes, beaucoup adouci, mais il lui restait quelques vestiges des rigueurs d'antan ! Ses observations, faites sur un ton un peu sec, n'auraient pas manqué de lui susciter encore bien des ennuis, si les artistes auxquels il s'adressait n'avaient eu pour son état de santé si déplorable, pour l'autorité de son talent, — on peut même dire : de son génie — pour sa personne, enfin, tout le respect qui leur était bien dû.

Peu de jeunes compositeurs se rendent compte de la situation matérielle d'un musicien d'orchestre qui, en échange du talent qu'il a mis à peu près toute sa vie à acquérir, reçoit un salaire souvent dérisoire. De là l'horreur des longues répétitions chez la plupart, appelés ailleurs par des leçons ne parvenant pas toujours à représenter l'indispensable !

Alors, si, pour le seul plaisir de s'entendre — et c'est le cas le plus souvent, — un auteur réclame de nombreuses redites, on voit tout de suite quelles sourdes colères il allume !... En se montrant plus large, en tenant compte de la somme plus grande d'attention dépensée à l'exécution publique, ainsi que de la prodigieuse habileté des artistes d'un grand orchestre, on a tout intérêt à *laisser filer* et à ne réclamer que l'essentiel strict.

Là est tout le secret de la sympathie ou de la mauvaise humeur d'un orchestre composé de nerveuses unités dont on peut tout redouter ou tout obtenir selon le doigté !...

Le concert de la *Société Philharmonique* obtint un brillant succès auprès d'un très nombreux public qui se montra fort encourageant et d'extrême bienveillance pour les trois scènes annoncées. Massenet en m'invitant à dîner chez lui avec Hébert et le graveur Chaplain m'écrivait même en leur nom et au sien :

Bravo encore ! C'est bien, très bien. C'est sincère et poétique.

Je fus à peu près seul — ou, du moins, les gens y mirent une très grande discrétion — à déplorer toutes les gaucheries d'une facture ballotée entre les courants contraires de chimères, de niaiseries que la jeunesse décore volontiers du nom « d'intentions esthétiques ! », mais que l'expérience plus clairvoyante n'hésite pas à étiqueter sous celui de « maladresses ». Frappé de celles-ci, je n'en fus que plus déterminé à profiter de la leçon pour reprendre de fond en comble une partition dont on pouvait tout de même tirer quelque chose puisque, sous un vêtement aussi pauvre, le public avait paru en goûter les lignes principales.

Et cette remarque fut le point de départ d'une observation d'ordre général, alors : c'est qu'auprès du public, la plus brillante facture, l'habileté la plus merveilleuse, restent d'une portée inférieure au simple cri d'une émotion vécue et sentie.

Il ne faut certes pas pousser la théorie jusqu'au sophisme, ni aboutir à cette absurdité familière à tant d'amateurs : que le talent entrave la conception !

Cette enfantine solution n'est que le masque de la paresse. Il faut, au contraire, beaucoup travailler pour s'apercevoir que, non seulement le talent n'entrave aucune faculté, mais que, sans lui, tout au contraire, elles ne peuvent atteindre à leur complet développement.

Pendant que sur une patte, le bec entre les plumes, semblable au héron, je me livrais à ces réflexions, l'incident Valdec se dénouait dans le sens que le premier entretien avait laissé prévoir : on ne s'entendit pas. Et c'est dans une lettre humoristique que Barbier commentait l'aventure :

8 avril 1874.

MON CHER AMI,

Le dit Valdec est un monsieur très prétentieux qui dit à Du Locle des calembredaines de cette force : « Quel est le maître qui travaillera pour moi ?... Aurez-vous une œuvre de M. Gounod ?... J'ai de nombreux engagements. Telle époque est impossible, et telle autre aussi, etc., etc. !!... »

Vous comprenez bien que ce n'est pas Du Locle qui ira le chercher !... J'ai vu un temps où ce même Valdec, passé étoile, à ce qu'il dit, se fût tenu heureux d'avoir un rôle de comparse ; et maintenant qu'on lui offre une création charmante, la seule peut-être qu'il soit en état d'aborder avec son talent efflanqué, il fait le dégoûté !... Oh ! les médiocres, quelle race ! Ces gens-là avec un filet de voix dans le gosier, fêlé ou non, se croient les maîtres de la terre !... Il est bien certain, comme vous l'ont dit vos amis, que ce Valdec n'est pas un homme de théâtre ; mais c'est justement pour cela qu'il avait chance d'être très bien dans le rôle timide, un peu souffreteux, de notre maître d'école. Du Locle l'avait compris et c'est pourquoi il avait songé à lui.

N'y pensons plus et tâchons de trouver une autre distribution. Mais Dieu sait combien cela pourra entraver la mise à l'étude de notre pièce ! Enfin, vous commencez votre apprentissage ; vous n'êtes pas au bout, mon pauvre ami.

A lundi et tout à vous.

P.-J. BARBIER.

Quelques années après, Valdec mourait dans une grande détresse, disait-on, et la le'tre de Jules Barbier coulait en bronze une opinion devenue générale.

En mai, le rapport de l'Institut sur le second envoi n'eut pas de peine à se montrer meilleur que celui de l'année précédente. Il fut même un écho très paternel et bienveillant de la réception de novembre précédent.

En additionnant les termes de ce rapport, où se rattachaient précisément les scènes exécutées chez Erard, avec l'accueil du public, il y avait lieu de graisser ses bottes et d'enfourcher gaiement Pégase pour aller débarbouiller l'enfant tout là-bas à Rome qui l'avait vu naître et loin des Valdec parisiens !

J'avais, en outre, à écrire, pour la séance annuelle de l'Académie des Beaux-Arts fixée à la fin d'octobre, l'ouverture traditionnelle que je destinais au même ouvrage.

Mais je n'allais pas quitter Paris au moment où, pour le milieu de mai, l'on annonçait au Conservatoire l'*Audition des envois de Rome*, œuvre à laquelle nous avions tant travaillé, mes camarades et moi, depuis deux années, au milieu de combien de difficultés dont on a trouvé, d'autre part, quelques échantillons ! C'eût été une véritable désertion !

Le programme, ainsi qu'il a été dit, était consacré aux plus anciens. J'assistai à la dernière répétition ; c'était un plaisir aussi vif qu'inédit d'entendre ces jeunes voix avec ces jeunes archets ! Et les plus grognons augurèrent bien de la séance publique du surlendemain !

Je ne pus, hélas ! y assister. Le matin de ce jour, ma

bonne vieille grand'mère, que j'aimais tendrement,
s'éteignit doucement dans sa quatre-vingt-dixième
année ! . . . .

. . . .

J'appris par toutes les trompettes de la renommée
qu'il ne s'était pas produit d'anicroches et que les
adversaires les plus acharnés de cette tentative avaient
déposé les armes devant les chaleureux applaudissements du public !

Hébert, notre complice, à son tour informé, jugeait
la soirée bonne pour tout le monde.

Paris, 29 mai 1874.

Mon cher Maréchal,

Je vous remercie de votre aimable lettre écrite en sortant
de la répétition des envois de Rome. Oui, nous pouvons
dire que nous avons obtenu une grande chose pour les
pensionnaires musiciens. Désormais, celui qui aura du
talent pourra le témoigner hautement. Ce sera une force
de plus pour la défense de notre vieille Académie, très atta-
quée en ce moment par l'administration, mais que nous ne
laisserons pas tomber.

Croyez, mon cher ami, que ce n'aura pas été un *épisode*
mais bien un précédent ; et que j'espère bien venir vous
entendre exécuter l'année prochaine. Courage et bonne
santé !

Votre très affectionné,

E. Hébert.

Dans les derniers jours de mai un grand événement
musical se produisit à Paris : Verdi vint y diriger à
l'Opéra-Comique l'exécution de sa messe de *Requiem*

écrite à la mémoire de Manzoni dont il était l'ami. On disait que le Maître avait en partie composé cette messe à Paris, où quelques mois auparavant il était venu faire un séjour assez prolongé ; qu'il logeait, selon son habitude, Hôtel de Bade, sur le boulevard des Italiens, et que plusieurs l'avaient alors souvent aperçu de grand matin arpentant rapidement le boulevard, de la Madeleine à la rue Drouot, avec la mine d'un homme plongé dans les plus graves méditations ; et l'on avait conclu qu'il travaillait à la messe de *Requiem*.

*
* *

Verdi fut la première idole de ma jeunesse. Parvenu à l'adolescence sans la moindre culture musicale, la vigueur, la brutalité même, l'abondance enfin de ce génie si puissamment dramatique m'avaient pris tout entier par leur violent extériorisme.

Étrangères à toute considération esthétique, c'est précisément par de telles qualités que les foules sont d'abord conquises, et cela explique que le théâtre de Verdi ait tenu le premier rang sur toutes les scènes du monde pendant plusieurs générations. D'ailleurs, ce n'est pas fini.

« En 1874, je n'avais jamais vu le Maître; mais, dans dans ma petite chambre d'étudiant, divers portraits fixés au mur m'avaient dès longtemps rendu son visage familier. La pensée que j'allais enfin *le voir* me causa la plus vive émotion! C'était tout le passé qui se réveillait; et, bien que d'autres statues eussent peu à peu poussé du coude celle de Verdi pour prendre place à

ses côtés au sommet où l'avaient placée de juvéniles
enthousiasmes, je fus néanmoins un des premiers à
m'assurer un fauteuil tout près de la scène afin de le
mieux considérer.

Dès l'ouverture des portes, j'arpentais les couloirs
dans un fiévreux état d'inconscience tant les minutes
que j'allais vivre me causaient de réelle angoisse !

— Eh là !... Tiens c'est vous ?... Oh ! quelle chaleur !...
Mais on est mieux ici qu'à la campagne d'où je viens et
où l'on cuit !...

C'était Pasdeloup qui s'épongeait et sur les pieds de
qui je venais de marcher, probablement sans les ailes
de l'enthousiasme préalable dont j'étais pénétré !

On « sonna au public ». Le temps d'écraser encore
quelques orteils amis et, chargé à mitraille, j'étais assis
à ma place !

La disposition des exécutants était celle adoptée dans
la plupart des théâtres où l'on donne un concert. En un
grand décor de salon fermé l'orchestre s'étageait ; sur
les côtés, les chœurs étaient assis et, tout au premier
plan, quatre fauteuils attendaient les solistes. Une petite
estrade, enfin, dressée devant le trou du souffleur, était
réservée au Chef, au Maître.

Il parut !

Semblables à un coup de tonnerre, les applaudissements éclatèrent aussitôt unanimes, fiévreux, intermi-
nables !... Verdi, avec un sourire satisfait, saluait en
prince, en roi, en homme, enfin, qui depuis longtemps
a la pleine conscience de son génie.

Selon la coutume des chefs d'orchestre de l'ancien
Théâtre-Italien à Paris, il était ganté. Une nuance, ce-

pendant; — c'est le cas de le dire — car les gants *blancs* traditionnels étaient *gris-perle !*

L'exécution fut d'une incomparable splendeur vocale ! Quatre chanteurs d'exception interprétaient les *soli :* Teresina Stolz et *la* Waldmann du côté des *soprani;* quant aux deux hommes, je ne saurais préciser aussi nettement. Arthur Pougin, dans son remarquable *Supplément à la Biographie universelle des Musiciens* de Fétis cite le ténor Capponi et la basse Maini. Il me semble bien, tout au contraire, avoir entendu ce jour-là Masini et Pandolfini; mais je ne saurais affirmer.

Après tout, un changement d'artistes imposé à la dernière heure, par quelque cause imprévue comme il s'en produit souvent, peut me donner raison sans que Pougin, d'une documentation à l'ordinaire si sûre et si consciencieuse, soit accusé d'inexactitude !

Quoi qu'il en soit, les quatre artistes qui interprétèrent la messe du *Requiem* de Verdi à l'Opéra-Comique étaient, je le répète, d'exceptionnelle maîtrise. Le souvenir de leur voix et de leur talent m'est resté beaucoup plus vivace que celui de l'œuvre elle-même.

Littéralement hynoptisé par la vue de l'auteur, en lutte à ce moment avec des courants si opposés à l'art italien, ai-je écouté?... Je ne sais... Verdi était là, devant moi, et sa présence, comme celle d'un dieu, paralysant tout esprit de recherche ou d'analyse, me laissait à peine la faculté de subir l'influence purement physique des voix !

Un tel état de fièvre ne saurait se maintenir avec le temps; et, tout en ayant gardé au génie de Verdi la vénération qui s'y attache, je me sens mieux à l'aise aujourd'hui pour lui rendre un hommage plus réfléchi, plus équilibré qui, par cela même, n'est pas pour atténuer tout ce qu'il comporte de respectueuse admiration !

Avec Verdi s'est éteint l'un des trois plus illustres compositeurs dramatiques de l'Italie, au dix-neuvième siècle — Rossini, Donizetti, Verdi, ont demandé leur succès au théâtre seul ; car, on ne peut rattacher à un autre style que celui de la scène le *Stabat* du premier ou le *Requiem* du troisième.

Rossini par insouciance, Donizetti par conviction sont demeurés invariables en leur formule. Verdi, seul, a fourni ce très curieux exemple d'un homme de génie reniant les dieux qui lui avaient accordé gloire et fortune.

Parmi les maîtres compositeurs dramatiques, le cas paraît unique.

De *Robert le Diable* à *l'Africaine*, Meyerbeer reste presque stationnaire ; de *Faust* au *Tribut de Zamora*, Gounod se continue... jusqu'en ses oratorios ; Verdi, seul, passe à « l'ennemi », abandonnant le *bel canto* et l'orchestre d'accompagnement pour la déclamation et le commentaire symphonique.

Quel abîme entre *le Trouvère* et *Aïda* ; entre *Rigoletto* et *Otello* ; entre *la Traviata* et *Falstaff*.

Les uns ont vu dans cette évolution radicale la conversion à un idéal nouveau ; les autres y ont reconnu l'influence des années apportant l'expérience en échange des ardeurs juvéniles à jamais envolées.

Quel que soit le mobile auquel le génie de Verdi ait cédé, il semble bien que l'œuvre de jeunesse l'emporte

encore auprès du public de tous les théâtres de musique ;
il en est ainsi de la plus grande majorité des musiciens qui ont écrit pour le théâtre, si l'on en excepte
Gluck.

L'œuvre de Verdi peut se diviser à peu près en trois
périodes : la première finissant vers 1865, la seconde
vers 1880 et la dernière s'achevant avec *Falstaff*.

Or, vers 1860, se trouvait à Paris un théâtre italien
où Rossini était dieu, Donizetti prophète, Bellini diacre,
et Verdi, nouveau venu, prêtre encore fort discuté par
les purs dilettantes ! On l'accusait de brutalité et même
de vulgarité. Il prenait son public à la gorge et n'y mettait pas les ménagements de ses prédécesseurs ! Mais
tout cela se tassa, et, trompettes au vent, *le Trouvère*
entra crânement à l'Opéra comme en pays conquis.

C'est après cette reprise, succédant à l'expérience
des *Vêpres Siciliennes*, que Verdi médita d'écrire *spé-
cialement* pour la première scène française et son effort
aboutit à *Don Carlos*.

En travaillant pour l'Opéra, le maître écrivit autrement. Déjà soucieux d'atteindre un but nouveau pour
lui, son talent s'épura, le rôle de l'orchestre lui apparut
plus vaste et *Aïda* devint la magnifique floraison de
ses idées d'alors.

Ce fut vers 1885 que j'eus l'honneur de l'approcher
pour la première fois chez un musicographe réputé : on
annonça Verdi. Il avait à cette époque soixante-douze
ans ; c'était un vieillard solide, trapu, au regard plein
de flammes, parlant le français avec quelque difficulté
et un fort accent.

Le maître de la maison se leva, me présenta et fit

asseoir le nouveau venu près de lui. La conversation s'engagea entre eux deux, chaleureuse et vive. A ce moment, Verdi s'occupait beaucoup d'*Otello* qui devint le principal sujet de l'entretien. Puis, notre hôte fit cette remarque que *le Trouvère, Rigoletto, la Traviata,* etc. continuaient à faire bonne contenance sur tous les théâtres de musique. Verdi répliqua, avec un sourire assez dédaigneux : *Ah ! né mé parlez plou dé ces vieux flonflons !* Bien entendu ce fut une exclamation de la part de son interlocuteur et de la mienne; mais il insista pour qu'on s'entretînt d'autre chose et l'on en vint tout naturellement à discuter la valeur des idées nouvelles qui, à cette époque, commençaient à fort malmener les vieux maîtres !

Au nom de la logique et du bon sens, Verdi les défendait avec chaleur, tout en affirmant ses très vives sympathies pour l'évolution à laquelle il apportait, en ce moment même, l'appoint d'*Otello*.

Ici se place un incident dont je ris encore. L'écrivain chez qui nous étions voyait beaucoup de musiciens, causait avec eux, les confessait en quelque sorte sur leurs tendances, leurs projets, leurs idées générales. Il parla tout à coup de l'un d'eux, et, sans le nommer, rendit compte d'un récent entretien en lequel il lui avait à peu près tenu ce langage :

— Mais, avec vos idées, comment vous apparaît, par exemple, un ouvrage comme *Guillaume Tell,* et le trio du second acte ? »

Ce à quoi l'autre aurait répondu :

— Mais *Guillaume Tell* est un opéra fort remarquable... et... le trio... un morceau très... digne d'admiration ; peut-être pourrait-on regretter que l'orchestration en soit un peu... simple...

— *Foutou bête !* s'écria Verdi en bondissant de son fauteuil : et par A + B, avec une réelle éloquence, il démontra que le trio de *Guillaume Tell* est orchestré comme il doit l'être ; ce que beaucoup de gens pensent, au fond !

Par suite d'engagements pris, *Otello* devait être représenté pour la première fois en Italie, malgré les efforts du directeur de l'Opéra d'alors qui ne voulait pas laisser Verdi quitter Paris sans obtenir de lui la promesse d'un ouvrage.

Il semblait se dérober.

On lui avait parlé de plusieurs sujets qu'il avait écartés dès les premiers mots, et l'on allait revenir bredouille de cette campagne, lorsqu'un jour Verdi se décida à venir à l'Opéra écouter la lecture d'un poème dont on lui avait vanté l'intérêt.

Le maître écouta sans proférer une parole ; lorsqu'on eût terminé, et comme on attendait un mot avec une véritable anxiété :

— Et le drame, le drame, le drame, répéta-t-il trois fois, où est-il ?

C'est en vain qu'on lui vanta le pittoresque de certaines scènes, l'adresse de certaines autres : « Le drame, répétait-il sans cesse, le drame n'y est pas. »

Ce livret fut confié à un musicien français de valeur éprouvée et fut représenté avec un certain succès dû à la notoriété du compositeur ; mais dans le public, on chercha le *drame*, et, pas plus que Verdi, on ne le trouva.

A ce moment, déjà, le maître était tout à Shakespeare,

Falstaff succéda à *Otello* et l'on a beaucoup parlé d'un *Roi Lear*. Cherchant le « drame » avant tout, il était logique que l'éminent compositeur communiât avec le grand William.

Verdi s'est montré pour la dernière fois à l'Opéra, le soir où M. Casimir-Périer, Président de la République, lui remit dans sa loge les insignes de grand'croix de la Légion d'honneur, pendant une représentation d'*Otello*. Le maître fut acclamé par la salle entière; puis, disparaissant, il reparut peu après revêtu du large ruban rouge.

Cette inoubliable soirée fut pour Verdi quelque chose comme l'apothéose accordée à son génie par notre pays. L'ambiance était unique. Jamais représentation de l'Opéra ne fut plus ardente ni plus belle. Artistes, choristes, instrumentistes apportaient à remplir leur rôle une chaleur, une vie inaccoutumées, et dans cette atmosphère d'enthousiasme, il eût été impossible — et surtout inutile — de rechercher la valeur exacte de la partition qu'on acclamait. On suivait le courant, heureux d'offrir sa part d'admiration au Maître que l'on fêtait si magnifiquement.

C'est toujours au dernier de ses ouvrages que vont les préférences d'un artiste. Verdi, lui-même, semble avoir obéi à cette loi et, sans nul doute, il devait considérer ses deux dernières partitions comme les meilleures.

Cependant la postérité ignore, ou veut ignorer, toutes les extériorités qui accompagnent l'éclosion d'une œuvre; elle l'enregistre, la classe et la résume souvent d'un mot ou en quelques mesures. Depuis les belles soirées d'*Otello* et de *Falstaff*, assez de temps s'est écoulé pour qu'il soit possible d'entrevoir ce que sera vraisemblablement l'avenir pour l'œuvre considérable de Verdi. Les marais dans lesquels tant de musiciens de talent se sont enlizés seront franchis; une génération, que la dernière venue fait déjà pressentir, aura sans doute rejeté bien des utopies; alors, et à l'encontre des fleuves, l'opinion remontant vers la source, classera *Otello* et *Falstaff* comme de très curieuses incursions sur un terrain nouveau; admirable ascension d'un vigoureux esprit vers un idéal de plus en plus élevé; *Aïda* comme la plus heureuse alliance entre le passé et le présent; les premiers opéras du Maître, comme la sécurité matérielle pour les théâtres de musique et aussi comme une solide base d'enseignement à l'égard des élèves chanteurs; la foule, enfin, qui n'a pas le temps de s'attarder aux détails, se prendra de suite, au seul nom de Verdi, à fredonner du *Trouvère* : le « Miserere », et de *Rigoletto* : « Comme la plume au vent ! »

Or, quand tout l'effort d'un musicien peut se résumer à quelques mesures courant dans les deux hémisphères, sur les lèvres de millions d'hommes, eh bien, il n'a pas perdu son temps !

*
* *

Ce grand événement — Verdi conduisant sa *Messe de Requiem* — ne manqua pas de fortifier une tendance alors renaissante : celle de convier les compositeurs à la direction de leurs propres œuvres.

Le vieux proverbe : « On n'est jamais si bien servi que par soi-même » semblerait devoir s'appliquer à un musicien dirigeant en personne.

C'est ainsi que procédaient les maîtres du passé ; et cela semble tellement naturel qu'on se demande comment la règle d'alors est devenue l'exception d'aujourd'hui.

C'est que, si quelques œuvres demeurent immortelles, il n'en va pas de même des auteurs, et que, ceux-ci disparus, il faut bien que le bâton de commandement soit repris par quelqu'un, puisque l'un et l'autre paraissent indispensables.

Je dis « paraissent », car cela n'est pas absolu ! Et, pour échapper à toute accusation de jouer au paradoxe, je citerai certaine répétition de la Société des Concerts du Conservatoire où le chef se trouva subitement empêché. Plutôt que de renvoyer la réunion à un autre jour, les exécutants se consultèrent un moment et décidèrent de répéter sans direction ! Et l'on alla jusqu'au bout sans accident !

On peut encore citer Habenek perdant pied en conduisant un ouvrage de Berlioz, mettant la baguette sous son bras et prenant une prise de tabac, tandis que l'orchestre continuait le plus naturellement du monde.

On peut signaler, enfin, bien des exécutions où le chef prend un tel souci de sa plastique que, si les musiciens commettaient l'imprudence de le suivre à la lettre, les oreilles de l'assistance seraient soumises à de terribles épreuves !

Mais le sujet de cette digression n'est pas là. Je vénère les chefs d'orchestre, dont beaucoup furent et sont mes amis, et je me laisserai d'autant moins aller au sacrilège de toucher à leur prestige que leur science et leur art professionnels sont précisément qualités dont on regrette l'absence chez beaucoup de compositeurs que les circonstances improvisent parfois généraux dans des manœuvres où les galons de sergent semblent plutôt à l'échelle de leur technique réelle.

Cependant, nos musiciens ne sont pas moins bien doués, et sont même, je crois, beaucoup plus instruits que la plupart de leurs aînés. Ce qui leur manque, c'est la pratique et le tour de main qu'elle seule peut donner.

A ceci plusieurs causes :

Au xviii° siècle — car remonter au déluge est toujours une chance de se noyer ! — un compositeur dramatique s'engageait dans une troupe comme un ténor ou une chanteuse ; l'impresario lui assurait une somme fixe en échange de laquelle il devait recevoir, en une saison théâtrale, trois ou quatre partitions dont l'auteur avait, en outre, à diriger les répétitions et les exécutions.

C'est ainsi que des maîtres absolument inconnus du public aujourd'hui, et pour peu que la Parque — comme on disait dans leurs opéras — leur eût fait bonne mesure, ont laissé cinquante, soixante et jusqu'à près de cent opéras dont on ne retrouve plus que quelques épaves dans le *Solfège des Solfèges* sous la signature de Hasse, Léo, Porpora, Catel, Gossec, etc.

Si cette immense production ne semble pas avoir fait faire à la musique le pas de géant du seul *Orphée* de Gluck, ou des seules *Noces de Figaro* de Mozart, elle avait au moins l'avantage de rendre les auteurs fort habiles en l'art de diriger un orchestre, des chœurs et des solistes.

Mais les temps sont bien changés ! Et deux ou trois

années de la vie de Hasse, par exemple, qui reconnaissait avoir fait exécuter plus de cent opéras, représentent toute la production d'une longue vie de compositeur moderne extrêmement favorisé par les circonstances.

Rossini fut une des dernières gloires de cette école, un peu prolixe, dont quelques chefs-d'œuvre sont parvenus jusqu'à nous et s'épanouissent encore sur nos scènes dans toute la grâce de leur verve charmante.

Mais, parmi les maîtres français du xixe siècle, l'usage de conduire l'exécution, au théâtre du moins, ne semble pas avoir prévalu ; en tout cas, si quelques exceptions ont pu se produire, elles se montrent de plus en plus rares à partir de 1830.

Jusqu'en 1870, en effet, — en dehors de Berlioz, qui s'était fait une place à part comme compositeur chef d'orchestre, — on ne cite au pupitre ni Hérold, déjà fort malade au début de cette période, ni Auber, trop fin et trop diplomate pour risquer l'aventure.

Gounod, qui ne dédaignait pas le contact direct avec le public, apparaît quelquefois avec son geste élégant.

Victor Massé, lui, avait horreur du rôle. Il disait avec raison qu'on doit son œuvre à ce public, mais non pas sa personne ; que le sifflet en insultant l'une atteint l'autre, et que la dignité d'un artiste n'a rien à gagner à cette loterie. Cependant, Massé dirigeait avec une grande sûreté, une grande précision et une extrême sobriété de gestes.

Peu après 1870, de nouveaux concerts s'ouvrirent. — Ceux qui en conçurent l'idée répudièrent l'usage déjà consacré depuis si longtemps et pensèrent, au contraire, que la présence de l'auteur au pupitre constituait une attraction de plus pour le public. De sorte que presque tous les musiciens de notre temps ont dû passer par cette nouvelle route ouverte sur le succès ; et l'on a pu voir défiler têtes blondes et grises sur l'étagère du chef d'orchestre de profession !

Pour l'observateur, la différence du geste correspond exactement à celle des caractères ; et, sans connaître l'homme, on peut déchiffrer un peu de sa personnalité réflétée en sa pantomime comme en un miroir.

Léo Delibes était agité, inquiet, d'une extrême sensibilité, de bras sûr néanmoins, et mimant très bien du bâton toutes les spirituelles finesses de sa musique.

Ernest Guiraud montrait une surprenante aisance dans une sobriété remarquable. Il passait même, parmi ses camarades, comme possédant le mieux l'art du chef d'orchestre. Si bien qu'un jour on lui offrit le pupitre de l'Opéra. Il s'en défendit avec le fin bon sens qui lui était familier et répondit : « On s'accorde à me « reconnaître quelques qualités quand je dirige l'exé- « cution de ma musique, mais je ne sais moi-même ce « que je deviendrais devant celle d'un autre ! »

C'était sans réplique,

Benjamin Godard cachait beaucoup de chaleur et de fougue sous une extérieure rigidité. Sûr de lui par caractère, et non sans raison, il devint tout à fait maître du bâton, lorsqu'il reprit la direction des Concerts Populaires après la mort de Pasdeloup, et l'entraînement journalier des répétitions acheva d'en faire un excellent chef d'orchestre pour les représentations de son opéra *Jocelyn* qu'il conduisait chaque soir en personne au Théâtre du Château-d'Eau.

E. Reyer conduisait militairement.

Bourgault-Ducoudray, à l'orchestre et en présence de son auditoire, c'était l'apôtre dans le cirque, prêt à se laisser déchirer pour sa foi ! D'une conviction et d'une sincérité qui commandaient aux musiciens et s'imposaient au public.

Victorin Joncières possédait l'élégance et la sûreté avec beaucoup d'aisance.

Massenet rappelait un peu Delibes et s'en tirait comme il se tirait de tout : avec une surprenante adresse. Ces natures-là font ce qu'elles veulent ; et si l'on eût donné à Massenet, comme cela, *ex abrupto*, une escadre à commander, il eût trouvé le moyen de sauver tous ses navires et d'en couler deux ou trois à l'ennemi !

J'en passe, et des meilleurs, pleins de fougue, d'esprit ou d'autorité ; mais il est d'autant plus inutile de multiplier ces « instantanés » qu'à côté des qualités particulières à chacun se montre toujours, pour la plupart, l'évidente absence de l'habitude.

Aussi, n'est-ce pas sans une réelle émotion que je les vois apparaître en public. Je n'ai jamais eu, heureusement, à constater de gros accidents ; mais, tout de même, quand le morceau est fini et qu'ils descendent de l'estrade au milieu des applaudissements, je me sens, pour eux, soulagé d'un grand poids !

Passe encore au concert, où chanteurs et choristes ont la musique sous les yeux ; mais pour une représentation théâtrale, il en va tout autrement ! Ici les interprètes devant *jouer* la scène se reposent entièrement sur le chef. Or, si celui-ci manque de *métier*, la porte est ouverte aux pires accidents !

J'ai vu Gounod, à l'Opéra, faire partir une chanteuse
avant son tour ; et, sans la remarquable adresse de
l'orchestre, c'était la déroute !

L'un de ces confrères disparus, très confiant en soi,
voulut un soir conduire la représentation de l'un de
ses opéras en province. Le chef d'orchestre de la ville,
rompu dès longtemps avec tous les trucs de sa profession, ne tarda pas à s'apercevoir à la répétition que
l'auteur n'entendait rien à la besogne qu'il remplissait. Il ne dit rien cependant. Mais, après avoir
secrètement averti tout le personnel, il laissa l'auteur jouer au chef d'orchestre le soir de la représentation, tandis que lui, caché dans le trou du
souffleur, avec une partition à la main, conduisait
tout le jeu de la scène.

L'orchestre avait été invité à suivre et à ne regarder
le chef improvisé que le plus rarement possible. Tout
marcha à souhait et le compositeur applaudi eut la joie
de prodiguer à tous les plus chaleureux éloges !

On en rit encore là-bas !

La moralité sera que le musicien conduisant l'exécution de son œuvre est préférable à tout autre chef si,
à côté de dons naturels, il possède asssez d'expérience
technique.

Or, ceci ne peut-être le partage que de quelques-uns ;
car depuis longtemps les musiciens français sont conviés, au concert comme au théâtre, à entendre surtout
la musique de leurs confrères étrangers! On ne voit
donc pas très bien d'où pourrait leur venir l'entraîne-

ment que possédaient jusqu'à la maîtrise les compositeurs dramatiques du xviii° siècle.

Dès lors, ce qu'il y a de mieux, est encore de s'en remettre aux professionnels.

A Paris, ce sont tous de parfaits musiciens. En province, s'ils sont souvent de savoir médiocre, ils ont du moins l'habitude du métier ; et je les vois couramment accomplir des prodiges d'adresse où nos meilleurs chefs d'orchestre parisiens risqueraient fort de perdre pied !

Et puis, au fond — et c'est l'avis du camp opposé à la direction de l'auteur — il y a peut-être quelque avantage à ne pas apporter ses nerfs personnels au soir de ces rares batailles. On les a si longtemps attendues que le mieux trempé peut faiblir !

Henri IV, le brave Henri IV n'entendait jamais le premier coup de feu sans éprouver... une très vive sensation ! Elle n'est permise qu'après la victoire !

Donc, compositeurs, composez ; chefs d'orchestre, dirigez. Chacun son métier ; les « notes » seront mieux gardées !

*
* *

En juin, libéré de toute affaire à Paris, je n'avais plus qu'à mettre le cap sur Rome, et je n'ai pas besoin de dire avec quelle joie je m'y préparai !

Quelques amis me conseillaient bien de ne pas perdre de vue Du Locle et son singulier théâtre ! Mais d'autres venaient fortifier encore ma joie folle de partir en me disant :

— Tu as un acte reçu à l'Opéra-Comique ? Il sera joué, dans neuf ans, trois ou quatre fois !

Entre deux thèmes opposés on choisit toujours celui qui répond le mieux aux préférences du moment ; et, puisqu'on me prédisait neuf ans d'attente, j'avais tout le temps d'aller prendre l'air, surtout de penser à autre chose !

Charles Lefebvre, ayant eu la même envie de revivre quelques semaines la vie de l'Académie, m'y avait déjà précédé. Une lettre de lui vint me prouver que je n'étais pas seul à me délecter de la même pensée !

Rome, 10 juin 1874.

Mon cher Vieux,

Le mot « bonheur », quelque grand qu'il soit, n'est pas de trop pour exprimer ce que j'ai ressenti et ce que je ressens en venant reprendre ici ma vie d'autrefois : tu l'éprouveras bientôt, toi aussi.

Cette existence saine et laborieuse de l'Académie est bien une des meilleures choses qui soient au monde ; nous sommes de ceux qui en ont joui bien franchement. Le souvenir des jours passés vient s'ajouter à la joie présente, quand on y revient aussi tôt que je le fais ; juge quelle addition et quel total ! Je suis redevenu pensionnaire, sauf... la pension. Toutefois, jusqu'à aujourd'hui, ce n'était que pour la journée. Après la nuit passée chez les Serny, place d'Espagne, j'allais prendre l'*aura* habituelle, j'y retrouvais les uns ou les autres, je remontais avec eux, et, depuis ce moment, à part quelques visages nouveaux en plus et quelques anciens en moins (et des meilleurs), c'était comme autrefois jusqu'au moment d'aller se coucher.

Aujourd'hui, j'emménage dans la chambre turque. Quand le Directeur est revenu, j'ai cru qu'il m'en parlerait le pre-

mier, mais non : il semblait redouter ce sujet et ne s'informa
même pas où je demeurais en dehors de la villa : ma foi,
j'ai abordé la question. Comme il m'avait, le premier, à
Paris, offert la chambre turque, il ne pouvait guère que me
répondre affirmativement : il a fait déménager de là-haut
les paperasses du Secrétariat qui y étaient restées, et je
vais leur succéder. Je cuirai un peu ; mais pour tant faire
que cuire j'aime mieux que ce soit à la Villa que sur la place
d'Espagne ou Via Sistina.

Donc, maintenant je me dédouble en deux personnes,
comme maître Jacques dans Molière : au 1er étage, je suis
M. Lefebvre, un ancien pensionnaire ayant droit ou à peu
près, à son ancienne chambre n° 4 avec un piano ; le tout
considéré comme atelier ; ayant même (je ne sais si c'est
avec l'autorisation supérieure) des serviettes dans la susdite
chambre, pour le cas où, par hasard, il éprouverait le besoin
de se laver les mains ; mais, de draps au lit, *niente ;* puis,
une fois le premier étage franchi, changement à vue ;
M. Lefebvre, hôte du Directeur, n'a rien à voir avec l'administration... Voilà la situation. Lenepveu me l'a bien spéci-
fiée en m'installant *chez lui.*

Tu ne vas pas tarder à venir, n'est-ce pas ? Il fait très
chaud, mais tu sais ce que c'est. Lafrance va bien mieux ; la
fièvre semble avoir oublié cette fois-ci de revenir. Je suis très
content de son envoi.

Jacquet en bon état.

L'envoi de Toudouze est sens dessus dessous, pour le
moment.

Ulmann est parti avant-hier avec Dieltiens pour Brescia,
mais avec le projet de s'arrêter à Florence jusqu'au 20 environ : donc si tu passes par là du 15 au 20, cherche-le soit à
la Luna, soit via della Ninna.

Machard et Blanc partent samedi : cela devait être déjà
lundi dernier, puis aujourd'hui ; sera-ce samedi ?... Ce qu'il
y a de certain, c'est que Machard vient de faire son propre
portrait, qui est très bien, et celui de Régnault ; *il enverra
de Paris* celui de Lenepveu..... Vendredi, leur dîner d'adieu !
Le départ commence à devenir probable..... Mais tu le retrou-

veras peut-être encore ; il n'est déjà bien plus résolu à voir
l'Exposition de Paris ; il veut passer à Venise, s'arrêter à
Besançon..... tu vois « ce que c'est » !

Quant à ce qu'on nous racontait à Paris des changements
dans la camaraderie de l'Académie, c'est absolument inexact :
les nouveaux ne semblent pas encore fondus avec les anciens;
c'est le phénomène qui se produit souvent, et voilà tout. Ils
ont l'air de gentils garçons.

Hier, je suis allé dîner avec les habitués de l'*Hippopo-
tame* [1] ; macaroni irrésistible, des guitaristes, clarinettistes,
etc., plusieurs bras de chemise, beaucoup de bruit et de
chaleur : tu vois cela de ta place !

Quant aux voyageurs, tu m'as demandé des renseignements, les voici. Tout le monde étant pressé par les envois
en retard pour cette année ou pour l'autre, personne ne
bougera avant le 15 juillet. Jacquet et Toudouze seront les
premiers partants pour Venise ; Lafrance ne peut songer à
lâcher son travail qui n'est pas encore très avancé ;

. . . .

Pour moi, je travaille beaucoup et avec délices.

Je ne pourrai prolonger au delà du terme que je me suis
fixé cette douce résurrection des années d'autrefois. Mon
cher, j'ai eu les larmes aux yeux en reprenant possession de
ma chambre et retrouvant sur le mur un calendrier de
1872 !

Toi, malheureusement, tu ne pourras te réinstaller dans
ta chambre ; elle est occupée par un Athénien.

Ils sont gentils, les Athéniens. Toutefois on sent dans les
rapports avec eux que ce n'est pas tout à fait la même
famille. Je ne parle pas de Bayet qui est acclimaté depuis
longtemps à l'Académie.

Allons, viens vite, et voyage de nuit à cause de la chaleur.
Impossible de sortir ici avant cinq heures. Le dimanche
on ne monte plus chez le Directeur.

J'écrirai ces jours-ci à Hébert.

---

1. *Rome*, Souvenirs d'un musicien (Hachette édit.).

Au revoir, mon cher vieux, à bientôt : une bonne poignée de mains.

Ton ami,
Cʜ. Lᴇғᴇʙᴠʀᴇ.

Amitiés aux camarades.

Avant de partir, j'avisai Barbier de ma résolution en l'informant que la partition un peu remaniée de notre ouvrage était complètement terminée. Il avait lui-même quitté Paris et sa réponse n'opposait aucune objection à mon absence, bien au contraire !

Vichy, 18 juin 1874.

Cʜᴇʀ Aᴍɪ,

Merci de votre bonne lettre. Je vous prie d'avance d'excuser le décousu de la mienne. C'est la *quatre-vingt-unième* que j'écris depuis que je suis à Vichy et j'ai la migraine.

Je vous dirai qu'en ce moment les miens se promènent à cheval. Moi, je suis à pied dans ma chambre. De l'autre côté de la cloison causent deux dames d'Aubusson. Les choses que disent ces dames me bourdonnent dans les oreilles. C'est très intéressant. L'une d'elles dit « cela mettrait du beurre dans les épinards » ; quels épinards ? je l'ignore.

Je suis ravi d'apprendre l'heureuse délivrance de *Catherine*. Ne vous effrayez pas de la fiente d'oiseau tombée sur votre manuscrit. C'est bon signe. Cela veut dire « argent ». Nous aurons beaucoup de succès et nous gagnerons beaucoup d'argent. Voilà !...

Comme je comprends bien, cher ami, que vous ayez hâte de vous retrouver dans votre chambre de Rome ! C'est un adieu que vous allez faire au plus heureux temps de votre vie !... Quand vous reviendrez de là, il vous faudra frayer avec Du Locle !... cette perspective assombrit l'horizon, n'est-ce pas ? Moi, je m'arrange très bien avec Du Locle ; mais je ne suis pas musicien !... Oh ! être musicien et avoir affaire à Du Locle !... Pauvre Du Locle ! Pauvres musiciens !...

N'empêche, comme disent les portières, que Du Locle jouera *Catherine*. Voulez-vous venir en causer avec moi jeudi matin ? — pas à Vichy ; à Paris — nous causerons, nous déjeunerons et nous partirons.

.....On s'ennuie bien à Vichy, savez-vous ? Moi aussi, j'ai entendu des ouvertures et un nombre illimité de valses de Métra. Oui, j'ai entendu cela à jeun ! Ce matin ils ont joué l'*andante* de la Symphonie pastorale. Un rossignol, perché dans un arbre, a semblé seul y prendre intérêt ; avec moi, bien entendu.

Vous croyez peut-être que j'ai travaillé ? Détrompez-vous ! je n'ai rien fait ; rien, rien, rien ! Aussi je suis éreinté ; cela vous paraîtra un paradoxe ; mais rien ne me fatigue comme de me reposer.

J'ai eu l'esprit tout *matagrobolisé*, cher ami, et le corps mal équilibré. Il y a eu des jours où j'étais rouge ; d'autres où j'étais jaune ; d'autres où j'étais vert d'eau.

Les médecins ont commencé par me rendre plus malade que je n'étais ; je crois, le diable m'emporte, qu'ils m'ont fait venir des maladies pour avoir le plaisir de les guérir. Quand j'ai vu cela, j'ai envoyé le *Puits carré* et la *Grande grille* à tous les diables, et je vais mieux...

Pour le moment, je tousse comme une machine à vapeur, et je songe avec tristesse qu'il y a du gigot réchauffé pour le dîner. C'est pourquoi je termine ma lettre.

Cordiale poignée de main et à bientôt.

P.-J. BARBIER.

Vers la fin de juin, le train m'emportait vite, vite vers Rome, où, après quelques arrêts d'incorrigible, j'arrivai une huitaine après le départ.

Quelle joie d'y retrouver quelques-uns de mes amis !

Quelles accolades ! Quels vacarmes ! Le directeur Lenepveu, lui-même, avait arboré son plus aimable et, par conséquent, son plus rare sourire !

Encore pensionnaire, il ne pouvait d'ailleurs, me refuser ni la table, ni le logement. Le Rè...gle...ment était formel ! Je m'installai dans une chambre au Nord qu'un récent départ laissait vacante ; l'exposition était rêvée par cette température de fournaise, et je me mis à l'œuvre aussitôt : l'ouverture officielle !

Ce n'était pas une ouverture proprement dite que j'avais entrevue pour le travail de tant de mois, mais un prélude de libre plan en résumant les deux couleurs opposées.

Or, en présence du papier blanc, et sur le seuil de la mise en œuvre, bien des scrupules se dressaient !

La première année à Rome n'avait abouti — sous prétexte d'indépendance ! — qu'à d'extravagants essais heureusement assagis par la seconde. Les conversations que j'avais eues à Paris avec de grands musiciens, les impressions si précieuses qu'ils avaient bien voulu me communiquer ; la pensée que ce que j'allais écrire recevait pour destination première la tribune de l'illustre Coupole ! Le respect, enfin, poussé jusqu'à la superstition, de l'incomparable assemblée dont je me faisais alors une idée d'ailleurs très fausse, tout cela m'appliquait en quelque sorte les menottes, et au lieu d'écouter l'instinct — ce conseiller sûr — je livrai la place entière à la pure raison, faculté la plus stérile en matière d'art.

Parmi les ruines dont nous sommes entourés, le prestige de l'Institut est resté debout, parce que nulle réunion d'hommes ne représente une telle élite. Travailleurs inlassables, la mort seule fait tomber de leurs mains l'outil, le ciseau, la brosse ou la plume. Et c'est pour cela qu'à l'âge où la majorité des êtres n'a plus devant elle que les tristesses du crépuscule, ceux-là, jusqu'à la fin, gardent une jeunesse d'esprit dont l'expérience et la maîtrise viennent encore affiner la sensibilité. En souriant, alors qu'ils en sourient eux-mêmes, on les nomme « Immortels ! »... Or, c'est pour toutes ces raisons qu'un peu de vérité se cache en ce mot comme en tous les euphémismes.

Mais, en 1874, je me faisais une tout autre idée de l'aréopage ! Et je ne soupçonnais même pas qu'il consentît à entendre un autre langage que le grec ; ou, autrement dit, qu'un spécimen de plus des formules les plus classiques.

L'erreur fut de s'arrêter à cette opinion ; une fois admise il ne restait plus qu'à tendre sa toile dans le casque de Minerve !

J'analysai alors non seulement à la loupe, mais au microscope, les modèles du genre : *Coriolan, Egmont, Léonore* entre autres, et, trop certain de ne pouvoir couler en ces moules l'or pur qui les maintient toujours debout au milieu des amusantes tempêtes de la mode, je gardais du moins l'excuse d'avoir pris exemple d'en haut, avec, en outre, tout l'avantage d'une étude féconde.

Mais cela n'était, en quelque sorte, qu'un travail d'ouvrier, et je compris alors l'état d'âme de mes camarades peintres obligés, d'après le règlement de l'Académie, à des copies de grands maîtres qu'ils admiraient sans réserves, mais devant lesquels ils bâillaient des journées entières !

Divisant le temps en deux parts, la première fut consacrée à la besogne matérielle que représentait cette ouverture; l'autre à fixer par des recherches et des lectures le travail qui devait suivre — c'est, d'ailleurs, toujours à celui-là qu'on pense avec le plus de plaisir, attendu qu'il est encore dépourvu de toute collaboration physique !

Ces recherches et ces études avaient pour but d'établir un livret d'opéra d'après les si curieuses chroniques italiennes. Je me fixai à une action dramatique dont le siège était à Ferrare... Mais, ceci a été conté ailleurs[1]; il n'y a donc pas lieu d'y revenir.

Lorsqu'on est en proie aux courants d'opinions contraires qui se heurtent en l'esprit, on s'imagine volontiers être seul en butte à ces tiraillements; et si le hasard permet de découvrir de semblables malaises chez un autre, ce n'est peut-être pas une joie, mais, sûrement, une consolation de le constater !

Pendant que je me livrais aux réflexions qu'on vient de lire, une lettre de Barbier m'arriva annonçant un état d'esprit à peu près semblable.

Aulnay, 22 juillet 1874.

MON CHER AMI,

Je suis ravi d'apprendre que vous êtes en bonne santé et en bon état d'esprit. Je vous envierais, si j'avais jamais envié personne; car je continue à ne battre que d'une aile.

L'esprit est fort cahoté, le corps ne l'est pas moins, et les

----

1. *Rome, Souvenirs d'un musicien*, page 213 (Hachette édit.).

mouches s'acharnent après moi !... Il est vrai que vous avez peut-être des mouches à Rome, et que ce supplice du moins ne vous est pas étranger. Moi, cela me rend fou !...

J'ai fait, depuis que je vous ai vu, le scénario d'un drame en vers, en cinq actes, qui m'est tombé de la lune. Cela m'a un peu remis. Je retombe dans mes broutilles pour trois semaines environ ; après quoi, je me lance à corps perdu dans cette nouvelle œuvre qui, je l'espère, sera écrite en deux mois et représentée dans le courant de l'hiver.

Je n'ai pas revu Du Locle. Je prends note de votre ténor et je lui en parlerai à la première occasion.

Vous savez que le succès de *l'Esclave* a dépassé mes prévisions... et assurément les vôtres ?... Les trois premiers actes ont produit le plus grand effet : malheureusement, le quatrième est venu jeter un seau d'eau glacée sur l'enthousiasme du public. Cela apprendra à mes collaborateurs à cuisiner *mes* dénouements avec cette désinvolture !... Cela brûle !

Quelle ouverture allez-vous nous faire là-bas ?... Ouverture de quoi ?... Ne consultez pas les musiciens, je vous en prie ; ce sont les gens qui s'entendent le moins en musique. Consultez les peintres et les pâtissiers.

Quand on pense qu'il y a de par le monde de jeunes compositeurs qui vont demander l'avis de ***, cela fait passer un frisson dans le dos ! *** fait de très belle musique, mais le malheur est qu'il y trempe ses avis comme une mouillette dans un œuf à la coque !...

Vous croyez peut-être que Gounod n'a pas eu une influence déplorable sur les compositeurs de notre temps ?... Vous savez si je le tiens pour un homme de génie ; mais on a voulu surprendre sa manière, et... *comme il n'en a pas*, on s'est cassé le cou !

Oh !... être soi-même !... pouvoir s'écrier avec Musset :

Mon verre n'est pas grand, mais je bois dans mon verre !

Quant aux wagnériens, c'est un cas pathologique qui rentre dans le domaine de la médecine !

Eh ! Eh ! cher ami... j'ai des ricanements de singe en pensant que je vous cause peut-être des bouillonnements, des tressaillements, des frissonnements de carpe frite, au milieu des vasques, des bassins, des fleurs, des pins, des astragales de la Villa Médicis que vous décrivez si poétiquement !

Il faut bien que je me venge !!! Je n'y suis pas, moi, à la Villa Médicis ! Je suis à Aulnay, en proie aux mouches, et je voudrais bien être à votre place !

Enfin, la vie n'a qu'un temps !... Je vous la souhaite bonne et heureuse et je vous serre cordialement la main.

P.-J. Barbier.

Un mois s'était écoulé depuis mon retour à l'Académie et, chaque jour, s'affirmait une impression que rien n'eût laissé prévoir !

La plupart des camarades de la première heure étaient rentrés à Paris ; d'autres, momentanément absents ; trois ou quatre, au plus, restaient encore à la villa... En présence de tant de nouveaux venus, et malgré leur cordialité très grande, avec un directeur comme Lenepveu ne possédant en rien le charme d'Hébert, il me sembla jouer le rôle de quelque Schaunard attardé, étudiant de dix ou douzième année n'ayant plus rien à faire en la maison !

Il n'est pas jusqu'à l'Académie elle-même qui ne m'apparût comme une amie dont, malgré soi et par la force des choses, on s'est séparé avec un réel déchirement cicatrisé par le temps et qu'on retrouve un an après avec une tranquillité d'âme dont on ne se serait pas cru capable !

Après la flamme ardente, la cendre où couve encore

la douce amitié gardienne, certes, de bien des joies, mais...

Peu à peu tout cela me poussait doucement par les épaules et me conseillait le départ. L'ouverture était terminée, seule l'instrumentation restait à faire, et ce travail n'a guère besoin que d'une table et d'un encrier qu'on trouve partout...

Des lettres de Paris m'arrivaient fiévreuses, bourrées de riens qui, de près, semblent être quelque chose et de loin se résument à... ces lignes, par exemple, de Charles Lefebvre qui, venu à Rome en juin, m'écrivait à Paris et qui, y étant rentré, me les adressait maintenant à Rome.

Paris, 11 août 1874.

Mon cher Maréchal,

Je pense que ma lettre te trouvera encore à Rome, et je vais te conter ce que j'ai entendu dire de-ci de-là :

Mon détour par Toulon, en revenant, m'a empêché d'arriver à temps pour la distribution du Conservatoire. Je n'ai pas vu Massé, par conséquent, et lui ai fait dire ce dont tu m'avais chargé au sujet de ton travail et de ton Ouverture. A la distribution, le ministre a parlé en quelques mots de l'audition des Envois « comptant bien » (ce sont à peu près ses expressions) « que c'est un fait acquis pour l'avenir », mais sans rien affirmer de plus. Du reste, les comptes de la séance du mois de mai qui dépassent de 444 francs le devis (total 3.444 francs) ne sont pas encore absolument nettoyés.

A l'autre distribution, celle de l'École, il n'a pas plus été question du prix du Salon, que si on ne l'avait pas décerné : M. Guillaume, paraît-il, avait prévenu la veille M. de Chennevières qu'il pourrait y avoir un peu de bruit si l'on effleurait ce sujet brûlant.

Je n'ai pas encore vu Machard ni Scellier, toujours souffrant.

Degeorge va bien. Il fait le buste de Régnault pour le
monument de l'École : c'est en bon chemin.

Gounod est en Normandie, très bien portant. Il a passé
par Paris. ·

L'Esclave... tu l'as vue, je ne t'en parle pas davantage.

Lenepveu (le compositeur) est en Bretagne, pas très
solide !

Moi, pas très content. Gallet m'a proposé deux sujets,
mais ils ne me vont pas.

J'ai lu la Messe de Verdi. Au piano, privée de l'effet d'ensemble qui doit être très puissant, du prestige des deux
grands artistes qui l'ont chantée, de celui de l'orchestre,
réduite par conséquent à sa plus simple expression musicale, cela ne m'a pas émerveillé autant que je m'attendais
à l'être. Le *Libera me* me semble la plus belle partie.

L'Opéra-Comique ne fait pas le sou. On prétend que le
Châtelet (Opéra populaire) n'aura pas longtemps à vivre.

Reyer travaille à une *Judith* avec Gallet.

Le « Concert national » continuera, constitué en société.
— Je ne sais rien sur la séance de l'Institut. — J'ai vu Dutert,
qui a l'air content de ses affaires.

Temps dégoûtant ici, des giboulées à chaque instant;
pas une journée sans pluie depuis que je suis de retour !

Le livre de « la Cosaque » fait sensation. Il paraît qu'elle
a donné l'an dernier un concert à Paris et fait une confé-
rence. Fragment de conversation entre D'E... et ELLE :

D'E... — Quelle musique jouez-vous de préférence, madame ? Jouez-vous les grandes sonates de Beethoven ?

ELLE. — Je ne me compromets pas à jouer des choses
pareilles !

D'E... — Du Mendelssohn ?

ELLE. — Je le méprise.

D'E... — Quoi alors ?

ELLE. — Liszt ! c'est le seul compositeur, l'absolu compositeur.....

Hélas ! hélas ! Florence ! Quand te reverrai-je ? et toi

surtout, chère Académie, où toi, heureux, tu as encore
quelques jours à passer.

Amitiés à tous et à toi en particulier.

A bientôt, cher vieux.

Bien à toi.

CH. LEFEBVRE.

Hébert, mon cher Hébert, me donnait aussi de ses
nouvelles. C'était le vieux lien qui — celui-là du moins
— ne devait jamais se rompre ! Reconnaissant son écriture à l'arrivée de ses lettres, il me semblait revivre
les bonnes heures envolées, entendre sa voix harmonieuse et douce et, pour un instant, la villa reprenait
sa riante parure du passé !

Paris, Agosto 1874.

CARO VECCHIO CANOTIERO,

Je vous remercie de votre lettre et j'y réponds deux
mots pour vous prouver que vos points d'interrogation n'ont
pas de raison d'être, et ensuite pour vous prier de déposer
entre les mains de Lenepveu la bague que je vous avais
chargé de passer au doigt de Giovanina, la modèle. Puisque
vous êtes arrivé trop tard pour remplir cette fonction en
mon nom, ce sera M. le Directeur qui s'en chargera au retour
de la belle Arabe à Rome.

Avez-vous porté mon portrait aux personnes qui l'attendent avec une impatience qui devient de la rage par la chaleur qu'il fait ?

Ici, il pleut, il fait froid et humide, ce qui paraît drôle
après 45 degrés de chaleur.

Donc, mon cher vieux, travaillez bien dans le n° 14.
Faites-nous une ouverture qui me fasse battre le cœur à la
séance de couronnement, que j'ornerai pour la première
fois de mes broderies vertes. Je vous en prie, pensez un

peu, pendant que vous êtes en train de faire des chefs-
d'œuvre, à la chanson de l'Alsace et à la romance du Maître
d'école : *Il faut de l'exquis.*

J'ai vu la première de *l'Esclave* ; c'est là où il en manque !

Adieu, mille amitiés de votre ami et ex-directeur,

E. H.

Dans la dernière quinzaine d'août, deux vieux camarades se disposaient à aller passer un mois à Venise.
Trop heureux de l'occasion, je me joignis à eux et, le
matin d'un beau dimanche, tous les trois nous nous
mettions en route.

C'était l'adieu définitif à l'Académie.

Je n'eus jamais l'envie d'y revenir! A quoi bon?

A quoi bon promener tant d'années de plus sous ces
vieux arbres, le long de ces murs vénérés? Ils ne me
reconnaîtraient plus ! Ou bien, se souvenant, par cette
voix qui jadis prophétisait de si riants jours, peut-être
me poseraient-t-ils cette indiscrète question :

— Eh bien, l'ami, qu'as-tu fait de nos conseils ?

— ... Je les ai suivis, chères voix de la jeunesse. Aux
rêves que vous m'avez suggérés j'ai tenté de donner un
corps. Ils ont vécu quelques soirs, puis se sont endormis les uns dans le bruit des applaudissements, les
autres dans l'indifférence, ou le calcul, des intérêts
contraires ! Ils attendent le prince Charmant qui viendra
les réveiller, ou le Deucalion qui, les jetant machinale-
ment par-dessus l'épaule comme choses inertes, leur
rendra sans le savoir la vie qu'ils connurent, si Jupiter-
Hasard daigne encore pour eux accomplir le prodige
de la fable !

.   .   .   .

Tel était mon état d'âme lorsque ces lignes furent écrites ; — septembre 1910, — cependant, en avril 1911, une mission officielle du ministère de l'Instruction publique et des Beaux-Arts m'envoyait brusquement à Rome où je dus passer une semaine.

En recevant la lettre ministérielle, mon émotion fut profonde à la pensée de retourner là-bas après un *entr'acte* de trente-sept années ; après, surtout, la ferme résolution prise de n'y jamais revenir. Je me trouvai donc en lutte avec deux courants contraires où — je ne pouvais me le dissimuler — une joie immense s'excusait presque en s'appuyant sur une décision qui n'était pas mienne !

Une profonde mélancolie, cependant, se mêlait à cette joie. Revoir tout cela !... Tous ces petits coins bien connus où, ici, furent écrits deux vers, là, quatre mesures qui... Mais ces deux vers n'ont-ils pas été chantés cent fois, ces quatre mesures n'ont-elles pas été applaudies bien souvent ?

Doucement, s'il vous plaît...

Dans la vision si différente du crépuscule, reconnaître le berceau d'une idée, le lieu où la graine fut jetée à l'aurore de la vie... N'est-ce pas un peu téméraire ?... Le temps sait si bien auréoler les chers souvenirs du passé ! Aller en quelque sorte contrôler son œuvre, *voir*, examiner, vérifier s'il eut tort ou raison !...

Mais, *il le fallait ;* et c'est poussé par une voix intérieure, toute de douceur comme celle d'une mère, qu'un beau soir je pris le rapide de Rome.

Le temps était affreux. A Ambérieu, au matin, un pied de neige recouvrait toutes choses; plus s'accentuait la montée vers Modane, plus grandes étaient les traces de la tempête : arbres, maisons, montagnes, rocs écroulés aux torrents, tout avait revêtu la blanche livrée de l'hiver. A la frontière, un froid vif vint s'ajouter aux ennuyeuses formalités douanières. Le Mont-Cenis franchi, la neige, très affairée du côté français, avait prié sa sœur la pluie de se charger du côté italien.

Des torrents d'eau nous accompagnèrent jusqu'à Gênes ; mais une première nuit blanche — la contagion, sans doute — suivie d'une journée particulièrement maussade m'assurèrent quelques heures de sommeil jusqu'au jour.

L'arrivée à Rome était prévue pour sept heures du matin ; dès six heures j'étais prêt à saluer l'aurore aux doigts de roses — en la circonstance devenus gris — et c'est par un ciel couvert, mais sans pluie du moins, que le train s'engagea dans les premières solitudes de la campagne romaine.

Un indéfinissable trouble s'empara de moi en apercevant le premier bouvier à cheval armé du redoutable aiguillon et conduisant un grand troupeau de ces bœufs romains aux cornes immenses, à ce point qu'un homme de sang-froid collé au mur peut éviter le coup en se tenant les bras au corps, chacune des pointes l'enfermant comme en une parenthèse sans lui causer aucun mal.

Ces bouviers — ces centaures plutôt, car l'homme et le cheval semblent ne composer qu'un seul et même

individu — ont conservé tous les détails du costume
d'antan ; et le bouvier à bicyclette n'a pas encore fait
son apparition dans les pâturages du Latium !

La vue de ce petit cavalier avec son manteau doublé
de vert roulé à l'arrière de la selle, son chapeau pointu,
ses bottes et sa veste, de cet homme qui, avec une pointe
de fer de quelques centimètres fixée à une gaule, inspire
une si formidable terreur à tout un troupeau, me rappela une excursion à Ostie dans les propriétés du prince
Chigi, jadis, où avec une dizaine de camarades nous
étions allés fêter le succès de l'un d'eux en un joyeux
déjeuner. Pour éviter le long détour de la route et
prendre une traverse, nous avions enjambé les frêles
barrières de bois qui enferment les troupeaux et nous
nous étions engagés dans le pacage, riant, chantant,
gambadant... dix fois vingt-cinq ans, enfin, coiffant de
dix manières différentes le capuchon bariolé de la folie !

De loin, un gros troupeau sans bouvier avait cessé
de paître et, les cornes hautes, nous regardait passer
avec un étonnement auquel nous ne prêtions nulle
attention, lorsqu'un garde du prince accourut vers nous
nous demandant si nous n'étions pas devenus fous !.
Puis, souriant tout de même, le brave homme ajouta :

— Il faut vous hâter de passer, messieurs, car *ils*
vont accourir sur vous en masse au moindre signal de
l'un d'eux ! Mais, pour vous laisser le temps de gagner
la barrière — car nous étions au beau milieu d'une
plaine — il faut d'abord *les* chasser plus loin.

Et tirant de sa ceinture un revolver de très fort
calibre, le garde en déchargea deux ou trois coups en
l'air. Au bruit des détonations, le troupeau entier tourna

sur lui-même et s'enfuit au plus loin du pacage ; puis l'homme ajouta :

— Passez vite, car ils vont revenir en masses et terribles !

Quelle course folle nous prîmes à travers champs pour gagner la barrière, la franchir et sauter sur la route ! Le garde avait raison. A peine étions-nous en sûreté que, du fond de la plaine, le troupeau se rua au galop et cornes baissées vers nous avec un bruit de tonnerre et s'arrêta comme par miracle devant ces légères barrières de bois qui ne seraient qu'un jeu pour un seul et qui suffisent, pourtant, à retenir des centaines de ces redoutables bêtes! Elles y lisent sans doute : « Chasse gardée ; il y a des pièges à loup ! »

Le train en avançant dans la campagne, et les brouillards du matin se dissipant peu à peu, les montagnes de la Sabine apparurent à l'horizon, puis le Monte-Cavo qui les domine.

Autre souvenir !

Le Monte-Cavo!... Tusculum... Cicéron... Sa maison... Son théâtre retrouvé peu après 1830 dans les fouilles dues aux libéralités d'une princesse allemande, ainsi qu'en témoigne une plaque de marbre fichée au mur.

C'est dans ce petit théâtre, admirablement conservé, que, seul, un jour, je considérais avec étonnement les cendres d'un feu entre quelques pierres. Du feu dans ce désert? Pas si désert, puisqu'un gamin vint à passer ; et comme je lui demandais qui allumait ce feu :

— Les bergers, répondit-il, qui viennent la nuit parquer ici leurs troupeaux, allument du feu pour chasser les loups et chantent pour ne pas s'endormir.

Des bergers chantants!... Comme dans Molière!... Mais à cette époque il n'était guère question de lui dans le travail entrepris! Et le gamin ayant continué sa route en fredonnant *Funiculi, Funicula*, la chanson alors à la mode, je me retrouvai seul et pus interroger à l'aise ces cendres, ces traces de pas sur le sol, ces pierres, enfin, public muet d'une musique que je m'efforçai de retrouver dans le bourdonnement des insectes ou le vent léger qui venait de la mer.

Au retour, à Rome, je fis entendre ces notes à Hébert dont le visage s'illumina d'une véritable joie et qui m'embrassa avec effusion. Plus tard, à Paris — et depuis, combien de fois ailleurs — j'eus aussi la joie non moins grande d'entendre ces notes le plus généralement bissées...

Mais le train filait à vive allure et bientôt apparurent les premières sentinelles de la Ville moderne : usines, gazomètres, abattoirs, etc.; pour s'étaler plus à l'aise ils n'ont pas hésité à éventrer les vieux murs qui, de ce côté, ne sont plus guère qu'un souvenir! Les constructions se multiplient; par-dessus quelques monticules, voici les hautes statues qui couronnent Saint-Jean-de-Latran, des dômes et, en regardant vers le sol, des tramways! O Romulus, voile-toi la face!

A l'heure exacte nous entrions en gare de Rome, celle d'autrefois un peu agrandie. Mais, dès les premiers pas au dehors, plus rien du passé. Les termes de Dioclétien, pendant tant de siècles abandonnés à l'œuvre du temps, aujourd'hui peignés, consolidés, entourés d'un square, font songer aux thermes de Julien à Paris, boulevard Saint-Michel !

La voiture qui me conduisait à l'hôtel, au centre de la ville, passa par des chemins qui m'étaient inconnus. J'aurais pu me croire à Lyon, à Genève, à Bordeaux... Tous mes amis allaient-ils avoir raison lorsqu'ils me répétaient que Rome « n'est plus dans Rome ?... » Oh ! que non ! Patience. Au bas de la côte — pardon : de la colline, l'une des sept, le Viminale, s'il vous plaît ! — je retrouvai la Rome ancienne ; non celle d'Auguste ou de Tibère, mais celle de mon temps, ce qui suffit à m'enchanter, l'histoire et l'archéologie n'étant pas tout !

La première de mes instructions était d'aller voir l'ambassadeur de France, officiellement prévenu de ma venue. Il ne pouvait me recevoir qu'à onze heures et demie ; il en était huit ; j'avais donc trois heures devant moi.

En ces premiers jours d'avril, de petites averses flirtaient dans le ciel avec quelques coins bleus ; indifférent à ce duc printanier, c'est avec une sorte de fièvre que je m'engageai dans le dédale des rues qui entourent le Panthéon. J'y reconnus tout : ces enchevêtrements de *Vicoli* circulaires ramenant l'étranger au même point, mais qui, lorsqu'on les connaît, se coupent à un certain point et conduisent alors où l'on veut aller en passant par ces petites places, si particulières à Rome où de hauts palais montrent à leur rez-de-chaussée d'énormes fenêtres bardées de fer avec des bornes gigantesques sur lesquelles, comme à Venise, les Léandre de Goldoni ne manquent jamais de grimper lorsqu'au premier étage Isabelle prend le frais !

Un tramway agrippé au hasard, sans aucun but arrêté — à quoi bon, ayant *tout* à revoir? — me déposa sur la place Saint-Pierre. Ici encore, aucun changement; et sur le seuil du Vatican, le soldat suisse au costume bariolé noir, jaune et rouge — dessiné, dit-on, par Michel-Ange — monte toujours sa faction, une hallebarde entre les bras.

En gravissant les marches de la basilique, j'étais curieux de vérifier si le souvenir assez indifférent laissé par le passé avait fait place à quelque impression plus vive. Il n'en fut rien. La magnificence architecturale et décorative de Saint-Pierre de Rome ne parvient pas — du moins pour certains — à dégager l'émotion de la plupart des grandes cathédrales gothiques, Reims, Bourges, Caen, Rouen et tant d'autres en France, Cologne, Bruxelles et bien d'autres aussi à l'étranger ; à Paris, Notre-Dame, ou même une simple chapelle de Saint-Germain-l'Auxerrois possèdent une force inconnue à l'immense basilique romaine : le mystère !

En revanche, Saint-Pierre de Rome est un nom magique revêtu d'un prestige unique. Il le partage avec celui de Rome même; et quelle que soit la mentalité du visiteur, en foulant le petit pavé de la ville ou le dallage polychrome de Saint-Pierre il ne peut se soustraire à l'obsession de ces deux mots : « C'est là! »

A l'heure fixée, je me rendais au Palais Farnèse et j'étais introduit auprès de l'ambassadeur de France, dont l'accueil correct voulut bien se doubler de quelque cordialité. Il résulta de notre entretien que la mission dont j'étais chargé s'éparpillait sur plusieurs journées à des heures assez différentes qui, par cela même, me laissaient quelques loisirs. Puis, l'ambassadeur, en me reconduisant, prit la peine de me faire visiter le Palais, une vieille connaissance dont je feignis d'apprendre l'histoire ; et, entre autres, la fameuse galerie des Carrache qu'on dirait peinte de l'année dernière ! Je sortis donc du Palais Farnèse avec cette pointe de chauvinisme, dont le plus indifférent ne peut se défendre à l'étranger, qui me soufflait tout bas que le représentant de la France est logé comme il convient au prestige de notre pays.

Trois autres heures de liberté m'étaient laissées dans l'après-midi. Je gagnai le Corso ; celui-ci intact, sauf une nouvelle grande voie qui le coupe à angle droit vers le milieu. L'un des tronçons me conduisit à la Place du Peuple. Ici encore aucun changement. Voici bien la porte par laquelle j'entrais pour la première fois quarante ans auparavant ! A pied, je refis le chemin du petit *voiturin* d'alors en gravissant les pentes du Pincio. On eût pu me bander les yeux ; comme un caniche au flair sûr, je ne me serais arrêté que devant la porte de l'Académie !

En l'apercevant de loin, il me sembla revoir sur le seuil ce brave Grenier, que le lecteur connaît déjà ! Mais si Grenier est mort depuis longtemps, je crois bien que son successeur prolonge au delà du vraisemblable son rutilant uniforme : immense redingote galonnée d'or, comme le bicorne, et canne énorme dont les suisses d'église, seuls, semblent pourtant posséder le privilège ; telle est d'ailleurs la tenue d'*il signore portiere* dans presque tous les grands palais de Rome.

A ce serviteur si galonné je me nommai et déclinai

mes qualités. C'est donc avec égards, et même un aimable visage, que la place me fu. livrée. Ma première visite fut pour le directeur, l'éminent peintre Carolus Duran que j'avais l'honneur de connaître depuis nombre d'années et dont, par conséquent, l'accueil fut empreint de la plus grande cordialité. Puis, je me mis à la recherche du vice-roi, du massier, c'est-à-dire du représentant, du porte-parole, enfin, des pensionnaires. Il était absent, et je laissai une carte avec mon adresse à l'hôtel. Ces formalités remplies, je me retrouvai seul dans les jardins. Ah! c'est ici que s'ouvrit tout grand l'herbier du souvenir!

C'est comme tout étourdi que je parcourus ces allées sur lesquelles, ici et là, s'ouvre une porte d'atelier. A chacune d'elles j'aurais pu écrire un nom d'autrefois, nom parfois accompagné d'une croix noire!

Je me sentais dans cet état mental où devait se trouver l'un de ces gardes qu'on voit dans *la Belle au bois dormant*, s'éveillant après un sommeil de cent années, toujours appuyé sur sa lance et retrouvant chaque chose telle il l'avait laissée. Car, ici, pas un caillou de changé, pas un arbre; c'est bien toujours la Villa Médici!

A ces portes fermées d'ateliers amis, j'éprouvais comme une vague envie de frapper ! Mais allais-je voir s'ouvrir un battant, apparaître Chose ou Machin l'ébauchoir ou la palette à la main, entendre une voix tonitruante crier :

— *Entrrrez !...* Ah ! c'est toi ? Comme c'est gentil !... Assieds-toi et fume une pipe pendant que je travaille !

. . . . Non ! il ne fallait

pas frapper à ces portes, puisqu'elles ne s'ouvrent aujourd'hui que sur le présent, alors qu'elles sont si bien closes sur le passé !

Rentré à l'hôtel, j'y trouvai d'abord une carte du massier ; puis, j'y reçus peu après la visite de Mazellier, seul pensionnaire musicien alors présent à Rome. Il venait, au nom de ses camarades, m'inviter à dîner pour le surlendemain en me proposant l'une des trois formules traditionnelles : n° 1, l'habit et le cigare ; n° 2, la redingote et la cigarette ; n° 3, le veston et la pipe. C'est cette dernière formule que je choisis.

A l'heure convenue, j'étais introduit dans le salon des pensionnaires. La présence d'un ancien ne manqua pas tout d'abord de jeter un peu de froid. Je me rappelais la scène pour l'avoir jouée moi-même autrefois lors des visites du peintre Cabanel, des architectes Labrouste, Ginain et d'autres ! Aussi, dès les premiers mots, et m'appuyant sur la formule n° 3 (!) demandai-je à mes hôtes de vouloir bien me recevoir en *camarade* et de consentir à cet effort d'imagination en n'établissant aucune différence entre nos chevelures !

« Madame est servie » — ou quelque chose d'approchant — fut annoncé et l'on passa dans la salle à manger. Depuis longtemps, ce n'est plus celle de 1874, — car n'oublions pas que nous n'en avons pas encore fini avec cette année et que nous allons y revenir ! — Mais si la salle à manger n'est plus au même étage, elle a gardé le même aspect, grâce surtout à sa décoration de portraits. C'est, du moins, toujours la même table depuis plus de quatre-vingts ans : or, en soulevant la nappe, on peut encore y lire, gravée à la pointe du couteau, une collection de noms dont la plupart sont devenus illustres !

Le songe avait si bien pris le pas sur la réalité qu'en m'asseyant à cette table il me sembla ne l'avoir quittée que la veille ! Mis en présence de nouveaux visages, cependant, un geste, un son de voix, une expression de physionomie rappelant celui-ci ou celui-là de jadis m'eussent fait leur appliquer le nom correspondant. Ce sont de ces heures qui ne ressemblent à aucune autre vécue jusqu'alors. Hier se confond avec aujourd'hui à travers des épaisseurs d'almanachs ! Nulle conscience ne reste de ceux-ci ! C'est le ruisseau prêt à disparaître dans l'océan que voici ramené à sa source. A cette minute il oublie toutes les scories charriées, tous les cailloux rencontrés en son cours et sur lesquels il lui fallut rebondir avec combien d'efforts ! Non, tout cela n'est plus ! Redevenu source, il veut tout ignorer de ce qu'il a vu et se montre prêt à repartir pour arroser encore sur ses rives toutes les jolies fleurs de l'espérance !

Afin de fêter l'ancien on versa le champagne, et le massier fit mine de prononcer un discours ! *Pietà, Signore !* Placé à sa droite je n'eus que la main à poser sur son bras pour le prier de n'en rien faire au nom, précisément, de la formule n° 3 ! Mais je ne pus me soustraire, même en invoquant cette formule, à la joie de remercier mes jeunes camarades pour l'heure incomparable qu'ils venaient de me faire vivre ! Profondément ému et touché de leur accueil, c'est à l'évocation de mille souvenirs du passé autour de cette même table que je les entraînai en leur contant toute la bonne

humeur, tout l'esprit de leurs anciens — leurs maîtres
pour la plupart — et des rires sans fin de cette époque
à leurs yeux antédiluvienne !

Vers onze heures, je pris congé en serrant ces mains
si cordialement tendues qui ne manqueront certes pas,
à leur tour, de travailler au beau renom du pays, et je
redescendis vers la ville en songeant à ce juvénile
milieu où la différence des idées est si radicale lorsqu'on
les compare à celles de notre temps. Nous considérions
Rome comme la récompense suprême ; celle-ci leur
apparaît comme un châtiment. Deux ou trois, au plus,
parmi nous ne consentaient pas à s'abstraire des idées
pratiques ; c'étaient les fourmis ; les autres, les cigales,
vivaient leur rêve avec délices. Un ou deux aujour-
d'hui l'entrevoient ce rêve ; les autres se rongent dans
le regret de Paris, des expositions, des Salons A. B. C.
D. qui s'offrent à eux. C'est donc exactement le contraire de ce qui fut.

Les blâmer, ces jeunes gens ? Il faut bien s'en garder !
Les plaindre ? peut-être ! Et comme je causais de cette
évolution dans les idées avec un vieux camarade, il me
répondait fort justement : « Ils doivent avoir raison.
puisque nous, nous avons eu raison ! »

Ma mission terminée il ne me restait plus qu'à rentrer directement à Paris, après avoir constaté que si
Rome s'est améliorée dans le sens de la vie moderne —
il ne pouvait en être autrement dans une capitale — la
ville a néanmoins conservé plus de la moitié de son
caractère si particulier. D'ailleurs, il paraît fort difficile
de le lui retirer entièrement et, quoi qu'on fasse, Rome
restera longtemps une ville unique par une telle évoca-

tion du passé que tout le présent y reste encore attaché.

Au retour, quelques heures furent consacrées à Florence ; le temps d'aller revoir tant de merveilles et surtout cette chapelle du couvent de San-Marco décorée par Fra Angelico qu'on examine assis et qu'il faudrait admirer à genoux !

Rentré à Paris, je souriais à la pensée que quelques jours auparavant j'en étais parti assez perplexe ! Aujou-d'hui je suis prêt à me remettre en route ; et si j'entendais crier trop haut : « Les voyageurs pour Rome en voiture !... » je ne répondrais de rien !

* *

Mais revenons à cette fin d'août 1874 où nous prenions la route de Venise, Lafrance et moi, en compagnie de mon camarade de la classe Victor Massé, le compositeur Paul Puget.

Il était arrivé à Rome au commencement de l'année, ayant brillamment remporté le prix l'année précédente avec *Mazeppa*, l'une des meilleures cantates que j'aie entendues. La première scène, à elle seule, construite sur une remarquable polonaise, avait suffi à lui rallier tous les suffrages des juges ; et l'on ne manqua pas de fêter le succès de Puget et de ses camarades peintre, sculpteur, architecte selon l'usage antique...

L'un des lauréats, le sculpteur Idrac, devait mourir jeune, non sans avoir affirmé la sûreté de son talent, entre autres avec la belle statue d'*Étienne Marcel* qui s'élève dans le jardin du Préfet de la Seine, à l'Hôtel de Ville du côté du quai.

C'est à ce dîner d'adieu en novembre précédent que je fis encore la connaissance du peintre Jules Garnier. Il y avait été convié — toujours suivant l'usage ! — comme logiste de l'Ecole des Beaux-Arts par Aimé Morot son camarade triomphant qui devait fournir une si brillante carrière avant de mourir en 1913 ! L'esprit, la verve de Jules Garnier étaient intarissables ! Et je ne me doutais guère, alors, que, huit ans plus tard, par son mariage avec une de mes parentes, j'aurais la joie de mieux pénétrer dans ce curieux esprit si plein de séductions, ni dans ce brave cœur ouvert à toutes les délicatesses d'une sensibilité raffinée.

. . . .

Mon Dieu, que nous avons donc de peine à nous mettre en route pour ce voyage, qui fut charmant et ponctué de fréquents arrêts, comme toujours! A Pérouse on représentait *Aïda* ; à Florence, le passé suffit encore à toute représentation ; à Prato, dans son pays natal, évocation de Fra Bartolomeo, l'ami de Savonarole ; à Bologne, des maîtres contrapontistes ; à Ferrare, de Parisina et, après quelques jours, nous arrivions à Venise, où nous retrouvions Blanchard, Jacquet, Ulmann, la famille Régnier et quelques autres, en tout une douzaine ; quelque chose comme une colonie de parisiens « exilés sur la terre étrangère ! »

Les uns logeaient dans la même maison — pardon : dans le même palais. Est-il autre chose à Venise ? — les autres à l'hôtel ; et l'on convint de se réunir à l'heure du déjeuner en une petite *osteria*, sur le quai des *Zattere*, dont la cour tranquille était ombragée d'une treille opulente sous laquelle la table était dressée.

L'esprit, la gaîté, l'entrain assaisonnaient ce repas servis par un petit homm, du nom dè Beppo, dont le visage résigné nous suggéra — on ne sait trop pourquoi — de rééditer les phrases à panache du romantisme le plus extravagant en un italien qui le dépassait encore.

— Infâme Beppo, du sel !

— Beppo, fais ta prière... ou bien apporte la moutarde !

— Beppo, ta dernière heure est venue si je n'ai pas du pain en moins de temps qu'il n'en faut à l'aigle pour fondre sur sa proie !... etc., etc.

Et le malheureux homme, littéralement ahuri, s'empressait en marmottant tout bas :

— *Santa Madonna! quelli francesi sono pazzi tutti !*

— Mécréant, qu'oses-tu dire ? Fous, nous !... Par la fressure du Saint-Père le glas pour cet homme !...

Et les couteaux — arrondis — se levaient d'abord pour retomber sur les assiettes en rythmant le « miserere » du *Trouvère !*

Les pièces blanches de la *buonamano* compensaient pour la victime ces fureurs carnavalesques que, d'ailleurs, elle ne comprit jamais bien clairement.

Puis chacun s'en retournait à son travail ; on dînait à l'aventure et l'on se retrouvait le soir, au « Florian » de la place Saint-Marc, pour déguster les *gelati* nationaux.

Un soir que nous devisions autour de deux ou trois tables réunies, à quelque distance des nôtres un homme de haute taille se leva de la sienne et vint à moi le visage souriant, la main tendue et me demandant avec

un empressement excessif des nouvelles de ma « chère
santé » !

Tout d'abord, je ne le reconnus pas ; en deux mots, il
me rappela « m'avoir sauvé la vie » trois ans auparavant ! Son visage alors me revint à la mémoire. C'était
un médecin qui m'avait soigné (!!) d'une insolation dont
je ne me tirai en réalité que grâce aux soins de deux
camarades, dévoués comme des caniches, qui se relayè-
rent nuit et jour pendant une semaine pour m'appliquer
de la glace sur la tête. Néanmoins, il fallut tout de
même consulter un médecin, et c'était celui-là.

Après avoir perdu toute conscience des choses pendant six jours, je pus enfin reconnaître mes véritables
sauveurs ; le médecin était avec eux et cherchait vainement une drogue qui achevât la guérison. Voyant qu'il
ne la trouvait pas, et comprenant sa pensée, je lui
soufflai le nom du remède en l'italianisant comme je
pus, car le docteur ne parlait pas le français.

— *Per Dio ! E Vero !* s'écria-t-il en se frappant le
front ; et sur-le-champ, il écrivit l'ordonnance — car il
fallait une ordonnance !

Rendu à peu près à l'état normal, ma première sortie
fut pour aller le remercier et lui régler ses honoraires.
Je ne connaissais pas les usages vénitiens à cet égard ;
mais il me sembla qu'en proposant cinq *lire* par visite
je restais dans une moyenne offrable. Il y avait eu six
visites ; ce furent donc trente *lire* que je déposai sur la
table du docteur.

En apercevant ces six billets de cinq *lire*, l'expression de son visage devint singulière. Elle disait : Stu-
peur ! Je lus : Offense ! Si bien que, fort gêné, je le

priai de me fixer exactement sur la somme que je lui devais.

— Mais rien, s'écria-t-il, en enfouissant littéralement les billets dans la poche de côté de sa redingote ; tout est bien ainsi ; je vous remercie et vous souhaite une heureuse convalescence. ..... Évitez de sortir au soleil...

Rentré chez moi, très intrigué de cette scène, je demandai à la *padrona* quels honoraires on attribuait à l'ordinaire aux médecins de Venise. Elle me répondit :

— Cela dépend ! Le comte***, qui habite le palais en face de nous, donne un franc vingt-cinq centimes ; nous, petits bourgeois, soixante-quinze centimes et les pauvres gens cinquante.

Je compris à quel point ma munificence — qui éclipsait celle du comte d'en face — dut causer de surprise au *signore dottore*, et avec quelle sollicitude, trois années après, il venait s'enquérir du *travail* nouveau qu'on pourrait lui confier !

. . . .

Cependant les pages d'orchestre s'alignaient ; les trombones, les trompettes et les timbales promettaient de sévir abondamment sous la coupole sacrée ; et les formules fugassées, contrepointées, qui motivaient leur intervention, se multipliaient, menaçant des joies les plus suaves messieurs les élèves des classes d'harmonie, les plus sévères aussi les maîtres et le public de la solennelle séance !

. . . .

Un professeur d'histoire et de géographie, attaché à l'un des lycées de Paris, se trouvait alors à Venise et y achevait ses vacances. L'un des nôtres, dont il était l'ami, nous l'avait présenté. Intelligent, agréable, d'âge semblable, nous projetâmes tous deux de revenir par un de ces chemins à ricochets qui permettent de voir bien des choses, de dégager bien des impressions, de tirer enfin de la grande route tout ce qui constitue le mobilier de la mémoire ! L'itinéraire projeté empruntait le plus possible les lacs italiens et suisses.

Dans la dernière dizaine de septembre la colonie s'éparpilla ; les uns s'en retournaient à Rome, d'autres à Paris par les voies rapides... A notre tour nous nous mîmes en route, mon nouveau compagnon et moi, par le premier train du matin qui nous déposa à Bergame, le pays d'Arlequin, puis à Lecco, où la halte du déjeuner nous permit d'attendre le bateau pour Bellaggio, ce rêve, cet enchantement des yeux !... On y resta quelques heures, devisant le long des rives, aussi longtemps que le permit l'horaire des vapeurs ; ce fut le dernie , au crépuscule, qui nous conduisit à Côme.

Deux heures de trajet nous en séparaient. Une demi-heure après l'embarquement, la nuit profonde était venue. Seules, les étoiles, dans un ciel sans lune, permettaient, comme du fónds d'un puits, de mesurer la hauteur des montagnes qui nous enserraient. Et cette navigation rapide en cette complète obscurité nous apportait une . impression intense qu'augmentaient encore la violence du vent et le bruit des roues fouettant l'eau avec vigueur. Enfin, tout au loin, au détour d'un promontoire, on aperçut la lumière des quais de la ville, où l'on coucha.

Le lendemain, dès la première heure, une diligence nous mena à Bellinzona ; et l'on continua la montée,

— le plus souvent à pied pour échapper à l'insipide allure des chevaux au pas ! — jusqu'à Airolo où nous arrivions à la nuit close.

A la pointe du jour, après quelques heures de repos, nous nous remettions en route, toujours à pied, pour passer le Saint-Gothard dont nous atteignions le sommet vers onze heures. Malgré le soleil, le froid était vif ; et l'air, trop léger à plus de deux mille mètres, ne manqua pas de nous causer le malaise bien connu d'une altitude peu familière aux poumons des gens « d'en bas ».

Les professeurs de géographie, s'ils ressemblent à mon compagnon d'alors, n'accordent sans doute pas plus d'importance à ce détail que Jules Barbier à l'*ut* absent du piano de Du Locle ; et l'on peut en déduire que, pour eux, une respiration pénible n'offre aucun intérêt scientifique ! Mais pour un simple musicien, cette sensation, ces kilomètres agglomérés, cette longue montée en s'accrochant des pieds et des mains le long des sentiers de traverse afin d'éviter par une tangente les innombrables sinuosités de la vraie route, tout cela me parut à la fin ne plus du tout justifier le titre : « Voyage d'agrément ! »

C'est en vain que je m'efforçais de le faire comprendre à mon compagnon. Dix mois annuels de « tableau noir » l'incitaient au milieu de ces montagnes, de ces torrents, de ces neiges à vérifier son enseignement habituel avec une ardeur qui lui faisait oublier sept ou huit heures de marche ininterrompue succédant à la longue étape de la veille !

Certes, la leçon était fort attachante et m'apprit à *voir* beaucoup de choses près desquelles la plupart des voyageurs passent, à l'ordinaire, sans même les soupçonner ; mais en ces édifiants entretiens, ce n'était pourtant pas démasquer une âme trop vulgaire que de réclamer parfois un beefsteak qu'hélas ! rien en ces solitudes ne faisait prévoir !

Le professeur fit observer que « montés sur le faîte » nous ne pouvions « qu'aspirer à descendre » ! — Logique irréfutable !! Et que, en nous soumettant à cette loi physique, nous trouverions à peu de distance, à Hospenthal, plus de chaleur, bon gîte, bonne chère et..... il n'osa pas ajouter : le reste !...

Tout cela se réalisa sous un soleil redevenu chaud. « Ce n'est pas lui, expliqua le professeur, mais la différence d'orientation qui, nous préservant du vent des glaciers, provoque ce..... phénomène..... que..... » le plus banal déjeuner nous parut succulent.

Après deux heures de halte en cet endroit « hospenthalier », — mille pardons — on reprit la descente toujours sac au dos. Le projet du professeur était d'aller coucher à Altorf, au bord du lac des Quatre-Cantons. Il était environ deux heures et l'on devait y arriver vers neuf ou dix heures !

Le sourire le plus gracieux accompagna le refus le plus formel aussi de cette proposition. Vers cinq heures, nous arrivions à Gœschenen, à l'entrée du tunnel du Saint-Gothard dont les travaux étaient commencés depuis quelques mois.

Sans écouter les protestations désespérées du professeur, je me mis au lit, déterminé à ne pas ajouter vingt-cinq centimètres à cette série de kilomètres pédestres. La tête dans l'oreiller, et fumant une bonne pipe, je considérais avec sérénité les fiévreuses allées et venues de mon compagnon à qui je répétais depuis quelques heures : « S'il fallait sauver la patrie, je saurais « me taire sans murmurer » comme les militaires de Scribe ; mais puisque « demain est encore un jour », si l'on en croit les Portugais, et que nous ne sommes pas attendus à heure fixe à la gare de l'Est, laissez-moi jouir à l'aise de votre érudition, des leçons précieuses que vous voulez bien me prodiguer, et classer tout cela pour l'avenir en un ordre qui vous fera honneur ! »

Mais ces risettes, elles-mêmes, ne parvenaient pas à calmer le professeur. Il disparut en battant la porte et la rouvrit de même, peu après, au moment où, la tête pleine des admirables sites traversés, en rêve, je voyais déjà le Pont du Diable soutenu par l'aile des anges !...

— Ecoutez, me dit-il, tragique ; vous savez que des calèches attelées de trois chevaux font couramment le passage d'Altorf à Bellinzona pour beaucoup de voyageurs ; elles reviennent, vides alors, à Altorf et, pour quelques francs, prennent les piétons rencontrés à la descente. Je viens d'en arrêter une : levez-vous, habillez-vous ; vous vous allongerez dans cette voiture comme dans un lit, et nous arriverons ce soir à neuf heures à Altorf ; nous y serons mieux qu'ici et nous ne repartirons pour Lucerne que demain par le bateau de midi, je vous le jure !...

— La calèche ?... c'est encore une *galéjade*, lui dis-je ; je ne bougerai pas, à moins qu'elle monte dans cette chambre pour me prendre !

— C'est très sérieux, répéta-t-il ; levez-vous seulement pour aller jusqu'à la fenêtre, et vous pourrez voir la voiture arrêtée devant la porte.

Aller jusqu'à la fenêtre était déjà une concession ; mais je la devais bien à cet excellent professeur. Je me levai donc. En effet, une calèche à quatre places, attelée de trois chevaux, attendait sur la route. Je hélai le cocher ; il me confirma de point en point les déclarations de mon compagnon, dont les imaginations depuis deux jours avaient épuisé ma provision de crédulité ! Avec un soupir, je considérai ce lit où je me promettais une nuit..... et je me rhabillai.

Un quart d'heure après, les jambes allongées sur la banquette du devant, nous reprenions la route d'Altorf bercés par les grelots de trois petits chevaux maigres qui, le nez vers l'écurie, pouvaient encore faire croire à leur parenté éloignée avec quelque race de prix.

La nuit était venue ; l'air frais de la montagne et, je m'empresse de le reconnaître, le vif intérêt qu'offrait la conversation de mon compagnon m'avaient complètement réveillé.

. . . .

Les savants et les artistes se font parfois les uns des autres une opinion fort inexacte. Pour un professeur d'histoire et de géographie, par exemple, un musicien n'est autre chose qu'un amuseur, un impulsif avant tout, mû par le sentiment et qu'on ne saurait prendre très au sérieux !

Les artistes, au contraire, professent une très grande déférence à l'égard des savants ; ils sentent que ces hommes d'abstraite méditation, d'esprit positif, sont le contrepoids nécessaire à leurs plus délicieuses chimères, et que, réunis en une égale supériorité, ils apparaissent comme la plus belle et la plus complète floraison de l'intelligence concédée à l'homme.

Néanmoins, si quelque juge impartial voulait bien observer attentivement l'aiguille de la balance, il reconnaîtrait que la science, par exemple, n'a pu rendre l'ouïe à Beethoven dont l'œuvre cependant, non plus considéré comme un simple amusement, captive et passionne beaucoup de savants.

Sous toutes les latitudes, à toutes les époques les deux principes furent indispensables à l'homme : la science le sert dans sa lutte incessante contre la nature ; l'art, en l'arrachant à cette lutte, la lui fait un instant oublier,

Vers huit heures et demie, en pleine nuit, la voiture s'arrêta ; le cocher, invoquant la nécessité de faire souffler ses chevaux, nous conseilla d'aller passer un quart d'heure dans un chalet qu'il nous désigna à quelques pas dans la côte.

Un chalet ?... Dans cette obscurité, on n'en eût pas soupçonné l'existence ! Cependant, en regardant bien, quelques filets de lumière se devinaient entre les fentes de volets fermés. — Sus au chalet ! On en poussa la porte. Une lumière éblouissante nous enveloppa et, dans ce désert, en cette maison perdue, quelle ne fut pas notre surprise de reconnaître attablés Marcellin, le réputé dessinateur de *la Vie parisienne*, et le rédacteur d'un journal également parisien que je connaissais de vue sans me rappeler son nom.

Ces deux fleurs du boulevard — ou plutôt, additionnées aux nôtres — ces quatre fleurs du boulevard se retrouvant ainsi, en pleine nuit, sur la route du Saint-Gothard, n'est-ce pas à désespérer ceux qui recherchent l'incognito ?

La Marseillaise ne fut pas chantée afin de ne pas couvrir la voix des torrents — il faut être discret à l'étranger ; — mais quatre chopes se heurtèrent au plaisir de se rencontrer !

On se remit en route et nous arrivions à Altorf vers dix heures et demie.

Au réveil, le lendemain, après un somme de neuf à dix heures — et quel somme ! — en ouvrant les volets, je me trouvai juste en face de la tour carrée dont les fresques rappellent divers épisodes de la vie de Guillaume Tell ; et comme je me réjouissais de l'imprévu d'un tel voisinage historique, le professeur intervint :

— Pardon, mon cher ami, de vous enlever encore une illusion ; mais jamais Guillaume Tell n'a existé. — Historiquement, il n'a que la valeur d'une légende.

— Que le diable emporte les historiens, lui répondis-je ! Eh quoi, vous allez me retirer Gessler, la pomme, l'arbalète, « la tête du fils ».....

— Je vous passe Gessler ; quant à la pomme, faites-la cuire si vous voulez pour la jeter à l'Histoire ; l'arbalète n'est pas particulière à Guillaume, ni une tête à monsieur son fils.....

Rossini, lui-même, n'eût pas convaincu mon compagnon que la légende, ici comme en bien d'autres cas, est très supérieure à l'histoire.

Un peu avant midi, le bateau quittait Fluelen par un

temps magnifique. A une petite distance, à droite, apparut la fameuse chapelle de Guillaume Tell ; une cérémonie y avait lieu : un prêtre officiait en présence d'un nombre considérable de barques amarrées les unes aux autres et chargées de gens suivant pieusement la messe.

Le bateau prit le large afin de ne pas troubler les assistants ; mais son sillage ne tarda pas à mettre en mouvement toute la flottille, et ces costumes bariolés où dominait le rouge, jouant dans la lumière du soleil et dans l'admirable transparence des eaux, offrirent pendant quelques minutes un tableau mouvant du plus curieux effet.

Le professeur lui-même avoua que, rien que pour cette note pittoresque, on pouvait tolérer l'*invention* de Guillaume Tell !...

A Lucerne, on ne put rester que quelques heures ; un autre bateau nous reprit pour nous conduire au fond du lac de Kussnacht, où un petit omnibus nous fit traverser le court espace de terre qui le sépare du lac de Zug.

A Immensee, l'une de ses stations, un nouveau bateau nous emmena jusqu'à Zug et, de là, le chemin de fer à Zurich où l'on passa la nuit.

De Zurich on gagna Bâle et, dans les derniers jours de septembre, nous descendions à la gare de l'Est heureux de ce voyage, contents l'un de l'autre et nourrissant le vif désir de nous revoir...

Nous n'y sommes pas encore parvenus !

*
* *

Rentré à Paris, mon premier soin fut d'aller faire entendre l'ouverture à Massé. Une moue que je connaissais bien suffit à m'éclairer sur son impression ; et dès ce moment, je ne pouvais m'illusionner beaucoup sur le résultat !

C'était une de ces *choses* comme il s'en produit beaucoup en musique : qui ne sont pas mauvaises dans le sens absolu du mot, mais parfaitement inutiles. Chauvet, en un jargon voulu, les jugeait ainsi : « *C'est de la musique que c'est pas la peine.* »

De précieux conseils, avant de donner à la copie, me permirent d'atténuer quelques défauts ; mais le temps me manquait pour chercher... l'essentiel ! Il eût fallu tout jeter au feu et recommencer — ce qui, d'ailleurs, fut fait plus tard. —Et la copie fut entreprise...

Au cours de l'été, pendant les deux mois passés à Rome, j'avais, bien entendu, rendu quelques visites à Mme la princesse de Wittgenstein [1], et l'on avait un peu parlé du titre à donner à l'ouvrage dont cette ouverture était la préface : car Cicile et moi n'avions toujours rien décidé. Si singulier que cela paraisse, nous étions sur ce point en compagnie de la plupart des auteurs, même les plus expérimentés.

La question du titre est assez importante ; quelques maîtres même, lui accordant le premier plan dans leurs préoccupations, font répéter leur ouvrage sous une étiquette provisoire, se réservant de démasquer la

1. *Rome. Souvenirs* d'un musicien, page 227 (Hachette édit.).

véritable quelques jours seulement avant la représentation.

A ce propos on citait les hésitations coutumières de
Scribe, cependant l'un des hommes de théâtre les plus
avisés et les plus expérimentés qui furent jamais !
Scribe, quinze jours avant la première représentation
d'une pièce nouvelle, faisait imprimer une affiche du
théâtre avec le titre adopté sur le moment; puis, épin-
glant cette affiche sur le mur de son cabinet de travail,
allant, venant, entrant, sortant, il questionnait ce titre
comme Œdipe le Sphinx, cherchant quelle pourrait
être l'impression du public, du passant, en le lisant.

Or, depuis Scribe, rien n'a changé sous ce rapport ;
et, à l'affiche près, beaucoup d'auteurs, on le répète, se
creusent longtemps la tête pour trouver le ou les mots
qui frapperont, éveilleront l'attention, et, sans en dire
trop, suffiront, cependant, pour allumer la curiosité !

Suivant la logique de son esprit si particulier, Mme de
Wittgenstein se laissait séduire surtout par des titres
que nous rejetions comme trop longs ou comme manquant d'euphonie. Son imagination ardente, toute spé-
culative, n'admettait même pas la discussion dès qu'à
ses yeux celle-ci *s'égarait* sur un terrain pratique.
Enfin, on ne s'était arrêté à rien, sinon que la Princesse
voulait bien s'intéresser assez à ce détail pour promettre
de consulter Liszt qu'elle considérait comme un oracle
infaillible.

Dans une bonne et affectueuse pensée, elle me
recommanda, aussitôt rentré à Paris, d'aller voir Mme la
marquise de Blocqueville, dont le salon, disait-elle, me
mettrait en relations avec beaucoup d'artistes et de

personnages influents. Et, pour « me faire une entrée »
auprès de la marquise, à qui elle se promettait d'annoncer ma visite, elle me chargea d'un petit paquet à
lui remettre.

Dès les premiers jours d'octobre je m'acquittai de
cette mission, et, n'ayant pu rencontrer la marquise
chez elle, j'y avais déposé le paquet avec une carte.

Quelques jours après, je reçus cette lettre :

Paris, le 12 octobre 1874.

Vous avez bien voulu, Monsieur, vous charger d'un très
encombrant paquet pour moi et je tiens à vous exprimer
toute ma reconnaissance, puis à vous faire les compliments
de la princesse, qui me demande — au crayon, car elle est
toujours très malade — de vous dire que : « Liszt trouve le
titre de votre oratorio *Nazareth-Bethléem* excellent ».

Ce serait très gracieux à vous de penser à moi les lundis
soirs ; vous trouverez plusieurs personnes de votre connaissance et, ce soir, peut-être Mme Vigier — Sophie Cruvelli —
chantera-t-elle en tout petit comité.

Veuillez agréer, monsieur, avec mes remerciements,
l'expression de mes sentiments distingués.

L. D'ECKMUHL, Marquise DE BLOCQUEVILLE.

Je ne pus me rendre à l'invitation de Mme de Blocqueville ; mais, quelques jours après, j'eus l'honneur d'être
reçu par elle en ce vaste salon du quai Malaquais où les
illustrations les plus hautes se rencontrèrent pendant
tant d'années.

L'entretien tourna vite de façon fort imprévue !

La marquise, dont l'accueil fut charmant grâce aux
lettres de la princesse, me demanda tout à coup ;

— Savez-vous, monsieur, ce que contenait le petit paquet que Mme la princesse de Wittgenstein vous a prié de me remettre ?

— Non, madame.

— Un charmant oiseau des îles, empaillé et formant éventail. Je l'avais déposé sur cette cheminée, lorsque, au bout de quelques jours, une odeur affreuse se répandit dans ce salon ! On chercha partout et, finalement, je m'aperçus que l'envoi de la bonne princesse en était cause. Ne vous êtes-vous aperçu de rien pendant le voyage ?

— De rien. Le paquet était très soigneusement enveloppé, ficelé, ciré ; et, tout au fond de la valise, je n'eus pas à m'en occuper pendant six semaines.

— Cet oiseau, reprit la marquise, mal préparé, achevait de se corrompre au contact de l'air. Je ne savais vraiment qu'en faire et je songeais, la nuit venue, à le jeter sur le quai par l'une des fenêtres de ce salon, lorsque Mme la baronne de ***, entrant à ce moment, trouva cet éventail si joli que je me fis un plaisir de le lui offrir et... elle l'emporta !...

Un éclat de rire réciproque conclut ce récit d'une petite aventure dont Mme la princesse de Wittgenstein, sans s'en douter, bien entendu, avait été l'héroïne ingénue !

La fin d'octobre arriva et, avec elle la séance annuelle de l'Académie des Beaux-Arts. Deux jours auparavant, une première lecture eut lieu dans la tribune réservée à l'orchestre. Celui-ci, comme d'habitude, était composé d'excellents artistes de l'Opéra ou de l'Opéra-Comique sous la direction du brave Altès, chef d'orchestre de l'Opéra, homme aimable et doux, connaissant bien son métier et d'une réelle conscience. Avec lui il n'y avait pas à redouter de vétilleuses intentions auxquelles il eût été d'autant plus inutile de s'attarder que l'acoustique de cette chapelle devenue l'Institut se refuse à toute musique.

Tout au plus le quatuor jouant très doux, dans un mouvement tranquille, y trouverait-il chance de dégager une heureuse sonorité. Une flûte devient bruyante sous ces voûtes ; et lorsque les « cuivres » et la « batterie » s'en mêlent, c'est la cacophonie, ou tout au moins un épouvantable vacarme ennemi de toute musicalité.

Si, d'en bas, la salle étant remplie, d'aussi fâcheux résultats sont parfois constatés, on juge de ce qu'ils peuvent être là-haut, au milieu de nombreux musiciens jouant dans une salle vide !

Dès le premier accord, il me sembla que le cardinal Mazarin en personne, courroucé d'une telle violation de domicile, me lançait l'excommunication majeure au nom du pape Urbain VIII ! C'était pourtant d'un oratorio qu'il s'agissait ; mais, dans ces moments-là, on ne saurait songer à tout !... Je crus que le morceau ne finirait jamais ! Il durait de douze à quatorze minutes, l'animal !

Douze à quatorze minutes de trémolos fiévreux, de « cuivres » en furie, de timbales affolées sous ce plafond bas donnaient à chaque accord un peu accentué la signification d'une gifle ! Rien ne se dégageait de tout ce tumulte, et c'est littéralement consterné que je redescendis dans l'hémicycle, où je retrouvai Massé entouré de quelques-uns de ses illustres collègues.

A mon grand étonnement, leur impression avait été assez différente de la mienne. Ils n'allaient pas jusqu'à trouver bon un morceau médiocre ; mais, en auditeurs affinés, ils avaient tout de même pu discerner les intentions qui l'avaient dicté et, de plus en plus indulgents, approuvèrent, en outre, quelques détails d'orchestre dont je n'avais eu nulle conscience là-haut aux côtés du bon Altès ! Son habituel sourire, en la circonstance, m'était même apparu simiesque et diabolique !

Cet accueil des maîtres me rassura un peu, comme aussi quelques bonnes paroles de Massé, qui me prouva sur-le-champ qu'elles n'étaient pas qu'un baume sur une blessure, puisqu'il voulut bien prendre la peine de venir jusque chez moi afin de m'aider à réaliser quelques changements indispensables dont il avait pris note.

Le lendemain, à la seconde répétition, il intervint même personnellement auprès d'Altès pour réclamer des nuances insuffisamment observées.

Enfin l'exécution publique eut lieu, et l'auditoire écouta avec ce bienveillant intérêt qu'il n'apporte qu'à l'Institut. L'accueil fut poli, sans plus, et je n'en éprouvai nulle surprise.

Redescendu dans la cour, ayant regagné le quai, j'y retrouvai quelques amis. Voilà bien, en toute occasion, l'aéropage le plus curieux ! Les uns, par amitié ou par une affectueuse diplomatie, ne veulent pas reconnaître les plus évidents défauts ; les autres, au nom d'un attachement non moins éprouvé, ne sont jamais satisfaits ! Ceux-ci, dès lors, vous souhaitent une telle supériorité qu'ils trouveraient des ombres même en un

lumineux chef-d'œuvre ; et leurs suffrages, en présence
du plus franc succès, demeurent comme voilés du regret
que ce succès ne soit pas plus éclatant encore !

Jules Barbier apparut à son tour sur le quai, les
bras en l'air dès qu'il m'aperçut, menaçant, la canne
levée et, marchant sur moi dans une attitude voulue de
bouffonnerie tragique, il déclama :

— Mon doux ami, si vous aviez écrit de la musique
comme celle-là dans notre opéra-comique, que Du Locle
va jouer — il me le disait encore avant-hier — je vous
eusse étranglé !...

A son insu, c'était un compliment.

La presse, à l'ordinaire, ne s'attarde guère à ces
ébauches musicales qui commencent et terminent la
séance publique annuelle de l'Académie des Beaux-
Arts ; les premières, avec les pages d'un talent non
encore filtré par l'expérience, les secondes avec la cantate, c'est-à-dire le dernier devoir réussi d'un élève,

Quelques lignes — trois ou quatre au plus — men-
tionnent « l'événement » sous un aspect de « fait
divers » et c'est, en vérité, tout ce qu'il comporte au
point de vue musical.

Un adjectif aimable, vague ou amer, me fut donc
décerné ici et là. Seul, Azevedo, l'un des princes de la
critique d'alors, Azevedo, qui n'admettait que les Italiens en général et Rossini en particulier, résuma son
jugement en quatre mots dont la justesse me frappa :
« Bon devoir d'écolier. Attendons. »

J'étais et suis resté complètement de son avis malgré le
remaniement opéré, car, à un enfant mal venu, les plus
habiles orthopédistes ne sauraient apporter la beauté !

Quoi qu'il en soit, peu après, je fis la connaissance d'Azevedo chez l'éditeur Escudier et le trouvai fort encourageant. Vétéran de la critique musicale, il avait renoncé depuis longtemps à l'intransigeance des conscrits qui croient affirmer la sûreté de leurs jugements en accablant aujourd'hui ce qu'ils seront peut-être les premiers à défendre vingt ans plus tard. Ce qui prouve en même temps, et la légèreté de leur jeunesse, et la bonne foi de leur âge mur.

Au bout de deux ou trois entrevues, Azevedo m'invita à aller le voir. Dès ma première visite je rencontrai chez lui Félicien David, que je connaissais un .peu et qui s'était toujours montré très bienveillant à mon égard. Azevedo lui demanda de chanter. Sans trop se faire prier, il y consentit, réclamant toutefois un accompagnateur, car il ne jouait pas de piano. Deux ou trois, parmi les visiteurs, s'offrirent et, pendant une heure, ce fut un délicieux régal d'entendre le maître interprétant quelques-unes de ses séduisantes mélodies.

Je les connaissais depuis longtemps, car elles furent extrêmement chantées ; pour la plupart, cependant, je ne me doutais pas qu'elles fussent de David. Sa voix un peu blanche de ténor possédait un grand charme, et son art du chant était si grand qu'il n'y avait pas moyen de se soustraire à l'émotion se dégageant, par exemple, de cette page exquise : *Voltigez, hirondelles*, qu'un chanteur de talent ferait encore certainement bisser !

Hébert, qui, pour la première fois, devait « orner de ses palmes vertes » la séance annuelle de l'Académie des Beaux-Arts, avait dû quitter Paris vers le milieu d'octobre et, par conséquent, n'avait pu y assister. Je le mis au courant dans une lettre qui, sans doute, comportait moins de philosophie que ces lignes écrites si longtemps après ! Mais on n'est pas encore un philosophe lorsqu'on revient de Rome, et cela est fort heureux !

Or, Hébert me répondit par cette affectueuse lettre :

La Tronche, novembre 1874.

Mon cher Maréchal,

Votre lettre n'est pas gaie ; aussi j'y réponds de suite. Allons droit au but : quand je suis parti, vous veniez de jouer votre ouverture à Massé, qui n'en avait pas été ravi, m'avez vous dit ; l'exécution a laissé le public assez froid ; on vous a accusé dans la presse d'obscurité, de décontenance dans vos allures. Je n'y comprends plus rien ! Moi qui vous avais vu très admirateur des œuvres théâtrales où brille la clarté surtout, j'ai pensé que vous faisiez une petite excursion sur un terrain qui n'était pas définitif et j'attendais l'effet des *Amoureux de Catherine*, avec quelques retouches de sentiment. J'attendais surtout l'apparition de la Trilogie évangélique ; qu'est-il donc survenu ? Est-ce la section de musique qui vous a si durement parlé que vous avez jeté au feu vos œuvres de Rome ? Racontez-moi tout cela, mon cher ami ; vous savez combien je prends part à vos succès ; vous pouvez juger par là, quelle sympathie je ressens pour des douleurs comme la vôtre.

Je ne puis que vous souhaiter bon courage et la santé morale nécessaire pour le travail. Quelquefois, de ces secousses rudes, résulte un pas en avant qu'on n'aurait pas fait sans cela. Je regrette bien de n'être pas à Paris en ce moment pour vous voir et causer avec vous de cette affaire.

J'espère qu'à mon retour je vous trouverai content et travaillant comme un rossignol étonné de ses heureuses mélodies.

Je pioche, moi aussi, dans la solitude, les compositions de mes peintures au Panthéon. La recherche ! c'est ce qu'il y a de meilleur sur la terre.

Adieu, cher vieux musicien, répondez-moi bientôt et croyez à l'affection de votre tout dévoué.

E. HÉBERT.

En décembre, Litolff, qui dirigeait alors les *Concerts Frascati*, rue Vivienne, accueillit cette ouverture remaniée. Il en aimait beaucoup le début et restait muet sur le reste. C'était donc vraiment un musicien de goût.

En tout cas, avec son excellent orchestre, sa fougue et son admirable « bras », il tira de ces notes tout ce qu'on en peut tirer. Il les joua cinq ou six fois avec des résultats assez différents auprès du public. Un soir, le morceau fut chaleureusement applaudi ; mais, à l'ordinaire, il était de portée beaucoup moins tapageuse ! Et la moyenne fut faite très équitablement, un autre soir, par deux jeunes gens dont l'un dit à l'autre à la suite du dernier accord : « Et puis après ? »...

Ces trois mots venaient en pendant aux quatre d'Azevedo. A combien de morceaux de musique ne peuvent-ils pas s'appliquer ! Or, en les additionnant, je trouvai au total l'inutilité d'encombrer les programmes de l'avenir d'un tel morceau, et toutes les fois que je l'ai pu, je me suis opposé à son exécution.

Avec le dernier jour de cette année 1874 prenait fin la pension romaine ! Ce n'était plus maintenant en chemin de fer, en diligence, en bateau qu'il fallait songer à voyager — du moins dans la vie ! — mais à pied, la besace et la gourde vides, en chemineau sur la grande route ; quittant la sécurité pour l'inconnu, le travail d'art pour la besogne du tâcheron !

C'est le réveil de tout revenant de Rome. Il est dur à tous, cruel à quelques-uns. Je fus cependant parmi les heureux, grâce à mon père dont l'affection ne devait jamais se lasser et qui, jusqu'à sa dernière heure, jeta pour moi tant d'atouts en cette nouvelle partie engagée que — sans nul marivaudage, je l'atteste — on peut bien appeler le jeu de *labour* et du hasard !

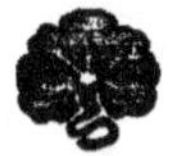

TABLE

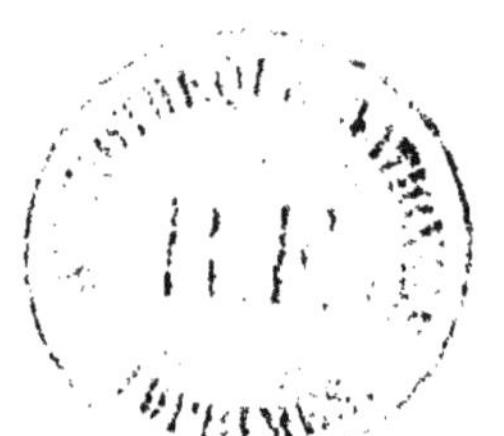

1874